웨슬리의 실천신학
Wesleys' Practical Divinity

김진두 지음

kmc

초판에 붙인 저자 서문

그 동안 신학대학과 세미나에서 강의한 것들을 수정하고 확대한 것들에다 새로 쓴 것들을 더해서 한 권의 책으로 묶었습니다.

저는 이 책에서 웨슬리 형제와 초기 메도디즘(Methodism)의 본래 모습을 사실대로 나타내 보려고 노력하였습니다. 가능한 한 초기 메도디즘의 역사와 웨슬리의 목회 연구를 통해서 진정한 웨슬리(real Wesley)와 진정한 메도디즘(real Methodism)을 추구해 보았습니다. 웨슬리 형제는 교회사에서 가장 실력 있고 모범적인 전도자요 목회자였습니다. 웨슬리 신학은 전적으로 목회신학(pastoral theology)입니다. 심지어 교리나 교의학적인 분야까지도 목회적 상황에서 목회신학적 방법론으로 실행하였습니다. 웨슬리 형제의 신학은 철저하게 실천신학이고 경험적인 신학(practical and experimental divinity)이었습니다. 이제 우리는 웨슬리 형제에게서 목회신학과 실천신학을 배워야 하겠습니다.

지금까지 한국에서의 웨슬리 연구는 주로 칼빈주의와의 교리적 갈등 관계의 역사 속에서-자의에 의해서 또는 타의에 의해서-형성된 조직신학적 틀에 맞추는 방식으로 되어 왔으며, 또한 복음주의적 아르미니우스주의라고 일컬어져온 '구원의 질서'(order of salvation)와 '이상하게 마음 뜨거워짐'(strangely warm-heartedness)의 경험을 반복적으로 강조하는 전통적 습관이 지배적이었습니다. 그런 가운데 웨슬리와 메도디즘에 관한 역사적이고 실천적인 연구는 대단히 빈약한 상태에 있었습니다. 저는 웨슬리와 관련한 메도디즘의 진정한 보화는 그것의 역사와 실천신학의 연구를 통하여 명확히 드러난다는 확신을 갖고 이 책을 쓰게 되었습니다.

저는 지난 해 가을부터 지금까지 목회의 시련을 겪는 동안 수많은 밤을 지새우면서, 하나님의 진리를 떠나 길 잃은 영혼들이 하나님의 품으로 돌아오기를 기도하고 한국 교회와 감리교회의 개혁을 위해 기도하는 마음으로 이 책을 썼습니다. 이 책을 읽는 모든 분들이 웨슬리 형제와 초기 메도디즘으로부터 오늘의 교회를 개혁할 뿐 아니라 우리 민족을 개혁하고 성서적 성결을 온 땅에 전파할 수 있는 진정한 기독교(true Christianity)를 추구하는 실천신학(practical divinity)을 배울 수 있기를 바랍니다.

이 책을 내면서, 저에게 장학금을 주셔서 영국에 유학 보내주신 종교교회 온 성도들께 진심으로 감사하는 마음을 전해 드립니다. 또 영국 웨슬리대학에서 가르치다가 지금은 천국에 계신 레이몬드 조지(Raymond George) 교수님과 브리스톨대학교의 션 길(Sean Gill) 교수님께 특별히 감사드립니다. 두 분은 저의 박사학위 과정의 지도교수들이었습니다. 조지 교수님은 메도디즘의 역사와 웨슬리의 실천신학을, 길 교수님은 영국 교회사와 영국 경건주의 신학을 친절히 가르쳐주셨습니다.

이 책은 우선은 신학생들과 목회자들, 그리고 더 나가서는 모든 평신도를 위해서 좋은 학습자료가 되기를 바라는 마음으로 쓰여졌습니다. 앞으로 부지런히 연구하면서 쓰고 싶은 책들을 계속 써내려고 합니다. 이 책이 나오기까지 많이 수고한 이현호 목사와 우은희 전도사에게 감사드립니다.

주후 2000년 4월 23일 부활주일 아침에
저자 김 진 두

개정판에 붙이는 저자 서문

"웨슬리의 신학은 전적으로 실천신학(Practical divinity)이요 목회신학(Pastoral theology)이다. 웨슬리 형제는 일평생 실천적 기독교(Practical Christianity), 즉 기독교의 실천을 온 힘을 다하여 추구하였다. 웨슬리의 실천신학이란 신학의 여러 가지 과목 중에 하나가 아니라 메도디스트 신학의 성격과 방법과 목적을 규정하는 것이며, 동시에 메도디스트들의 신앙과 신학의 실천을 의미하는 것이다. 웨슬리 형제의 실천신학은 메도디스트들의 은사요 능력이요 영광이다. 웨슬리 형제는 교회사에 빛나는 가장 탁월한 실천신학자이다."

저는 2000년도에 이 책의 초판을 내놓았습니다. 그 후 이 책은 감리교회의 3개 신학대학들과 서울신학대학, 그리고 웨슬리의 전통을 따르는 교단에서 교과서로 사용되기도 하였고, 많은 목회자들과 평신도들도 읽어 온 줄로 알고 있습니다. 본래 이 책은 제가 앞으로 쓰고 싶은 책들을 위한 하나의 개론서라고 생각하고 출판하였습니다. 그래서 각 장마다 점차로 더 깊이 연구하고 확대하여 한 권의 책으로 내려는 계획을 갖고 있었습니다. 이미 초판의 제10장(존 웨슬리와 영국 감리교 박애운동의 역사)을 개정 보충하여 "웨슬리와 사랑의 혁명"(180면, 도서출판 감신)이라는 제목으로 출판하였으며, 제1장(초기 감리교 교리)을 개정 확대하여 "우리의 교리-Our Doctrines : 초기 감리교 교리 연구"(334면)라는 제목으로 출판하였습니다.

이번에 이 책을 개정하여 출판하는 이유는 먼저 나온 책이 절판되었으며 여러 부분에서 개정할 필요를 느꼈기 때문입니다. 이 책은 여러 부분에서 다소 개정이 이루어졌습니다. 제1장 '웨슬리 연구 약사'는 웨슬리를 연구하는 학도들에게 도움을 주려는 의도에서 실었는데 일반 독자들은 그냥 건너뛰어 제2장부터 읽는 것이 좋을 것입니다. 제4장 '초기 메도디스트 신앙공동체들(1)'은 초판에는 없던 것으로서 메도디스트 소그룹의 탄생 역사와 그 의미를 기술한 것이며, 제5장 '초기 메도디스트 신앙공동체들(2)'은 초판에 있던 내용을 보강하여 실었습니다. 그 외에도 여러 부분에서 내용의 수정 보완이 이루어졌습니다. 앞으로 저는 이 책의 각 장의 주제를 더 깊이 연구하여 더 좋은 책으로 쓰고 싶습니다.

이 책을 통하여 더 많은 사람들이 웨슬리 형제의 실천신학, 즉 신학의 실천을 한눈에 밝히 볼 수 있기를 바라며, 또한 모든 메도디스트들의 필독서가 되기를 바랍니다. 이 책이 웨슬리 연구에 공헌하되, 특별히 웨슬리를 실천적으로 연구하는 부흥을 일으키게 되기를 기도하며, 동시에 우리의 신앙생활을 바르게 세우고 교회의 부흥을 이루며, 더 나가서 사회를 성화하고 민족을 구원하는 데 조금이라도 도움이 되기를 기도합니다. 특별히 출판을 맡아주신 감리교 본부 홍보출판국 총무이신 손삼권 목사님께 깊은 감사를 드리며, 끝으로 교정을 도와준 이명희 전도사님과 김진식 목사님, 그리고 이 책이 나오기까지 수고하신 모든 분들께 감사드립니다.

2004년 3월 1일
저자 김 진 두

■ 일러두기

1. 독자들의 더 분명한 이해를 돕기 위하여, 그리고 신학생들이 영어로도 배울 수 있도록 중요한 말들에는 괄호 안에 영어를 기입해 놓았습니다.
2. 때로 각주의 내용이 동일한 경우에도 출처가 다른 이유는, 이 책의 각 장이 각기 다른 때, 다른 상황에서 쓰여졌기 때문임을 이해하기 바랍니다.
3. 이 책 안에 있는 찬송시, 기도문, 그리고 예배문 등 모든 인용문은 필자 본인의 번역임을 밝혀둡니다.
4. 필자는 '감리교', '감리교인' 이라는 용어를 피하고 '메도디즘', '메도디스트' 라는 원어를 사용하였습니다. 그 이유는 웨슬리 전통을 따르는 교회가 감리교회만이 아니라 여러 교회들이 있기 때문입니다.
5. 각주의 출처를 정확히 알기 위해서는 아래 참고도서의 약어표를 보기 바랍니다.

■ 약어표

1. WJW - The Works of The Rev. John Wesley, A.M., 14vols., edited by Thomas Jackson, John Mason, London, 1831.
2. WJWB - The Works of John Wesley. Bicentennial Edition, vol., 1. 2. 3. 4. 5. 7. 9. 11. 18. 19. 20. 21. 22. 23. 24. 25. 26, edited by Albert C. Outler, etc., Abingdon Press, 1975~2003.
3. LJW - The Letters of The Rev. John Wesley A.M., 8vols., Edited by John Telford, Epworth Press, 1931.
4. JJW - The Journal of The Rev. John Wesley A.M., 8vols., Edited by Nehemiah Curnock, Robert Cully, London, 1916.
5. ENNT - John Wesley's Explanatory Notes upon the New Testament, 1754, reprinted by Epworth Press, London, 1950.
6. SS - The Standard Sermons of John Wesley, 2vols., edited and annotated by Edward., H. Sugden, Epworth Press, 1921.
7. PWJC - The Poetical Works of John and Charles Wesley, 13vols., edited by Dr. George Osborn, Wesleyan Conference Office, London, 1869.
8. CHPM - A Collection of Hymns for the People Called Methodists, with a new supplement edition with tunes, 1779, reprinted by Methodist Conference Office, 1878.
9. JWCE - Frank Baker, John Wesley and the Church of England, (Epworth press, London, 1970)

목차

초판에 붙인 저자 서문 · 3
개정판에 붙이는 저자 서문 · 5
일러두기와 약어표 · 7

제1장 웨슬리 연구의 약사
1. 영국과 유럽, 그리고 미국에서의 연구 · 20
　1) 최초의 웨슬리 전기 작가들과 전기들 · 20
　2) 현대의 웨슬리 전기 작가들과 전기들 · 22
　3) 회심 사건 · 27
　4) 웨슬리의 저작 편집 · 28
　5) 네 명의 위대한 웨슬리 해설가들 · 30
　6) 웨슬리의 구원론 신학사상에 관한 연구 · 32
　7) 웨슬리의 완전론에 관한 연구 · 36
　8) 웨슬리의 성령론 · 39
　9) 웨슬리의 교회론-목회론 · 39
　10) 성례전 · 40
　11) 메도디즘의 역사 · 42
　12) 예배와 영성생활 · 43
　13) 설교 · 46
　14) 조직신학 · 46
　15) 웨슬리의 사회운동 · 50

16) 찰스 웨슬리와 메도디스트 찬송 · 53

17) 에큐메니즘 · 57

18) 200주년 기념 전집 · 58

19) 옥스퍼드 메도디스트 신학 연구대회 · 59

20) The Wesley Fellowship · 60

21) 「Exploring Methodism」 Series · 61

2. 한국에서의 웨슬리 연구 · 62

1) 웨슬리 전문가들의 연구 · 62

2) 한국 웨슬리 복음주의 협의회 · 72

3) 한국 웨슬리 신학회 · 73

4) 한국 웨슬리 학회와 「존 웨슬리 설교 전집」 · 73

5) 번역 작품들 · 74

제2장 웨슬리의 '실천신학'의 의미

1. 웨슬리의 실천신학의 성격 · 79

1) 생활신학-영성신학이다 · 84

2) 목회신학이다 · 85

3) 평신도를 위한 대중신학이다 · 85

2. 바람직한 웨슬리 연구 방법 · 86

제3장 웨슬리와 은혜의 방편

1. 존 웨슬리의 교회에 대한 이해 · 91

2. 은혜의 방편을 통한 그리스도인 훈련 · 96

　　1) 그리스도인의 삶의 형성을 위한 신학 · 96

　　2) 은혜의 방편 · 97

3. 맺는 말 · 128

제4장 초기 메도디스트 신앙공동체들(1)

1. 경건회의 영향 · 133

2. 신성회 · 140

3. 페터레인 신도회 · 146

4. 브리스톨 신도회 · 149

5. 파운더리 신도회 · 152

6. 맺는 말 · 155

제5장 초기 메도디스트 신앙공동체들(2)

1. 신도회와 연합 신도회 · 159

2. 속회 · 166

3. 반회 · 177

4. 선발 신도회 · 183

5. 참회자반 · 184

6. 맺는 말 · 185

　　◆참고 1 : 메도디스트 연합 신도회 구성 · 186

◆참고 2 : 메도디스트 연합 신도회 조직 · 187
◆참고 3 : 초기 메도디스트 속회에 관한 찬송과 시 · 187

제6장 메도디스트들의 세 가지 독특한 집회
1. 철야 기도회 · 195
2. 애찬회 · 197
3. 계약 예배 · 205
4. 맺는 말 · 206
◆참고 : 웨슬리의 계약 예배(현대적 적용을 위해 수정된 예배문) · 208

제7장 웨슬리와 메도디스트 예배
1. 영국 국교회의 공동 기도서와 존 웨슬리 · 219
2. 웨슬리의 축약 개정판 '공동 기도서'와 메도디스트 예배 전통 · 222
3. 청교도의 영향과 모라비아교의 영향 · 232
4. 맺는 말 : 예배 갱신에 대한 메도디즘의 공헌 · 235
◆참고 : 메도디스트 전통의 주일예배 · 237

제8장 웨슬리와 메도디스트 성례전
1. 성례전에 관한 기본 이해 · 267
2. 세례에 관하여 · 269
   1) 세례에 대한 정의 · 270

2) 세례의 유익 · 272

   3) 유아세례에 관하여 · 279

3. 성만찬 신학과 전통 · 281

   1) 초대 교회에서의 성만찬 예배와 영성 · 281

   2) 종교개혁자들의 성만찬 · 281

   3) 한국 개신교회의 성만찬 · 282

   4) 웨슬리 시대 영국 교회의 성만찬 · 283

   5) 웨슬리 선조들의 성만찬 · 284

   6) 열성적 성만찬 경건주의자 웨슬리 · 284

   7) 초기 메도디스트 성만찬 신학 · 289

   8) 초기 메도디스트 성만찬 시행과 수찬 방식의 특징 · 297

   9) 맺는 말 · 299

제9장 웨슬리와 설교

1. 야외설교와 설교자로서의 소명 · 303

2. 설교자 웨슬리의 모습 · 307

3. 설교의 영향력 · 310

4. 웨슬리의 청중 · 311

5. 설교의 준비 · 313

6. 설교의 자료 · 315

7. 웨슬리 설교의 특징 · 319

8. 설교의 내용 · 324

9. 설교의 효력 · 326

10. 음성과 제스처 · 327

11. 설교와 건강 · 328

12. 맺는 말 · 330

제10장 조지 휫필드의 설교와 존 웨슬리의 설교 비교

1. 조지 휫필드 · 335

2. 휫필드와 웨슬리의 차이점과 공통점 · 340

제11장 초기 메도디스트 설교자들과 기타 사역자들

1. 시작하는 말 · 349

2. 메도디스트 설교자 · 350

3. 초기 메도디스트 설교자들의 설교 방법 · 362

4. 초기 메도디스트 설교자들의 고난과 영광 · 365

5. 유사 · 376

6. 병자 방문인 · 378

7. 맺는 말 · 380

제12장 초기 메도디스트 찬송

1. 노래 속에서 탄생한 메도디즘 · 383

2. 1780년 판 '메도디스트들의 찬송집' · 384

3. 메도디스트 찬송의 특징 · 387

   1) 심정의 찬송 · 387

   2) 시가적인 신앙 · 388

   3) 실천신학과 교리문답서로서의 메도디스트 찬송 · 389

4. 시가적 신학자 찰스 웨슬리 · 391

5. 1780년 '메도디스트 찬송집'의 차례에 나타난 특징 · 393

6. 애송되는 메도디스트 찬송들 · 395

7. 메도디스트 찬송 음악 · 400

8. 찬송 부르기의 7가지 지침 · 402

   1) 일곱 가지 지침 · 402

   2) 메도디스트 찬송 부르기의 장점 · 403

9. 노래하는 성만찬 · 405

10. 설교와 찬송의 결합 · 406

11. 맺는 말 : 노래하는 메도디스트들의 영광 · 406

   ■ 참고 : 가장 애송되는 메도디스트 찬송 네 편 · 409

제1장
웨슬리 연구의 약사(略史)

Frank O. Salisbury가 그린 존 웨슬리의 초상화

웨슬리의 생애 말년에 완숙한 경건의 향기가 풍기는 모습으로서 가장 유명한 웨슬리 초상화 몇 개 중 하나이다.

웨슬리 연구의 약사(略史)

존 웨슬리는 생전에 자신의 여행전도일지, 서신, 설교, 논문, 에세이, 성서주석, 찬송, 기독교 문고(Christian Library), 그리고 찰스 웨슬리와 함께 여러 권의 찬송집을 써냄으로써 활발한 신학 활동을 했다. 열정적으로 전도여행을 수행하면서 또한 거대한 메도디스트 연합체를 지도하면서, 이만한 신학 활동을 한다는 것은 역사에서 보기 드문 일일 뿐만 아니라, 그의 저작들은 이해하기 어려울 정도로 놀라운 지적 능력, 독서 능력, 열정, 건강, 그리고 근면을 보여주는 것들이다. 그의 신학연구 활동은 지금도 전세계에서 일어나는 그의 후예들에 의해서 계속해서 진행되고 있다.

이 글은 웨슬리 사후 현대까지 이루어진 웨슬리 연구의 역사를 주요 학자들과 그들의 저서들을 중심으로 간략하게 기술하고, 앞으로의 바람직한 웨슬리 연구 방법을 제시함으로써 웨슬리 학도들의 웨슬리 연구에 도움을 주는 것을 목적으로 한다.

1. 영국과 유럽, 그리고 미국에서의 연구

1) 최초의 웨슬리 전기(傳記) 작가들과 전기들

1791년 3월 2일, 웨슬리가 서거하자 곧 웨슬리의 생애에 관한 수많은 종류의 전기(傳記)들이 그의 친밀한 동역자들과 추종자들에 의해서 나오기 시작해서, 영어권에서만 현재까지 약 200권의 웨슬리 전기가 나왔다(이 통계는 A History of the Methodist Church, ed. Rupert Davies, Epworth Press, 1988, vol.4에 나와 있는 Bibliography에 의한 것이다). 세계 역사상 한 인물의 전기가 이렇게 많이 쓰여진 예도 일찍이 없었을 것이다.

가장 초기의 대표적인 웨슬리 전기 작가와 작품들은 다음과 같다.

① John Hampson의 「Memoirs of the late Rev. John Wesley, M.A., 1791, 3vols」
② Thomas Coke & Henry Moore의 「The life of the Rev. John Wesley, M.A., 1824~25, 542p.」
③ John Whitehead의 「The life of the Rev. John Wesley, M.A., 1793, 2vols」
④ Robert Southey의 「The life of Wesley and the rise and progress of Methodism, 2vols., 1820」
⑤ Richard Watson의 「The life of the Rev. John Wesley, M.A., 1831, 379p.」

위의 다섯 전기 작가들은 웨슬리 생전에 웨슬리와 가장 친밀한 동역자 내지는 지도권을 계승한 사람들로서 주로 자신들의 생생한 체험을 바탕으로 친절하게 웨슬리 생애를 소개하기 때문에 중요하며, 특별히 Southey의 전기는 웨슬리와 초기 메도디즘에 관하여 가장 생생하게 많은 이야기를 소개하는 최초의 작품이라고 할 수 있다. 그럼에도 불구하고 이 작품들은 웨슬리 이야기의 정보와 전달에 다소의 오류와 과장을 보인다고 지적되어 왔다.

이후 1900년도 초까지의 가장 좋은 웨슬리 전기 작품들은 다음의 것들이다.

① Luke Tyerman의 「The life and times of the Rev. John Wesley, M.A., Founder of the Methodists, 1870~71, 3vols」

② John Telford의 「The life of John Wesley, 1899, 406p.」

③ Richard Green의 「John Wesley Evangelist, 1905, 542p.」

④ William H. Fitchett 의 「Wesley and His Century-a study in spiritual forces, 1908, 537p.」

⑤ Grace E. Harrison의 「Son to Susanna-The Primitive Life of John Wesley, 1937, 353p.」

이 전기 작품들은 웨슬리 연구에서 영구한 권위를 인정받는 가장 중요한 고전으로서, 웨슬리를 연구하려는 학도들에게는 필독서라고 할 수 있다. 이 전기들은 웨슬리와 초기 메도디즘에 관하여 가장 진실하고 자세한 지식을 제공할 뿐만 아니라 거의 오류와 실수가 없는 최고의 가치를 지니는 작품들이다. 그러나 초기의 이러한 웨슬리 연구는 웨슬리의 생애를 성인전(聖人傳 ; hagiography)으로 엮는 데에 집중했다고 볼 수 있다.

2) 현대의 웨슬리 전기(傳記) 작가들과 전기들

(1) Vivian H. Green

1900년도 중반부터 현대까지 나온 대표적인 웨슬리 전기로는 영국 감리교 목사로서 옥스퍼드 링컨 칼리지의 교수였던 Green의 「John Wesley, 1964, 168p.」와 「The Young Mr. Wesley : A study of John Wesley and Oxford, 1961, 342p.」를 들 수 있다. Green의 두 책은 웨슬리 생애에 대한 역사적이고 최초의 비평적인 연구서이며, 웨슬리의 실제 모습과 그의 생애와 활동의 의미를 밝힌 수준 높은 학문적 연구서이다. 특히 「The Young Mr. Wesley」는 웨슬리의 소년기와 청년기 그리고 옥스퍼드 생활을 정확하게 기술하고 비평적으로 소개하는 데 유일한 권위를 인정받고 있는 작품이다.

(2) Arthur Skevington Wood

영국 감리교회의 가장 좋은 웨슬리 학자이며 영적 지도자였던 Wood의 「The Burning Heart : John Wesley Evangelist, 1967, 302p.」는 전도자로서 웨슬리의 생애와 메도디즘의 탄생과 부흥운동의 역사를 웨슬리 원자료를 토대로 재구성하여 생생하고 감동적으로 전달하며, 웨슬리의 주요 교리와 신학사상까지 원자료와 초기 메도디즘의 역사를 바탕으로 연구하여 명쾌하고도 평이하게 전해 주는 작품으로 신학도와 평신도들이 가장 애독하는 웨슬리 전기가 되어 왔다.

Wood 박사의 또 다른 책 「The Inextinguishable Blaze : Spiritual Renewal and Advance in the 18th Century, 1960, 256p.」은 웨슬리의 생애를 부흥운동의 관점에서 이야기 식으로 엮은 훌륭한 작품이다. Wood

박사는 영국 감리교회의 복음주의 그룹의 지도자로서 사라져 가는 웨슬리 본래의 복음주의와 경건주의 신앙전통을 지키는 데 헌신하였으며, 1885년에는 'The Wesley Fellowship'이라는 웨슬리 신학과 영성을 연구하고 계승하는 공동체를 설립하여 약 10년간 헌신적인 활동을 하다가 소천하였다. 이 외에도 Wood 박사는 수많은 웨슬리 관련 논문과 에세이를 썼으며 강의를 통해 웨슬리 연구에 영구한 공헌을 남겼다.

(3) Martin Schmidt

Schmidt의 「John Wesley : A Theological Biography, 3vols., 1962~73」는 제목 그대로 웨슬리 생애에 신학적 해설을 붙인 전기로서 지금까지 학자들에 의해서 가장 많이 인용되는 연구서 중 하나로 웨슬리 연구에 중요한 공헌을 해오고 있다. Schmidt의 세 권의 책들은 웨슬리 연구에서 가장 권위 있는 책 목록에 속하는 것들로서 웨슬리 학도에게 필독서이다.

(4) Frank Baker

Baker는 본래 영국 감리교 목사로서 일찍이 미국에 이주하여 Duke 대학 신학부에서 가르치다 은퇴하고 서거했으며, 웨슬리 연구에서 가장 권위 있는 대가로 인정되었다. Baker 박사는 「John Wesley and the Church of England, 1967, 422p.」라는 웨슬리 생애와 메도디즘의 초기 역사를 영국 국교회와의 관계를 중심으로 연구하여 대작을 써냈다. 이 책은 웨슬리와 초기 메도디즘을 영국 교회사적 배경에서 이해하도록 돕는 권위 있고 귀중한 역사적 연구서로 인정받고 있다. 또한 이 책은 감리교회가 영국 교회로부터 받은 유산과 메도디즘의 특징을 설명하면서 감리교의 교회사적 위치와 전통을 밝혀주고 있어 메도디즘을 이해하는 데 필독서이다. Baker 박사는 이밖에도 「Methodism and the Love Feast, 1957, 81p.」, 「From Wesley to Asbury, 1976, 223p.」, 「The Real John Wesley, 1974」, 「Charles Wesley as Revealed by his Letters, 1948, 148p.」, 「Representative Verse of Charles Wesley, 1962, 185p.」, 「Charles Wesley's Verse, An Introduction, 1964, 138p.」 등 약 100여 편이 넘는 책, 논문, 에세이를 써냈다. 그는 웨슬리와 메도디스트 역사에 있어서 깊이 있는 이해와 해박한 지식을 가지고 메도디스트 역사상 가장 많은 글을 써낸 학자이다. Baker 박사야말로 가장 탁월한 웨슬리 이야기꾼이요, 메도디즘의 역사와 전통에 관한 가장 해박하고 정확한 해설자이다.

(5) Albert C. Outler

미국 감리교회의 탁월한 신학자 Outler는 1960년부터 미국에서 웨슬리 신학의 대표적인 해석자요 대변자 역할을 해 왔다. 특히 그는 그의 편집 저서 「John Wesley, 1964, 516p.」의 긴 서론에서 웨슬리가 '그리스도인의 완전'을 지향하는 과정으로서의 목적론적 구원론 신학사상을 동방교부들에게서 배웠다고 주장했고, 이로써 웨슬리 연구에 새로운 전환점을 만들었다. 이후 동방교부들의 신학과의 관계에서 웨슬리를 연구하는 많은 추종자들이 나오고 있다. 웨슬리를 '대중의 신학자'라고 소개했던 논문 「John Wesley, folk theologian, Theology Today, vol.34, 1977~78」을 비롯하여 수많은 논문들 그리고 웨슬리의 복음주의 정신의 실천을 강조하는 강연 「Evangelism in the Wesleyan Spirit, 1969, 109p.」과 웨슬리의 구원론 신학사상을 명쾌하게 소개하는 저서

「Theology in the Wesleyan Spirit, 1971, 101p.」는 그의 가장 널리 애독되는 작품들이다. Outler 박사는 Frank Baker 박사와 함께 20세기의 가장 위대한 웨슬리 학자로 평가받아 왔다.

(6) Richard P. Heizenrater

최근 들어 웨슬리와 메도디즘의 역사 연구에서 가장 활발한 학자로 손꼽히는 사람은 미국의 Heizenrater와 영국의 Henry D. Rack이다. Heizenrater는 「The Elusive Mr. Wesley, 2vols., 1984, 448p.」에서 웨슬리의 인품과 활동에 관하여 다양한 특징을 주제로 다루면서 전기적 역사적 연구를 시도했고, 최근 저서 「Wesley and the People Called Methodists, 1995, 338p.」에서는 웨슬리와 초기 메도디즘의 부흥운동의 역사와 특별히 초기 미국 메도디스트 역사를 포함하는 연구를 내놓았다. 그는 웨슬리를 주로 조직신학적으로 연구하는 미국에서 Frank Baker의 제자로서 역사적 연구를 계승하고 있다. 또 원자료와 희귀한 역사 자료들을 동원하는 최고 수준의 역사 연구를 통해서 웨슬리의 진정한 모습과 초기 메도디즘의 역사와 전통을 평이하고 흥미롭고 정확하게 해설해 주고 있다.

(7) Henry D. Rack

Rack 박사는 1989년에 「Reasonable Enthusiast : John Wesley and the Rise of Methodism, 656p.」이라는 웨슬리에 관한 역사연구의 대작을 써냈다. 이 책은 그의 일생의 역작으로서 웨슬리 생애와 초기 메도디스트 역사에 관한 백과사전 역할을 하고 있다. 특히 이 책은 미국 메도디스트 신학의 영향을 지배적으로 받아온 한국의 신학도들이 웨슬리에 대한 역사적 지식의 결핍으로 인해 웨슬리를 교리사 내지는 조직신학적 측면에서만 다루려는 편향된 습관을 해소시키는 데 있어 필독서라고 할 수 있다. 학도들은 이 책을 통해 역사적으로 정확하고 풍부한 지식 없이 웨슬리를 다루는 데서 나오기 쉬운 실수와 오해를 피할 수 있을 것이다. 또한 이 책은 웨슬리와 메도디즘에 대한 가장 비판적인 연구로서 지금까지의 전통적인 웨슬리에 대한 이해와는 다른 관점에서 웨슬리를 기술하는 철저히 비평적인 연구로서의 특징을 갖고 있다.

이런 의미에서 Rack 박사는 웨슬리를 聖人傳(hagiography)과 감상주의(sentimentality)로부터 해방시켰다는 평을 받고 있다. 특별히 웨슬리의 사적인 생활과 여성관계에 대한 숨겨진 이야기들을 기술하고 있어서 흥미롭다. 그러나 이러한 비평이 웨슬리의 인격과 공로를 손상시키지는 않는다. 오히려 이러한 비평적 연구를 통해서 어떤 오류나 과장을 피하고 웨슬리의 실제 모습과 웨슬리와 메도디즘의 역사에 대한 정확한 이해를 얻게 될 뿐만 아니라 웨슬리를 더욱 사랑하고 초기 메도디즘의 중요한 의미를 더욱 분명히 보게 될 것이다.

Rack의 또 다른 저서 「The Future of John Wesley's Methodism, 1965, 232p.」은 초기의 작품으로서 영국 국교회와의 통합을 논의하는 과정에서 감리교의 역사적 정체성과 미래적 방향을 제시하는 훌륭한 연구서로서 인정된다. Rack 박사는 이 밖에도 웨슬리와 메도디스트 역사에 관련한 수많은 논문과 에세이들을 썼다. 그의 연구는 주로 영국적 상황에 제한되어 메도디즘의 세계적인 발전과 가치를 경시하는 듯하다는 점과 웨슬리에 대한 부정적인 평가에 기울어지는 경향을 보이는데, 이것은 바람직하지 못한 태도라고 보여진다.

(8) Kenneth Collins

Collins는 미국의 켄터키 주에 있는 웨슬리안 복음주의 신학교인 애즈베리 신학대학의 웨슬리 신학자이다. 그는 본래 Richard Heizenrater의 제자로서 웨슬리와 메도디즘에 관한 역사적인 연구가로 최근에 부상하고 있는 학자이다. 그는 1999년에 「A Real Christian ; The Life of John Wesley, 189p.」를 써냈다. 이 책은 존 웨슬리의 생애를 신학도와 평신도를 위해서 비교적 쉽게 쓴 웨슬리 전기로서 지금까지 묘사된 웨슬리 생애에 관하여 고전적인 지식을 바탕으로 현대인에게 정확하고 요점적인 소개를 하고 있다. 특별히 교회에 대한 그의 이해와 그가 실행한 진정한 기독교의 본질과 메도디즘의 성격을 명쾌하게 소개해준다. 그는 이미 1997년에 「The Scripture Way of Salvation ; The Heart of John Wesley's Theology, 256p.」을 출판하였다. 이 책은 웨슬리의 구원론에 관한 연구다. 그의 최근 저서 「John Wesley ; A Theological Journey, 2003, 355p.」는 Martin Schmidt 박사의 「John Wesley ; A Theological Biography」를 꼭 닮은 웨슬리 연구다. 이 책은 웨슬리의 생애와 신학과 그의 사역의 특징과 신학적 · 교회사적인 유산을 치밀한 연구를 통하여 해설하고 있다. Collins의 책들은 최근에 나온 가장 좋은 웨슬리 연구서로 평가받고 있다.

3) 회심 사건

존 웨슬리의 올더스게이트 회심 사건만을 주제로 다룬 최초의 연구는 다음과 같다.

① Richard Green의 「The Conversion of John Wesley, 1909,

46p.」
② Ernest Rattenbury의 「The Conversion of John Wesley, 1938, 243p.」
③ Martin Schmidt의 「John Wesley's Bekehrung, 1937, 108p.」
④ Elmer T. Clark가 편집한 「What happened at Aldersgate, 1938, 239p.」

이 연구서들은 웨슬리의 '마음이 뜨거워진'(I felt my heart strangely warmed.) 경험에 대한 전통적 해석, 즉 낭만주의적 복음주의에 대한 비평과 함께 올더스게이트 사건의 의미를 웨슬리 생애 전체와 역사적 상황에 비추어 재해석한 비판적 연구로서 지금도 참고할 필요가 있는 책들이다.

⑤ 최근에 나온 Randy Maddox가 편집한 「Aldersgate Reconsidered, 1990, 181p.」는 웨슬리의 회심 사건에 대한 역사적·신학적 의미를 해석하는 여러 신학자들의 논문을 담고 있어 훌륭한 참고 자료가 되고 있다.

4) 웨슬리의 저작 편집

19세기 후반부터는 웨슬리 저작들을 수집하고 편집 출판하는 작업이 활발히 진행되었다. 대표적인 웨슬리 저작 편집은

① Thomas Jackson의 「The Works of John Wesley, 14vols., 1929~31」
② Nehemiah Curnock의 「The Journal of John Wesley, 8vols., 1909~16」

③ John Telford의 「The Letters of John Wesley, 8vols., 1931」
④ Edward Sugden의 「The Standard Sermons of John Wesley, 2vols., 1921」
⑤ George Osborn의 「The Poetical Works of John and Charles Wesley, 13vols., 1869」 등이다.

Jackson의 전집에는 중요한 일기, 편지, 설교, 총회록, 논문들, 신약 주해, 수상문, 기도문, 문법, 찬송이 일부 발췌 편집되어 있다. 이들의 공로는 웨슬리 연구를 위한 기초를 확고히 다져 놓은 것으로 영구히 기억되고 있다.

이러한 전기 작가와 편집시대는 20세기 초반까지 지속되었으며, 이 시대의 웨슬리 연구는 주로 웨슬리 생애와 업적에 대한 존경과 경탄, 그리고 초기 감리교의 부흥운동과 그 사회적 영향력에 대한 낭만주의적 회고에 집중되었다. 이러한 웨슬리의 사회개혁운동을 위대한 공로로 평가하는 분위기는 Elie Halevy와 E. H. Lecky의 연구와 주장이 나오면서부터 절정에 이르게 되었고, 현대까지 이들의 이론은 주로 복음주의자들과 보수적인 신자들에 의해 강력한 지지를 얻고 있다.

⑥ 「Christian Library(기독교 문고), 1752, Bristol」, 웨슬리는 초대 교회 교부들과 순교자들의 작품들로부터 시작하여 중세기 영성가들의 작품들과 영국 청교도들과 영국 경건주의자들의 영성 작품들과 경건의 신학 내지는 경건의 문학 작품들을 번역하고 요약 발췌하여 전체 50권으로 출판하였다. 이것은 교회사 전체에 걸쳐서 나타난 위대한 경건의 신학과 경건의 문학 작품들을 총 망라한 것으로서, 그 분량과 노력으로 봐서 실로 거대한 작업이었다. 요즘으로 말하면 저작 출판상을 받아 마땅하다. 「Christian Library」

는 웨슬리 이후 다시 출판된 일이 없고, 웨슬리 당시에 출판된 것과 복사 제본된 것들이 도서관에 보존되고 있다. 웨슬리는 이것을 메도디스트 설교자들과 모든 메도디스트들의 경건의 독서와 영성훈련의 교과서로 사용하려는 의도에서 만들었다.

5) 네 명의 위대한 웨슬리 해설가들

1920년대에 들어서면서부터는 해설 혹은 해석이 붙은 웨슬리 연구서들이 나오기 시작했다. 이 당시 네 명의 대표적인 웨슬리 연구가들을 든다면 다음과 같다.

① J. Smith Simon은 「John Wesley and the Religious Society, 1921, 363p.」와 「John Wesley and the Methodist Societies, 1923, 381p.」, 그리고 「John Wesley and the Advance of Methodism, 1925, 363p.」이라는 세 권의 책을 통해서 초기 메도디스트들의 활동과 역사를 자세한 해설과 자신의 해석을 붙여서 내놓았고, 두 권의 웨슬리 생애 연구서 「John Wesley : the Master Builder, 1927, 352p.」와 「John Wesley : the Last Phase, 1934, 355p.」를 썼다. Simon의 5권의 저서는 웨슬리 연구에 있어서 대작이지만 기대만큼 큰 인기를 끌지는 못했다.

② Sydney G. Dimond는 「The Psychology of the Methodist Revival, 1926, 296p.」이라는 책을 써서 메도디스트 부흥운동의 역사와 본질, 그리고 그 효과에 대하여 주로 심리학적으로 해석하는 비판적인 연구서를 내놓았다.

③ Ernest J. Rattenbury는 웨슬리의 생애와 사상에 대한 두 개의

연구서인 「Wesley's Legacy to the World, 1928, 309.p」와 「The Conversion of the Wesleys, 1938, 243p.」를 썼다. 그는 이 책들에서 웨슬리에 대한 전설적·영웅적 이야기와 낭만주의적인 추억이라는 전통적인 전달방식을 조심스럽게 수정하면서 냉철한 연구를 통해서 진정한 웨슬리의 모습과 영구한 유산을 찾고자 노력했다. 그는 여기서 올더스게이트 회심 사건에 비추어 웨슬리의 모든 것을 해석하는 방식에 문제를 제기하고 오히려 그의 생애 전체에 걸친 거룩한 삶의 훈련과 실천적 영성을 강조했다.

Rattenbury는 웨슬리 형제의 찬송 연구서도 두 권 썼다. 그는 「Evangelical Doctrines of Charles Wesley's Hymns, 1941, 365p.」이란 책을 써서 메도디스트 교리가 찰스의 찬송으로 쓰여지고 교육되고 전파되었으며, 찰스의 찬송이 메도디스트들을 위한 교의학적 역할을 했다는 사실을 설명하고, 찰스의 찬송을 교리의 주제에 따라 자세한 해설과 함께 체계적으로 다루었다. 이 책과 함께 Rattenbury 박사의 기념비적인 작품인 「The Eucharistic Hymns of John and Charles Wesley, 1948, 253p.」는 웨슬리 형제가 1745년에 출판한 「Hymns of the Lord's Supper, with a Preface Concerning the Christian Sacrament and Sacrifice, extracted from Dr. Daniel Brevint」가 포함된 주로 찰스 웨슬리의 166개의 성만찬 찬송의 성격과 내용에 대한 연구서이며, 웨슬리 형제의 성만찬 신학사상과 교리에 대한 연구서다. 이 두 책은 Rattenbury 박사의 위대한 작품으로서 메도디즘의 영구한 고전이라 할 만하다. Rattenbury는 Baker와 Outler 이전에 활동한 가장 훌륭한 웨슬리 학자로 인정받을 만하다.

④ 마지막으로 Henry Bett 박사의 「The Spirit of Methodism, 1937, 254p.」 또한 오랫동안 웨슬리 연구에 자주 인용되어 온 웨슬리 사상과 메도디즘의 전통에 대한 훌륭한 해설이다.

6) 웨슬리의 구원론 신학사상에 관한 연구

오랫동안 웨슬리는 주로 전도자, 목회자, 경건주의자, 찬송작가, 사회개혁가로 존경받아 왔다. 그러나 웨슬리를 신학자로 취급하는 연구는 비교적 늦게 나타났다. 이러한 시도도 메도디스트 신학자가 아닌 다른 교회 신학자들에 의해서 시작되었고, 메도디스트 신학자들은 웨슬리 신학을 다른 전통의 신학사상과 비교해서 공통점과 차이점을 분명히 드러내고 그 관계성을 밝혀내려는 데 집중되었다.

(1) Maximin Piette

카톨릭 프란시스회 수도사인 벨기에 신학자 Piette는 그의 저서 「John Wesley in the Evolution of Protestantism, 1937, 569p.」에서 존 웨슬리는 전통적인 개신교 신학의 원리인 '오직 믿음'과 '오직 은혜'를 반복 계승하는 단순한 개신교의 추종자가 아니고, 오히려 카톨릭적 구원으로서의 성화신학을 따름으로써 개신교의 진화에 위대한 공헌을 했다고 주장했다. 이러한 관점에서 그는 웨슬리의 진정한 회심은 하나님께 일생을 완전한 복종과 헌신, 완전한 사랑, 완전한 성화의 삶을 살고자 거룩한 결심을 했던 1725년에 일어났으며, 1738년 올더스게이트 체험은 개신교적 복음주의로 돌아가는 회심이 아니라 단순히 하나님의 사랑을 그의 마음에 확인했던 사건이라고 해석함으로써 웨슬리를 개신교보다는 오히려 카톨릭 교회의 신학전통에서 이해하였다.

(2) George Croft Cell

Cell은 그의 유명한 저서 「The Rediscovery of John Wesley, 1935, 420p.」에서 "나는 칭의교리에 있어서 칼빈과는 머리카락 하나 차이밖에 없다."고 한 웨슬리의 주장에 특별히 주목하면서 웨슬리의 신학사상이 반(反) 칼빈주의적이고 친(親) 아르미니우스적이라는 해석을 강력히 반대하고, 웨슬리야말로 영국 교회가 다시 카톨릭주의로 기울고 영국 교회의 신학사상이 아르미니우스주의화(化)된 상황에서 영국 교회에 진정한 개신교 신앙의 부흥을 일으켰다고 주장했다. 그는 웨슬리에 대한 올바른 해석의 열쇠는 오히려 당시 아르미니우스주의에 혼합된 휴머니즘에 대한 웨슬리의 철저한 비평 속에 있다고 보고, 웨슬리가 인본주의적 아르미니우스주의에 반대하고 루터와 칼빈의 '오직 은혜'의 교리로 복귀했다고 해석했다. 웨슬리가 진정으로 칼빈신학을 계승하고 있다고 하는 Cell의 주장은 웨슬리를 칼빈과 동화시키려는 과도한 시도라는 비판을 받는 한편, "웨슬리의 기독교 윤리는 개신교의 은혜의 윤리와 카톨릭의 성화의 윤리의 원초적이고 독특한 종합"이라는 그의 주장은 지금까지 많은 학자들에 의해서 긍정적으로 인용되고 있다.

(3) Humprey Lee

Lee는 「John Wesley and Modern Religion, 1936, 354p.」이라는 자신의 저서에서 Piette와 마찬가지로 웨슬리의 올더스게이트 회심의 중요성을 의문시하면서 웨슬리를 종교에 있어서 신비적 경험을 윤리적이고 이성적이고 제도적인 요소와 결합시킨 현대적 종교의 예언자로 보았다.

지금까지 거의 모든 웨슬리 신학자들은 웨슬리가 과연 어떤 신학전통에 서 있느냐는 문제에 지나치게 집중하였다. 웨슬리는 실제로 아르미니우스주의와 밀접하게 관계했으며, 인간의 선행과 완전 성화에 대하여 집중적으로 강조했기 때문에 정통 개신교주의자들, 특별히 칼빈주의자들로부터 '웨슬리의 구원론이 진정으로 성서적 복음주의 신학과 정통 개신교 신학과 일치하는가' 라는 의심과 비판을 받아왔다. 이러한 상황에서 메도디스트 신학자들은 이 문제를 명확히 해결해야 할 의무를 느끼면서 웨슬리 신학을 쓰게 되었다. 특별히 몇몇 메도디스트 신학자들은 웨슬리의 구원론 신학이 종교개혁자들과 동일한 것이며 전통적인 복음주의 노선에 있다는 것을 증명하는 데 전력을 다하였다.

(4) Franz Hildebrandt

Hildebrandt는 본래 독일 루터교 신학자로서 영국에 피난 중 메도디스트가 되었다. 그는 두 권의 웨슬리 연구서인 「From Luther to Wesley, 1951, 224p.」와 「Christianity according to the Wesleys, 1956, 80p.」에서 웨슬리의 구원론 신학은 루터와 거의 일치하며, 웨슬리는 모라비아 교와의 경험을 통해서 18세기 영국에서 루터를 알리는 중개자였다고 주장했다.

(5) William Canon

미국 감리교의 유명한 감독이며 우수한 웨슬리 학자였던 Canon은 그의 저서 「The Theology of John Wesley, with special reference to the doctrine of justification, 1946, 284p.」에서 주로 웨슬리의 이신칭의론에 초점을 맞추어 웨슬리는 칭의의 원리에서는 칼빈과 동일하지만 은혜의 역사에서는 같은 것이 아니라고 주장했다.

(6) Colin Williams
웨슬리 신학과 종교개혁 전통과의 관계에 대한 연구는 계속 Martin Schmidt, Colin Williams, John Deschner 등 여러 학자들에 의해서 연구의 초점이 되었다. 특히 호주 출신 감리교 목사로서 미국에서 활동했던 Colin Williams는 그의 저서 「Wesley's Theology Today, 1960, 252p.」에서 메도디스트 교리의 성격과 중심을 규명하면서, 웨슬리의 구원론을 구원의 질서(order of salvation)라는 틀에서 친절하고 설득력 있게 설명하면서 웨슬리의 구원론뿐 아니라 교회론, 성례론, 윤리와 종말론 등 중요한 주제들을 명확하게 해석함으로써 웨슬리를 대변해 주었다. 이 책은 오랫동안 웨슬리 신학의 가장 훌륭한 안내와 교과서 역할을 해 왔다.

(7) John Deschner
Deschner는 Karl Barth의 제자로서 Barth의 교의학적 구조에 맞추어 웨슬리의 기독론 「Wesley's Christology, 1960, 200p.」를 써서 개혁교회 신학 방법론을 가지고 웨슬리 신학의 교의학적 구성을 시도했다.

(8) Kenneth Rowe
Rowe가 편집해낸 「The Place of Wesley In The Christian Tradition, 1976, 165p.」은 영미 최고 수준의 웨슬리 학자들의 논문집으로서, 웨슬리 신학을 교회사의 여러 신학전통과의 관계에 비춰서 그 위치와 의미를 볼 수 있는 유익한 연구서이다. 이 책에서 특별히 Outler는 웨슬리 'sola fide'와 'holy living'의 전통을 하나로 통합하여 제3의 길(the

third alternative)을 선택했다고 주장함으로써 웨슬리의 교회사적 위치와 중요성을 밝혀주었다.

7) 웨슬리의 완전론에 관한 연구

웨슬리의 성화론과 그리스도인의 완전론에 관해서는 지금까지 이루 셀 수 없이 많은 사람들이 연구를 해오고 있으나, 그 동안 가장 많이 읽혀지고 인용되고 있는 작품 몇 가지만 소개하겠다.

(1) Robert Newton Flew

20세기 초반 영국 감리교회의 유명한 학자 Robert Newton Flew는 그의 저서 「The Idea of Perfection in Christian Theology : A Historical Study of the Christian Ideal for the Present Life, 1934, 422p.」에서 완전론에 대하여 웨슬리에 국한하지 않고 기독교 역사에 나타났던 '완전'의 신학사상을 연구하여 '완전'에 대한 신학적이고 실제적인 의미를 추구하였다.

(2) William Sangster

20세기 중반까지 영국 감리교회와 독립 교회들을 대표했던 웨슬리안 복음주의자요 경건주의 신학자요 목회자였던 William Sangster는 그의 저서 「The Path to Perfection : An Examination and Restatement of John Wesley's Doctrine of Christian Perfection, 1943, 211p.」에서 웨슬리의 완전성화 사상을 철저히 조사하여 비판적 연구를 시도했다. 그는 웨슬리의 완전 사상에서 모든 오해와 과장 등 부정적 요소를 제거하고 그리스도인의 생활과 경험에 맞는 실제적인 완전 사상을 재구성하려고 노력하였다. 그는 웨슬리의 완전 교리에 있어서 '완전'(Perfection)이라는 용어 때문에 일어나는 모든 오해와 오류의 소지를 제거하고 본래 웨슬리가 의도한 대로의 완전 교리의 의미를 지키기 위해서 '완전'이란 말을 '완전한 사랑'(Perfect love)라는 용어로 통일하여 사용할 것을 제안했으며, 이러한 Sangster의 주장은 일반적으로 진지하게 수용되고 있다.

(3) Harold G. Lindström

스웨덴 웁살라대학교의 조직신학 교수였던 Lindström은 「Wesley and Sanctification : A Study in the Doctrine of Salvation, 1950, 228p.」이라는 저서에서 웨슬리의 구원론을 성화론 중심으로 교의학적인 체계에 맞추어 재구성해 놓았다. 이 책은 오랫동안 웨슬리의 성화론에 대한 가장 좋은 교과서로 사용되어 왔다.

(4) John L. Peters

Peters의 「Christian Perfection and American Methodism, 1956, 252p.」은 웨슬리의 완전의 교리와 초기 메도디즘의 완전을 추구하는 영성생활, 그리고 미국 감리교의 형성기에 완전 교리가 어떻게 가르쳐지고 실천되었는지에 대한 역사적 연구로서 중요한 공헌을 하였다. 특별히 이 책은 미국에서의 감리교 부흥운동에 있어서 완전 교리의 중요한 역할을 밝히는 초기 메도디즘의 역사적인 연구로서 좋은 평가를 받고 있다.

(5) Leo G. Cox

Cox의 「John Wesley's Concept of Perfection, 1964, 227p.」은 웨

슬리의 완전 교리의 의미와 성격을 규명하는 체계적인 신학작업을 시도한 저작으로 훌륭한 연구다.

(6) Mildred Bang Wincoop

Wincoop는 「A Theology of Love : The Dynamic of Wesleyanism, 1972. 376p.」이라는 저서에서 웨슬리 신학사상의 운동력(dynamic)과 그의 성화론의 본질을 사랑으로 규정하고, 웨슬리의 성화중심의 구원론을 '사랑의 해석학'적 방식으로 현대적 해석을 시도했다. 그는 자신의 현대신학에 대한 지식과 이해 그리고 성서신학에 비춰서 웨슬리 구원론을 해석하면서 웨슬리의 '사랑의 신학'을 뛰어난 신학적 상상력과 아름다운 필치로 구성하였다.

(7) Theodore Runyon

Runyon은 웨슬리의 성화론을 해방신학적 관점에서 다루는 학자들의 논문을 묶어 「Sanctification and Liberation : Liberation Theology in light of the Wesleyan Tradition, 1981, 255p.」이라는 책을 내놓았다. 이 책은 주로 웨슬리의 성화론의 사회·정치·경제적인 의미에서 해석을 시도한 것으로서 지금까지 성화론의 개인주의적 해석의 틀에서 벗어난 획기적인 연구로서 큰 가치를 인정받고 있다. 대부분의 기고가들은 웨슬리 성화론의 개인주의적·보수적 성격을 비판하면서도 가난한 자들을 향한 웨슬리의 복음주의적·경건주의적 노력을 구체적인 사회개혁으로 현실화하는 가능성을 추구하고 있다.

(8) Kenneth Collins

이미 앞에 소개한 대로 최근에 등장한 웨슬리 학자인 Collins 박사의 「The Scripture Way of Salvation : The Heart of John Wesley's Theology, 1997, 256p.」는 웨슬리에 대한 깊고 해박한 지식을 복음주의적 입장에서 해설하면서 전통적인 웨슬리의 구원론의 성격과 핵심을 명쾌하게 소개하고 있다.

8) 웨슬리의 성령론

웨슬리의 성령론에 관한 연구로서 Lycurgus M. Starkey, Jr.가 쓴 「The Work of the Holy Spirit : A Study in Wesleyan Theology, 1962, 176p.」는 이 분야에 있어서 최초의 학문적 연구로 평가된다. Starkey는 이 책에서 웨슬리의 성령론의 조직신학적 구성을 시도하여 획기적 공헌을 하였다. Arthur S. Yates의 「The Doctrine of Assurance with special reference to John Wesley, 1952, 189p.」는 웨슬리의 성령의 증거와 확신의 교리를 집중 연구한 저서로 이 분야에 독특한 공헌을 하였다. 웨슬리의 성령론에 관한 위의 두 권의 연구서는 지금까지 유일하게 권위 있는 참고자료가 되고 있다.

9) 웨슬리의 교회론-목회론

웨슬리의 교회론을 독립적으로 연구한 학자는 별로 없지만 Dow Kirkparick이 C. H. Dodd와 Raymond George를 포함하여 최고 수준의 학자들의 교회론에 관한 논문들을 엮어 편집한 책 「The Doctrine of the

Church, 1964, 268p.」는 웨슬리 전통에서 교회에 대한 역사적·신학적 이해를 친절히 해설하는 훌륭한 논문집이다. Howard H. Snyder의「The Radical Wesley : Patterns for Church Renewal, 1989, 189p.」는 권위주의와 형식주의적 제도 속에 굳어버리고 닫혀버린 전통적인 교회 속에서 교회의 갱신과 부흥을 일으킨 웨슬리의 교회에 대한 신학적 이해와 확신을 생동감 있고 명쾌하게 설명하고 이런 웨슬리에 비추어 현대 교회의 갱신을 이룰 수 있는 교회론을 제시하는 훌륭한 연구로 평가되고 있다. 이미 언급했듯이 Frank Baker는 웨슬리의 교회론(Churchmanship)에 관련된 다수의 훌륭한 에세이(essay)들을 웨슬리 연구 계통의 잡지에 기고했으며, 그의 저작「John Wesley and the Church of England, 1967, 422p.」는 웨슬리의 교회에 대한 신학적 이해와 교회론의 실천을 자세히 소개하고 있어 좋은 참고도서가 된다.

웨슬리의 교회론과 관련하여 그의 목회론에 대한 가장 좋은 연구서는 Albert B. Lawson의「John Wesley and The Christian Ministry, S.P.C.K. London, 1963, 210p.」이다. 이 책에는 웨슬리의 교회관과 목회관의 형성, 발전, 특징, 효력에 관한 깊이 있는 교회사적 연구가 들어 있다.

10) 성례전

존 웨슬리 형제는 일찍이 1745년에 청교도 신학자 다니엘 브레빈트의 성만찬 신학「Christian Sacrament and Sacrifice」을 요약하고 발췌하여 찰스는 166개의 성만찬 찬송을 지어서 "Hymns on the Lorld's Supper"라는 제목으로 출판하였다. 이것은 메도디즘 성만찬 신학의 정수라고 할 수 있다. 그러나 오랫동안 잘 알려지지 않다가 Rattenbury에 의

하여 빛을 보게 되었다(이 책은 2004년 2월 나형석 교수에 의하여 번역되어 "웨슬리 형제의 성만찬 찬송"이라는 제목으로 출판되었다). 웨슬리의 성례전에 관한 최초의 권위 있는 연구는 Rattenbury의 「The Eucharistic Hymns of John and Charles Wesley : to which is appended Wesley's preface extracted from Brevint's "Christian Sacrament and Sacrifice", together with "Hymns on the Lord's Supper", 1948, 253p.」이다. 그는 이 책에서 웨슬리 형제의 성만찬 찬송에 나타난 성례전 신학을 명쾌하게 해설했다. 특히 이 책은 웨슬리 형제의 성만찬 신학의 깊고도 풍부한 영성을 상세히 소개하면서 동시에 웨슬리의 성만찬 신학의 독특한 강조점인 실현된 종말론, 희생제사(sacrifice), 그리고 실제적 임재(real presence)의 교리에 관하여 감동적으로 해설해 주는, 실로 메도디스트 역사에서 불후의 명작이라고 할 수 있다. 그러나 오늘날 웨슬리 학도들이 이 책의 가치를 모르는 것은 불행한 일이다.

웨슬리의 성례전에 관한 또 다른 훌륭한 연구서로는 Ole E. Borgen이 쓴 「John Wesley on the Sacraments : A Theological Study, 1972, 307p.」을 들 수 있으며, Borgen은 이 책에서 웨슬리의 성례전 신학을 교의학적 체계 속에 구성해 놓았다. John C. Bowmer는 그의 저서 「The Sacraments of the Lord's Supper in Early Methodism, 1951, 307p.」에서 웨슬리와 초기 메도디즘의 성만찬 교리와 실천을 역사적으로 연구하여 평이하게 해설해 주었다. Bowmer는 웨슬리가 일생 영국의 전통적인 고교회 성례전주의자(High sacramentarian)로 살았으며, 초기 메도디스트 부흥운동은 복음전도운동(Evangelical movement)인 동시에 성례전 부흥운동(Sacramental movement)이었다고 주장한 것으로 유명하다. 이로써 그는 웨슬리와 초기 메도디스트들이 실행했던 성만찬 경건주의를 인식시키는 데 공헌하였다. 위의 두 학자는 웨슬리의 성례전 신학을 재발견함으로써 감리교의 예배갱신운동에 큰 공헌을 하였다.

John R. Parris는 「John Wesley's Doctrine of the Sacrament, 1963, 119p.」라는 자신의 석사논문을 출판하여 관심을 끌었다. Parris는 이 책에서 웨슬리의 고교회적 세례관을 잘 해석했다. 그러나 이 저서는 웨슬리의 초기 사상에 치우치는 한계를 보인 너무나 간략한 연구서다.

11) 메도디즘의 역사

영국 감리교회는 1909년에 영국과 미국 그리고 세계의 감리교회사를 편찬해냈다(A New History of Methodism, ed. by W. J. Townsend & H. B. Workman, 2vols.). 이로부터 약 반세기 만에 영국 감리교회 총회(1953년)는 영국 감리교회의 역사를 다시 쓰기로 결의하고 「A History of Methodist Church in Great Britain, 4vols., 1965」을 출판해냈다. 편집자들은 영국 감리교의 최고 엘리트 학자들로 인정받는 Rupert Davies, Raymond George, 그리고 Gordon Rupp이었다. 이 책의 제1권에는 존 웨슬리와 찰스 웨슬리의 생애, 사상, 활동에 관한 수준 높은 학문적 연구와 초기 메도디즘의 영성훈련(Our Discipline), 정책(Our Policy), 그리고 은혜의 방편(The Means of Grace)에 관한 훌륭한 논문들이 포함되어 있으며, 제2권과 제3권은 19세기부터 근대까지 영국 메도디즘의 역사에 관한 탁월한 연구 논문들로 구성되어 있어서 웨슬리와 메도디즘 연구에 중요한 자료가 되고 있다. 또 제4권에는 웨슬리 이후 메도디즘의 모든 중요한 역사적 기록들(Documents)이 집대성되어 있으며 웨슬리와 메도디즘 연구를 위한 거의 모든 자료를 소개하는 도서목록(Bibliography)을 제공하고 있다. 영국 감리교회가 낳은 위대한 역사 신학자요 캠브리지대학 교수였던 Gordon Rupp의 저서 「Religion in England 1688~1791, 1986, 584p.」은 메도디즘의 역사를 당시의 영국 교회사, 특별히 독립교회(Free Churches)의 배경에서 연구한 훌륭한 작품으로 인정받고 있다.

Rupp 박사와 함께 영국 감리교회의 대표적인 교회사가요 해석자였던 Rupert Davies의 저서 「Methodism, 1963, 196p.」은 메도디즘의 역사와 전통을 간략하고 명쾌하게 소개하는 교과서로 신학도들과 평신도들에게 많이 애독되고 있다. 그의 저서는 메도디즘의 현대 에큐메니칼 운동의 방향을 잘 안내하고 있다.

영국 엡윗 출판사의 Exploring Methodism 시리즈로 최근에 나온 Barrie Tabraham의 「The Making of Methodism」은 초기의 메도디즘 형성과 웨슬리 사후 영국 감리교회의 탄생과 분열과 통합, 그리고 근현대의 메도디스트 역사를 자세히 소개해 주는 자료다. 같은 시리즈로 나온 John M. Turner의 「Modern Methodism In England 1932~1998」는 통합 이후 영국 감리교회의 현대사를 친절히 기술해 주고 특별히 기독교 후기시대 속에 있는 영국 감리교회의 모습을 잘 보여주고 있다.

12) 예배와 영성생활

영국 감리교회 목사로서 전통적인 웨슬리안 경건주의자로서 신학교육에 일생 헌신했던 Raymond George는 「The Means of Grace, 1965」, 「Private Devotion in the Methodist Tradition, Studia Liturgica, vol ii, 1963」, 「The Sunday Service of the Methodists, Communio Sanctorum : Genève : 1982」, 「The Sunday Service, 1784, Lecture to the Friends of Wesley's Chapel, 1983」 등 주로 웨슬리의 경건생활, 예배, 성례전 등에 관한 논문을 발표하였고 오늘날 많이 인용되고 있다.

　웨슬리와 예배에 관한 연구로는 본래 영국 회중교회 목사로서 미국 프린스턴대학 교수였던 Horton Davies가 그의 기념비적인 저작 「Worship and Theology in England, 5vols., 1961」 중 제4권 「From Watts and Wesley to Maurice, 1690~1850」에서 메도디스트 예배의 역사와 가치, 그리고 공헌에 대하여 명쾌하게 기술하였다. 또한 John Bishop의 저서 「Methodist Worship in relation to Free Church Worship, 1967, 169p.」은 영국의 독립교회들(Free churches)의 예배 전통을 친절히 소개하면서 동시에 독립교회의 전통에 비추어 메도디스트 예배의 역사, 특징, 공헌을 소개하는 가장 좋은 연구로서 오랫동안 영국의 독립교회, 특히 감리교 신학교에서 교과서로 애용되어 왔다.

　James F. White는 웨슬리의 축약개정판 공동기도서 「John Wesley's Sunday Service of the Methodists in North America, 144p.」를 자신이 쓴 해설과 함께 재인쇄하여 1984년에 출판해냈다. 그의 긴 서문은 웨슬리가 1784년에 영국 국교회의 예전 「The Book of Common Prayer」를 축약하여 미국에 보낸 「메도디스트 예배와 예식」의 내용과 성격과 가치에 대한 좋은 해설을 담고 있으며, 이 책은 웨슬리의 축약판의 원래 모습을 그대로 보여주고 있다.

　영국 메도디스트 학자인 Leslie F. Church는 「The Early Methodist People, 1948, 286p.」과 「More About the Early Methodist People, 1949, 324p.」을 썼다. 이 두 책은 웨슬리 이후 18세기부터 20세기 초까지 메도디스트들의 예배와 영성생활, 가정생활, 사회생활, 그리고 설교자들의 생활을 이야기식으로 친절하고 흥미롭게 소개하고 있는 고전으로서 초기 메도디즘 연구의 필독서로 평가된다.

웨슬리의 영성신학 연구학자인 Gordon Wakefield는 「Methodist Devotion : The Spiritual Life in the Methodist Tradition 1791~1945, 1966, 120p.」이라는 자신의 저서에서 웨슬리 사후 영국 감리교회의 초기 그리고 근대에 이르기까지 메도디스트들의 예배와 영성생활의 실제 모습을 소개해 주면서 웨슬리 전통의 메도디스트 경건주의를 잘 해설하고 있다.

미국 감리교 목사 Henry KnightⅢ가 쓴 「The Presence of God in Christian Life : John Wesley and the Means of Grace, 1992, 252p.」는 웨슬리의 은혜의 방편을 영성신학적 관점에서 해설하고 소개하는 탁월한 연구서로서 웨슬리의 실천신학에 대한 관심을 일으킬 만한 좋은 책이다.

미국의 웨슬리안 복음주의자 Robert Tuttle의 저서 「Mysticism in the Wesleyan Tradition, 1989, 204p.」는 웨슬리의 신비주의에 관한 탁월한 연구로서 초대 교회로부터 중세기 카톨릭 신비주의에 깊이 심취하여 귀중하고 진정한 기독교 영성을 배우고 실천했던 웨슬리의 모습과 신비주의에서 금(gold)을 취하고 찌꺼기(dross)를 버리는 웨슬리의 태도를 명쾌하게 밝혀주고 있다.

영국 감리교회 목사로서 미국에서 가르치고 있는 David Watson은 「The Early Methodist Class Meeting, 1987, 273p.」이라는 저서를 내어 웨슬리와 속회 연구에 탁월한 공헌을 하고 있다. 그는 메도디스트 속회의 핵심은 '서로를 책임질 수 있는 제자직'(accountable discipleship) 훈련에 있다고 주장하고, 이것을 현대 교회의 제자도 훈련과 영성훈련에 적용하려고 노력하고 있어 많은 사람들의 지지를 받고 있다.

13) 설교

웨슬리의 설교 연구는 일찍이 Edward Sugden이 자신의 해설과 함께 편집 출판한 「The Standard Sermons of John Wesley Ⅰ, Ⅱ, 1921」과 함께 시작되었다. 이 책은 웨슬리의 표준설교의 역사, 성격, 그리고 깊고 해박한 지식을 갖춘 주해가 붙은 탁월한 작품으로 오늘날까지 좋은 참고서로 인정받고 있다. 그 후로 William L. Doughty는 「John Wesley Preacher, 1955, 213p.」에서 설교자로서의 웨슬리의 모습, 웨슬리의 설교 내용 연구 분석, 설교의 종류, 설교의 신학과 성격을 명쾌하고 친절하게 소개하였다. 이미 고전이 되었지만 이 책은 웨슬리의 설교 연구 중 가장 훌륭한 연구서라고 할 수 있다. 또한 미국 감리교회의 창립 200주년을 기념하여 낸 '200주년 기념 웨슬리 전집'「The Works of John Wesley, 1~4」에는 웨슬리의 표준설교만이 아니라 그 동안 출판되지 않았던 웨슬리의 151개 설교가 모두 포함되었고, 긴 서문 '웨슬리 설교에 대한 해설'은 웨슬리 설교 연구에 귀중한 자료로 추천할 만하다(본서의 제9장 '웨슬리와 설교'와 제10장 '조지 휫필드의 설교와 존 웨슬리의 설교 비교', 그리고 제11장 '초기 메도디스트 설교자들과 기타 사역자들'에서도 웨슬리와 메도디스트 설교의 역사와 특징과 전통을 소개하였다.)

14) 조직신학

(1) Landy L. Maddox

최근 들어서 미국 감리교 목사이며 미국 웨슬리 신학협회(Wesleyan Theological Society)의 회장인 Maddox는 「Responsible Grace, John

Wesley's Practical Theology, 1994, 416p.」라는 우수한 책을 써냈다. 이 책은 웨슬리의 신학사상을 체계적으로 재건축한, 웨슬리 신학전통에서의 메도디스트 교회교의학(Methodist Dogmatics)이라고 할 수 있는 대작으로서, 메도디스트 조직신학 연구에 위대한 공헌을 하였다고 인정할 만하다. Maddox 박사는 초기부터 존 웨슬리 정통신학을 계승한 초기 메도디즘 시대의 가장 위대한 신학자 Adam Clarke의「Christian Theology」와 Richard Watson(1781~1833)의「Theological Institute, 1823~29」, 그리고 19세기 후반의 위대한 메도디스트 변증론적 복음주의 신학자 William Burt Pope의「Compendium of Christian Theology, 1880」이후의 가장 훌륭한 메도디스트 조직신학자로 인정되어야 할 것이다.

　　Maddox는 웨슬리의 실천신학의 원자료들, 즉 설교, 일기, 편지, 논문들, 소책자들, 찬송, 기도문, 성서주석, 총회록, 교리문답 등을 충분히 연구하고 웨슬리가 확신한 교리들이 어떻게 그의 실천신학의 현장에 적용되고 영향을 주었는가를 실제적으로 밝혀내면서 이 책을 썼다. 그는 웨슬리의 원자료에서 웨슬리의 마음을 읽으려고 노력했다. 또 웨슬리에게서 진정한 신학자 되는 것은 교리를 고상하게 장식하고 체계화시키고 발전시키고 불신자들로부터 방어하는 데 있기보다 세상에서 그리스도인의 성품과 삶의 실천적 형성을 위해 신자들을 양육하고 돕는 것이 웨슬리의 사상이라는 확신 위에서 자신의 저서가 웨슬리 전통의 실천신학이기를 바라면서 이 책을 내놓았다. 지금까지 나온 웨슬리 신학에 관한 저서 중에서도 매우 뛰어난 책이다. 그러므로 웨슬리 전통의 교회교의학의 결핍을 느끼는 모든 신학도들과 메도디스트들에게 필독서요 훌륭한 교과서가 될 것이다.

(2) Theodore Runyon

　에모리대학의 해방신학자 Runyon 박사는 Colin Williams, William Canon 이후 메도디스트 조직신학 연구에서 Maddox와 함께 가장 훌륭한 웨슬리 해설자로 공헌하고 있다. 그의 저서「The New Creation : Wesley's Theology Today, 1998. 새로운 창조, 김고광 역, 1999, 339p.」은 Maddox의 저서와 함께 최근에 나온 가장 훌륭한 웨슬리의 조직신학이라고 할 수 있다. Runyon은 '위대한 구원'을 지향하는 웨슬리의 목적론적 구원론을 '새로운 창조'라는 의미와 희망과 실천 가능한 인간의 현실로 해석한다. 저자는 웨슬리에게서 구원의 의미를 우리 안에 하나님 형상의 갱신과 회복이라고 보고, 원자료를 중심으로 하면서 또한 현대신학으로부터의 다양한 예증을 사용하여 체험적 성격의 웨슬리 구원론을 평이하고도 신선한 표현으로 친절하게 해설하고 있다. 그는 또한 위대한 구원, 즉 새로운 창조를 하나님 형상의 사회적 회복이라고 보고 웨슬리의 구원론을 현대 인류의 현실적 문제들, 즉 인권, 경제 정의, 빈곤, 여권, 환경, 교회 일치, 종교 다원주의에 적용하여 해석하고 있다. Runyon은 웨슬리의 통찰이 놀랍게도 현대적이라는 확신 위에서 웨슬리적 통찰과 사명감 그리고 웨슬리적 방식으로 우리의 당면한 삶의 문제들의 해결을 위한 도전에로 현대 교회를 초청하고 있다. Runyon은 새로운 창조라는 주제 가운데서 교리와 윤리를 한 가지로 다루는 전통적 의미에서의 교회교의학을 구성했으며, 이것은 현대 교회가 꼭 필요로 하는 바람직한 조직신학 방식을 취한 것이라고 평가된다. 이 책은 Maddox의 책과 함께 가장 좋은 감리교 조직신학 교과서로 추천된다.

(3) Robert E. Chiles

Robert E. Chiles의 저서 「Theological Transition In American Methodism : 1790~1935, 1965」는 웨슬리 사후 미국에서 나타난 메도디스트 신학의 변화와 발전의 역사에 대한 비평적 연구로서 메도디스트 조직신학 연구에 많은 도움을 주는 책이다. 메도디스트 신학의 중심이 은혜(free grace)에서 자유 의지(free will)로, 계시에서 이성으로, 그리고 죄인(sinful man)에서 도덕적 인간(moral man)으로 그 강조점과 중심이 전이(transition)했다는 그의 주장은 미국에서 메도디스트 신학의 전이의 역사적 과정을 설득력 있게 해설하고 있다.

(4) Thomas Langford

Thomas Langford의 「Practical Divinity : Theology in the Wesleyan tradition, 1989」는 웨슬리부터 현대까지 약 250년 간의 메도디스트 신학의 발전을 각 시대별 신학자들을 중심으로 요약한 것으로서 감리교 조직신학 연구를 위한 훌륭한 안내서이다. 메도디스트 조직신학의 형성과 발전의 역사에 관해서 이보다 더 좋은 자료는 없다.

(5) Herbert Boyd McGonigle

Herbert Boyd McGonigle은 영국 나사렛교회 목사이며 현재 영국 나사렛교회 신학대학의 학장이다. 그는 영국 복음주의 웨슬리안들의 웨슬리연구모임인 Wesley Fellowship의 회장으로 활발하게 활동하면서, 많은 논문과 강의를 통해서 전통적인 웨슬리의 복음주의와 경건주의를 회복하는 운동을 지도하고 있다. 그는 Wesley Fellowship의 정기 연구총회(Study Conference)를 통하여 웨슬리의 신학사상에 관한 여러 가지 귀중한 연구논문을 발표하였으며, 이것은 계속 출판되고 있다(Wesley Fellowship Series 참고). 또한 그는 2001년에 자신의 Ph.D. 논문인 「Sufficient Saving Grace : John Wesley's Evangelical Arminianism」을 출판하였다. 이 책에서 그는 아르미니우스 사상의 뿌리와 영국적 아르미니우스주의, 그리고 웨슬리가 수용하고 사용한 아르미니우스 신학사상을 철저하게 연구하여 해설해 준다. 특히 그는 아르미니우스주의를 영국 교회사 속에서 명확하게 보여주며, 동시에 웨슬리의 복음주의적 아르미니우스주의 사상을 해설하는 데 주력하고 있다.

15) 웨슬리의 사회운동

① "메도디스트들은 18세기 말부터 19세기 초에 일어날 수 있었던 폭력적 혁명에서 영국을 구원했다."고 말한 영국의 역사가 W. E. H. Lecky의 주장을 증명하려고 했던 프랑스 역사가 Elie Halevy는 「The Birth of Methodism, 1913」과 「England in 1815, 1924」의 두 가지 논문을 써냈다. 할레비의 이 연구는 이후 웨슬리의 사회운동에 대한 학문적·역사적 연구의 동기가 되었고 경탄과 비판이 오가는 수많은 종류의 해석을 잇따르게 했다.

1930년에 들어서 웨슬리 연구에 있어서 주목할 만한 것은 웨슬리와 초기 메도디스트들의 사회 개혁운동에 관한 연구가 활발해진 것이다. 웨슬리를 사회 개혁운동가로 보는 연구는

② David D. Thompson의 「John Wesley as a Social Reformer, 1898」와 Elie Halevy가 처음으로 시도했다고 볼 수 있으며, 그 후 이 분야의 대표적인 학자들은 다음과 같다.

③ Welman J. Warner의 「The Wesleyan Movement in the Industrial Movement, 1930」
④ Maldwin Edwards의 「John Wesley and the Eighteenth Century : A Study of his Social and Political Influence, 1933 ; Methodism and England, 1943」
⑤ Barbara Hammond의 「The Black Age, 1934 ; The Town Labourer, 1966」
⑥ John Wesley Bready의 「England-Before and After Wesley : The Evangelical Revival and Social Reform, 1938」
⑦ Kathleen W. MacArthur의 「The Economics of John Wesley, 1936」
⑧ Robert F. Wearmouth의 「Methodism and the Working Class Movements of England 1800~1850, 1947 ; Some Working-Class Movements of Nineteenth Century Methodism and the Struggle of the Working Classes 1850~1900, 1948 ; Methodism and the Common People of the Eighteenth Century, 1945 ; The Social and Political Influence of Methodism in the Twentieth Century, 1951」
⑨ Oscar Sherwin의 「John Wesley : Friend of the People, 1961」

위에 열거한 학자들은 주로 19세기에 걸쳐 발전한 영국의 산업혁명 시대에 웨슬리와 초기 메도디즘이 사회·경제 개혁운동을 일으켜 위대한 공헌을 했다는 사실에 초점을 두고 수준 높은 학문적 역사적 연구에 공헌한 사람들이다.

1970년 이후에 들어서 웨슬리의 사회·경제·정치적 영향에 대한 비판적 연구에 깊은 관심을 기울인 학자들이 나타났는데, 대표적인 학자들과 그들의 저서는 다음과 같다.

⑩ Manfred Marquardt, 「John Wesley's Social Ethics, 1977」
⑪ David Hempton, 「Methodism and Politics in British Society, 1750~1850」
⑫ Bernard Semmel, 「The Methodist Revolution, 1974」
⑬ Theodore Runyon, 「Sanctification and Liberation, 1981」
⑭ Leon Hynson, 「To Reform the Nation, Theological Foundation of Wesley's Ethics, 1984」
⑮ Theodore Jennings, 「Good News to the Poor, 1990」
⑯ Gerald W. Olsen, 「Religion and Revolution in early-industrial England, The Halevy Thesis and It's Critics, 1990」
⑰ Tim Macquiban, 「The Lottery of Life, 1995」
⑱ Douglas M. Meeks, 「The Portion of the Poor : Good news to the poor in the Wesleyan tradition, 1995」
⑲ J. Wolffe, 「Evangelical Revival and Public Zeal : Evangelicals and Society in Britain 1780~1980」
⑳ John Kent, 「Wesley and Wesleyans : Religion in eighteenth century Britain, 2002」

위의 학자들은 웨슬리의 사회·경제·정치 개혁운동에 관한 학문적인 연구에 있어서 훌륭한 공헌을 한 사람들이다. 이들은 웨슬리의 사회운동의 의미와 가치를 인정하지만, 반면에 그 보수적인 사상과 방법론 때문에 근본적이거나 실질적인 사회개혁을 이루는 데는 역부족이거나 실패했다고 주장하고 있다. 특히 Theodore Runyon이 편집한 「Sanctification and Liberation」이란 논문집에 기고한 학자들은 대체로 해방신학적 관점에서 웨슬리의 보수성의 한계와 약점을 예리하게 비판하고 있다. 그러나 웨슬리의 사회운동이 정치적인 체제를 개혁하려는 계획은 아니었지만 당시 영국 인구의 약 80%까지를 차지했던 가난한 노동자 계층의 생활 자체를 현실적으로 돕고 개혁함으로써 영국 사회에 공헌한 것을 정당하게 평가하였다. 즉 웨슬리의 사회운동은 그들이 메도디스트 조직 안에서 종교적인 훈련과 함께 마음과 생활방식의 개혁을 능동적으로 이루어냄으로써 인간으로서의 존엄과 가치, 그리고 사회적인 성취를 가능케 하였다는 점을 높이 평가하고 있다. 특히 영국 감리교 신학자인 존 켄트는 그의 최근 저서 「Wesley and Wesleyans」에서 이 점을 충실하게 밝혀주고 있다. 켄트는 웨슬리가 정치적이고 경제적인 체제를 바꾸는 데에는 실패하였지만 실천적인 면에서는 경이로운 성취와 영향을 남겼다고 강조한다. 그리고 그는 이것이 바로 웨슬리의 실천적인 기독교였다고 역설하고 있다.

16) 찰스 웨슬리와 메도디스트 찬송

Thomas Jackson이 편집한 「The Journal of the Rev. Charles Wesley, M.A.; to which are appended selections from his correspondence and poetry, with an introduction and Notes by Thomas Jackson, 2vols., 1849」와 역시 Jackson 이 쓴 「The Life of Charles Wesley, M.A., sometime Student of Christ Church, Oxford; comprising a review of his poetry, sketches of the rise and progress of Methodism, with notices of contemporary events and characters, 2vols., 1841」은 오랫동안 찰스 웨슬리 연구의 기본자료가 되었다. Jackson은 최초의 찰스 웨슬리 자료 편집가요 연구가로서 찰스의 일기 전체와 편지 일부 그리고 이미 출판되었던 찬송을 편집했을 뿐만 아니라 메도디즘 형성과 부흥운동에 있어서 찰스의 활동과 공헌, 찰스의 성격과 생활모습 그리고 찰스와 관련한 처음 메도디스트 이야기를 자세히 해설하였다.

찰스 연구의 고전은 또 다른 John Telford의 「The Life of the Rev. Charles Wesley, M.A., sometime Student of Christ Church, Oxford, revised and enlarged edition, 1900, 324p.」이다. 이것은 Jackson 판에 포함된 찰스의 일기와 생애 자료를 기초로 하고 Telford 자신의 연구를 더해서 써낸 사실상 최초의 찰스 웨슬리 전기(Life)라고 할 수 있다.

Jackson과 Telford를 계승한 20세기의 찰스 연구가는 Rattenbury와 Baker이다. Rattenbury에 관하여는 이미 언급한 바 있고, Baker는 「Charles Wesley as revealed by his Letters, Wesley Historical Lectures No. 14, 1948, 1. 52p.」라는 저서를 통해서 찰스의 인간 됨, 사상, 활동 그리고 그의 찬송시의 성격을 명쾌하게 구성하여 찰스 전기를 써냈으나 웨슬리 학도들이 이것을 잘 모르는 것은 아쉬운 일이다.

Frederick L. Wiseman은 자신의 강연을 「Charles Wesley, Evangelist and Poet, 1951, 232p.」로 출판해 냈다. 이 연구는 찰스의 모습과 활동에 관한 최초의 비평적인 연구서로서 가치가 있으나 세련되지 못한 표현과 난해성으로 인해 기대만큼 널리 읽혀지지 못했다.

Marbel Richmond Brailsford는 「The Tale of Two Brothers, 1954, 301p.」에서 웨슬리 형제의 생애를 그들의 아름다운 우정과 협력, 차이점과 갈등 그리고 메도디스트 부흥운동에 있어서의 활동모습을 통해 가장 잘 묘사했다. Brailslford는 이 책에서 두 형제의 성격과 인간 됨의 특징적 모습을 생생하게 기술하는 등 우수한 웨슬리 형제의 전기(Life)를 보여주었다. 그럼에도 널리 읽혀지지 않는 것은 참으로 유감스럽다.

William F. Lofthouse는 「A History of the Methodist Church in Great Britain, vol.1, pp.11~144, 1965」에 "Charles Wesley"라는 찰스 연구 에세이를 기고하였다. 이 에세이는 찰스의 생애, 활동, 메도디즘 관계에 관한 간결하지만 중요한 자료라고 인정된다.

찰스 웨슬리의 찬송에 관한 연구는 일찍이 Rattenbury의 「The Evangelical Doctrines of Charles Wesley's Hymn, 1941, 365p.」, 「The Eucharistic Hymns of John and Charles Wesley, 1948, 253p.」, Henry Bett의 「The Hymns of Methodism, 1945, 172p.」, Bernard Manning의 「The Hymns of Wesley and Watts, 1942, 143p.」, R. Newton Flew의 「The Hymns of Charles Wesley, 1953, 79p.」, 그리고 Frank Baker의 「Charles Wesley's Verse : An Introduction, 1964, 110p.」 등에 의해 이어져 왔다.

이 중에서도 회중교회 신학자인 Manning은 그의 저서에서 영국에서 불려진 심정의 찬송을 통해 예배의 갱신과 부흥운동을 일으킨 Watts와 Charles의 찬송의 성격과 가치를 해설하고, 특히 세계 교회사에서 "메도디스트들의 최고의 은사는 찰스의 찬송"이며, 이 은사를 지키도록 고취시키기 위해 "노래하는 메도디스트들"(singing methodists)의 영광과 사명을 일깨우고 강조하였다. 물론 Bett와 Flew의 저서도 훌륭한 연구이며, Baker의 연구는 찰스의 찬송문학의 성격과 가치를 잘 해설해 주고 있다.

H. A. Hodges와 A. M. Allchin이 함께 펴낸 「A Rapture of Praise Hymns of John and Charles Wesley, Hoder and Stoughton, 1966」는

메도디스트 찬송의 기조를 이루고 있는 신앙고백에 관한 해설과 함께 절기와 신앙의 주제들과 성례전에 관한 대표적인 찬송을 모아 놓은 좋은 자료다.

John Lawson의 「A Thousand Tongues, The Parternoster Press, 1987, 208p.」은 찰스의 찬송을 주제별로 해설하고 분류해 놓은 찰스 찬송연구의 교과서 같은 역할을 하고 있다. 근래에 나타난 John Tyson의 「Charles Wesley, A Reader, 1989, 519p.」는 찰스의 영적 순례와 찰스의 일기와 찬송을 선별하여 엮은 책으로서 찰스 연구를 위한 귀중한 자료다. Tyson의 또 다른 책 「Charles Wesley on Sanctification, 1986, 351p.」은 찰스의 찬송신학을 '성화론 중심의 구원론' 관점에서 체계적으로 엮은 훌륭한 연구저서이다.

Edward Houghton의 저서 「The Handmaid of Piety and Other Papers on Charles Wesley's Hymns, 1992, 125p.」은 찰스 찬송을 경건생활의 필수품으로서의 성격과 가치, 그리고 경건생활 등 주제별로 엮어서 해설한 훌륭한 연구서다. S. T. Kimbrough Jr.의 「Charles Wesley : Poet and Theologian, 1992, 251p.」에는 Baker, Beckerage, Langford, 그리고 Kimbrough 자신의 찰스의 문학과 찬송신학에 관한 우수한 논문들이 실려 있어 찰스 연구에 귀중한 자료다.

그리고 Oliver A. Beckerlegge가 200주년 기념 웨슬리 전집(The Bicentennial Edition of the Works of John Wesley) 제7권 「A Collection of Hymns for the Use of the People Called Methodists」의 서론으로 쓴 "Introduction"은 웨슬리 찬송의 성격과 신학적 가치를 소개하고 미래의 연구방향을 제시하는 중요한 자료다. Beckerlegge 박사는 웨슬리 찬송에 관하여 「Charles Wesley Poet, 1990」, 「The Metres of Charles

Wesley's Hymns, Methodist Church Music Society Bulletin, vol.2, 1974~77」 등 수많은 논문과 에세이를 발표하였다. 최근에 Carlton Young이 쓴 「Music of the Heart : John and Charles Wesley on Music and Musicians, An Anthology, 1994, 227p.」는 찬송작가로서 존과 찰스의 공헌뿐 아니라 두 형제의 찬송신학, 특별히 찰스의 시가적 신학(lyrical theology)의 가치를 해설한 수준 높은 연구서다.

찰스 웨슬리 연구에 있어서 초기 메도디즘의 교리와 생활이 주로 그의 찬송을 통해 표현, 전달되었다는 의미에서 앞으로 더욱 큰 관심과 연구가 뒤따라야 할 것이다.

17) 에큐메니즘

Clifford Towlson의 「Moravian and Towlson : Relationships and Influences in the eighteenth century, 1957, 265p.」는 웨슬리의 회심과 메도디즘의 영성운동에 중대한 영향을 끼친 모라비아교와 메도디즘의 관계를 역사적으로 연구하여 웨슬리가 받아들인 모라비아교의 요소들과 웨슬리가 반대하고 버린 모라비아교의 요소를 명확하게 기술하고 모라비아교와 메도디즘의 공통점과 차이점을 구분해 주고 있는 참으로 좋은 연구서다. 이런 면에서 이것도 에큐메니즘에 관한 연구라고 할 수 있다.

다음으로 John M. Todd의 「John Wesley and The Catholic Church, 1958, 195p.」를 들 수 있다. 물론 Piette의 「John Wesley in the evolution of protestantism」이나 Cell의 「The Rediscovery of John Wesley」, 그리고 Hildebrandt의 「From Luther to Wesley : Christianity according to John Wesley」도 각각 카톨릭주의, 칼빈주의,

루터주의와 웨슬리 사이에 일종의 에큐메니즘 연구의 요소를 지니고 있다. 그러나 Todd는 이들과 차별적으로 웨슬리의 교리와 사상을 역사적으로 조사하여 그 정체성을 밝히고 그것이 카톨릭주의 교리와 일치하는 것이 무엇인지를 규명하고, 웨슬리의 교리가 갖고 있는 에큐메니즘의 내용과 성격 그리고 한계 및 가능성을 자세히 설명하였다.

다음으로 웨슬리와 에큐메니즘에 관한 더욱 본격적인 연구는 John M. Turner의 「Conflict and Reconciliation : Studies In Methodism and Ecumenism and England 1740~1982, Epworth, 1985, 305p.」이다. Turner는 이 책에서 웨슬리와 카톨릭주의, 영국 국교회, 독립교회 (Free churches)와의 관계 그리고 메도디즘 초기부터 현대까지, 특히 1955년부터 시작된 영국 국교회와의 통합과정에서 일어난 메도디즘의 에큐메니컬 신학과 운동의 역사를 명쾌하게 해설해 주고 있다.

또 하나의 에큐메니즘 연구서는 옥스퍼드의 신학자 A. M. Allchin이 편집한 「We Belong to One Another : Methodist Anglican and Orthodox Essays, Epworth, 1965, 96p.」이다. 이 책에는 메도디즘과 영국 국교회 그리고 정교회와의 신학적 대화와 교회간의 교제를 통한 일치를 추구하는 목적으로 각 교파의 탁월한 학자들의 에큐메니즘 연구 논문이 실려 있다. 메도디즘과 카톨릭, 영국 국교회, 정교회, 장로교회의 에큐메니즘 연구는 앞으로도 계속될 것이다.

18) 200주년 기념 전집

현대의 웨슬리 연구에 있어서 역사적으로 획기적인 작업은 미국 감리교회 200주년 기념으로 출판한 존 웨슬리 전집 「The Works of John

Wesley, 1~35」이라 할 수 있다. Thomas Jackson이 편집한 전집은 사실상 웨슬리 저작의 일부에 불과하지만 200주년 기념 전집(Bicentennial Edition, 1985년부터 출판이 시작됨)은 웨슬리 저작 전체를 포함하는 것이다. 이 위대한 작업의 중요한 공로자들은 Outler, Baker, Heizenrater, Ward 등이다. 이 전집은 웨슬리 학도로 하여금 무엇보다도 웨슬리 원자료에 충실하도록 하는 동기를 불러일으켰으며 세계적으로 특히 미국과 한국에서 명실공히 웨슬리 연구의 르네상스를 일으키고 있다고 할 수 있다. 그러나 이 전집이 찰스의 저작 전체를 고려하지 않았다는 점이 아쉽다.

19) 옥스퍼드 메도디스트 신학 연구대회(Oxford Institute On Methodist Theological Studies)

1950년대부터 시작되어 5년마다 열리는 옥스퍼드 메도디스트 신학 연구대회는 세계의 우수한 웨슬리 전통의 교회 신학자들이 모여 현대의 교회와 세계를 위하여 웨슬리 해석을 새롭게 시도하고 있다. 이 대회의 산물로 Douglas Meeks가 편집한 「The Future of the Methodist Theological Tradition, 1985 ; 감리교 신학의 미래, 변선환 역, 1987, 358p.」이 나오기도 했다. 이 대회에서 진행되는 웨슬리 연구는 주로 Runyon의 해방신학적 관점과 방식에 의해서 만들어지는 듯한 인상이 짙으며, 실제로 교회의 영성생활과 복음전도의 측면을 소홀히 하는 아쉬운 점이 없지 않으나 세계에 흩어진 웨슬리안들의 신학적 대화와 연구 작업을 통해서 메도디스트 신학 전통을 계승한다는 점에서 귀중한 기구이며 그 역할이 기대된다.

20) The Wesley Fellowship

Arthur Skevington Wood 박사가 1985년에 설립한 이 협회는 영국 감리교회의 복음주의 성직자와 평신도들의 연구 모임으로서 매년 봄과 가을에 웨슬리 연구 총회를 열고 모든 강의와 연구 내용을 출판하고 있다. 이 연구 협회는 웨슬리 본래 전통의 복음주의와 경건주의를 현대 교회에 가르치고 적용하려는 사명을 갖고 활동하고 있다. 그 동안 이 협회에서 나온 출판물은 다음과 같다.

① John Wesley's Understanding of Human Infirmity (Colin Peckham)
② The Methodist Pentecost : The Wesleyan Holiness Revival (Charles H. Goodwin)
③ John Wesley and Moravians (Herbert Mcgonigle)
④ John Wesley's Doctrine of Prevenient Grace (Herbert Mcgonigle)
⑤ Scriptural Holiness The Wesleyan Distinctive (Herbert Mcgonigle)
⑥ The Arminian Methodists, An Wesleyan Aberration in Pursuit of Revivalism and Holiness (William Parkes)
⑦ John Wesley and The Origin of Evil (Barry Bryant)
⑧ Cries of Anguish of Shouts of Praise, The Development of the Methodist Revivalism (Charles H. Goodwin)
⑨ Revelation and Reason, Wesleyan Responses to Eighteenth Century Rationalism (A. S. Wood)

⑩ Love Excluding Sin, Wesley's Doctrine of Sanctification (A. S. Wood)
⑪ Entire Devotion to God (Ian Randal)
⑫ The Arminianism of John Wesley (Herbert Mcgonigle)
⑬ John Wesley's Theology of Christian Perfection (William M. Greathous)
⑭ John Wesley And the Witness of the Spirit (Sydney Martyn)

21) 「Exploring Methodism」 Series

영국 감리교회가 국교회와의 통합 노력에 실패한 이후 계속되는 실망과 쇠퇴 분위기 속에서 John Newton 박사를 비롯하여 몇몇 학자들과 목사들이 메도디즘 본래의 전통에 깊은 관심과 전문적 신학 지식을 갖고 이 시리즈를 기획하고 웨슬리의 신학, 영성, 그리고 초기부터의 메도디스트 역사에 관한 연구서들을 엡윗 출판사(Epworth Press)를 통해서 내놓았다. 지금까지 나온 책들은 다음과 같다.

① The Making of Methodism (Barrie Tabraham, 1995, 130p.) 이 책은 웨슬리 생전과 특별히 웨슬리 사후 영국 감리교회의 역사를 친절히 소개하고 있다.
② Methodist Theology (Thomas Langford, 1998, 112p.) 이 책은 웨슬리 사후부터 현대까지 메도디스트 신학의 역사를 간략하게 소개하고 있다.
③ Modern Methodism in England 1932~1998 (John M. Turner, 1998, 116p.) 이 책은 1932년 영국 감리교회의 통합 이후 현대까

지, 특히 현재 영국 감리교회가 처한 모습을 잘 설명하고 있다.

④ Methodist Spirituality (Gordon Wakefield, 1999, 107p.) 이 책은 웨슬리 사후 19세기까지 영국 감리교회 영성생활의 발전과 변화의 역사를 자세히 기술하고 있다.

⑤ Primitive Methodism (Geoffrey Milburn, 2001, 89p.) 이 책은 초기 메도디즘 분파 중에 두 번째로 큰 교회인 '원시 메도디스트 교회'의 역사와 전통을 상세히 소개한 것이다. 원시 메도디스트 교회는 초기 메도디즘의 여러 분파 중에서 신앙생활과 선교 등 모든 면에서 가장 웨슬리적인 교회였다고 평가되는 만큼 독자들은 이 책을 통해서 메도디즘 본래의 모습을 잘 배울 수 있다.

⑥ Brother Charles (Barrie W. Tabraham, 2003, 146p.) 이 책은 찰스 웨슬리의 생애를 존 웨슬리와의 동역자적인 긴밀한 관계 속에서 자세히 소개하고, 메도디즘의 형성과 발전에 대한 그의 공헌과 중요성을 섬세하게 다루고 있다. 저자는 메도디스트 운동이 존 혼자가 아니라 찰스와의 공동작품이라는 의미에서 찰스의 역할을 정당하게 평가하려고 했다.

2. 한국에서의 웨슬리 연구

1) 웨슬리 전문가들의 연구

한국에서는 1885년 메도디스트 선교가 시작된 이후 주로 웨슬리 전통을 따르는 메도디스트 학자들과 성결교회 학자들에 의해서 웨슬리 연구가 이어져 왔다. 두 교회에 속한 거의 모든 조직신학자들과 역사신학자들이 웨슬리 연구에 다소 참여하기도 했다. 그러나 본격적으로 웨슬리 연구를 전공하여 권위 있는 저서를 출판한 학자는 송홍국 목사다. 송 목사 이전에도 웨슬리 생애에 관한 소책자가 여러 권 나오기는 했지만, 송 목사의 「요한 웨슬레, 1972, 103p.」는 한국인이 쓴 최초의 웨슬리 전기 작품으로 인정되어야 한다. 송 목사는 이 전기에서 전통적으로 전해져 오는 웨슬리 이야기들을 역사적인 자료를 충실하게 인용하여 자세하고 친절히 소개하면서 웨슬리의 생애를 엮어냈다. 그의 또 다른 저서 「웨슬레 신학-구원론을 중심으로, 1975, 255p.」 역시 한국인이 시도한 최초의 웨슬리 신학사상 연구작품이다. 이 책은 웨슬리의 신론, 기독론, 성령론, 그리고 인간론으로 시작하여 구원론을 중심으로 하여 교회론, 종말론, 윤리론까지 포함하여 본격적인 웨슬리의 조직신학을 시도한 저작이다. 또한 송홍국 목사는 1970년대 초에 마경일 목사, 김선도 목사, 이계준 목사 등과 함께 '웨슬리 사업회'를 구성하고 회장이 되어 웨슬리 저작의 번역 작업을 시도하였다. 웨슬리 사업회는 Thomas Jackson이 편집한 「The Works of John Wesley, 1829」를 선별 번역하고, Colin Williams의 「John Wesley's Theology Today, 1960」과 Skevington Wood의 「The Burning Heart, 1967」을 번역하여 송홍국 목사의 저서 두 권과 합하여 「존 웨슬리 총서, 1976」 전(全) 9권을 출판하였다. 이 총서에는 웨슬리 연구에 가장 중요한 일기, 편지, 설교, 논문, 총회록 등 웨슬리 원자료와 연구서들이 포함되어 있어서 신학대학 교재는 물론 신학도들에게 필수품이다. 이 총서의 출판은 한국의 웨슬리 연구 분야에 있어서 획기적인 것이다. 그럼에도 이 총서는 출판이 정지된 채 보급이 잘 안 되고 그 가치를 인정받지 못하는 형편에 놓여 있어 아쉽다.

성결교 학자인 조종남 박사는 웨슬리 연구로 미국에서 Ph.D. 학위를 받은 최초의 한국인 학자로서 오랫동안 성결교를 중심으로 웨슬리 신학 연구를 지도해 왔다. 「요한 웨슬레의 신학, 1984, 324p.」은 그의 역작으로서 웨슬리 신학의 출처와 성격 그리고 구원론을 중심으로 한 조직신학적 주제를 깊이 있게 해설하고 있다. 이 책에는 또 기독교대한성결교회의 신학 전통에 관한 자세한 해설과 자신의 박사 학위 논문의 주제인 웨슬리의 세례론이 포함되어 있다. 저자는 이 책에서 웨슬리 원자료 연구와 본래의 웨슬리 연구에 충실하려고 노력하였으며 동시에 성결교 전통의 복음주의와 경건주의에서 웨슬리를 가장 잘 해설하였다. 조종남 박사는 이 외에도 웨슬리에 관한 다수의 논문을 주로 서울신학대학 관계지(誌)에 발표하여 한국에서 웨슬리 연구에 크게 공헌하여 왔다.

이성주 박사는 보수교단인 예수교대한성결교회의 학자로서 1987년 「웨슬리 신학, 302p.」을 써냈다. 이 책에서 그는 웨슬리의 생애와 메도디스트 부흥운동의 역사를 자세히 소개하고 이어서 웨슬리의 구원론 중심의 조직신학을 시도하였고, 웨슬리 전통을 계승하는 교단의 역사를 간략히 소개해 주고 있다. 또 이 박사는 1998년에 「알미니우스 신학」이라는 책을 출판하였다. 이 책은 아르미니우스의 조직신학이라고 할 만큼 아르미니우스의 신학사상을 주제별로 자세히 해설하고 있다. 특히 아르미니우스의 사상을 웨슬리의 입장에서 다루어 정리하였으며, 구원론에서 칼빈주의와 차이점, 그리고 웨슬리와의 관계를 자세히 해설해 주고 있다.

서울신학대학 교수로서 조종남 박사를 계승하고 있는 한영태 박사는 「삼위일체와 성결, 1992, 306p.」, 「웨슬레의 조직신학, 1993, 397p.」, 「그리스도인의 성결, 1995, 296p.」 등 세 권의 저서를 냈으며, 계속 활발하게 웨슬리 연구를 하고 있다. 한 박사의 저서는 한국인에 의해서 최초로 쓰여진 웨슬리 전통의 조직신학이자 교회교의학이라는 점에서 높이 평가되어야 하며, 조직신학의 모든 주제들을 평이하게 설명하고 있어 신학도와 목회자와 평신도 모두에게 훌륭한 교과서로 사용될 만하다.

위와 같은 성결교 계통의 웨슬리 학자들은 주로 웨슬리를 조직신학적으로 연구하면서 특별히 웨슬리 전통의 복음주의 교리와 내적 성결을 강조하는 데 치중하고 있다. 그러나 메도디스트 학자들은 주로 조직신학만이 아니라 교회사적인 연구에 더 많은 관심을 갖고 웨슬리의 목회, 영성, 설교, 찬송, 예배, 성례전, 사회운동, 교육, 에큐메니즘 그리고 토착화 신학 등 전체적 관점에서 다양하게 연구하고 있다.

1990년에 들어서 감리교의 젊은 웨슬리 학자들이 등장하였다. 박대인(Edward Poitras) 박사 이후 오랫동안 교회사 학자의 궁핍 속에 있던 감신대 최초의 한국인 교회사 학자요 훌륭한 역사신학자인 이후정 박사는 에모리대학의 T. Runyon 박사의 제자다. 그는 본래 초대 교부 신학에 깊은 관심을 가진 학자로서 웨슬리 신학과 동방교회 교부들의 영성신학과의 본질적인 연관을 강조하는 Albert C. Outler의 방법론을 중심으로 웨슬리를 해석하고 있다. 그의 대표적인 논문은 「존 웨슬리의 종말론에 있어서의 새창조의 비죤, 신학과 세계 23호, 1992」, 「새 창조의 영 : 존 웨슬리의 성령론적 신학, 신학과 세계 29호, 1994」, 그리고 「요한 웨슬리의 새 창조의 텔로스, 기독교사상, 1992. 1~2월호」 등이다. 이 박사의 역작 「성화의 길 : 오늘을 위한 존 웨슬리의 영성, 2001, 287p.」은 웨슬리의 영성신학과 웨슬리 전통의 영성생활에 관하여 명쾌하고 친절하게 해설해 주는 유일하고도 수준 높은 저작이다. 웨슬리의 영성을 집중적으로 다룬 이와 같은 책은 영국과 미국에서도 일찍이 나온 적이 없기 때문이다. 이 책은 한번 잡으면 놓을 수 없을 정도로 웨슬리의 영성에 깊이 빠지게 된다. 이 책은 목회자와 신학생은 물론 평신도들도 쉽게 읽을 수 있으며, 실제로 신자들이 영성생활의 자료와 안내서로 사용할 만큼 실제적이고 유익하다. 이 박사는 동방 교부들의 영성신학 뿌리로부터 웨슬리를 해석하는 Outler의 신학과 웨슬리의 구원론을 사회적인 인간 실존의 차원을 변혁시키는 새로운 창조로 해석하는 Runyon의 신학을 한국에 소개하는 웨슬리 영성신학의 해설자로서 공헌하고 있다. 또한 이 박사의 이러한 웨슬리 해석은 감리교와 카톨릭 그리고 동방교회의 신학적 공통분모를 분명히 드러냄으로써 에큐메니즘의 가능성과 비전을 밝히 보여주었다고 할 수 있다. 이후정 교수는 웨슬리를 조직신학적 체계 속에서만 연구하던 한국에서 최초로 교회사 속에서 역사신학적으로 새로운 연구의 문을 연 웨슬리의 영성신학 해설자다. 앞으로 이 박사가 평신도와 일반 대중에게도 친근하게 다가가 그들의 마음을 움직이고 고양시키는 웨슬리 방식의 영성신학을 계속하기를 바란다.

김홍기 박사는 국내에서 가장 활발한 웨슬리 학자다. 김 박사의 첫 번째 저서 「존 웨슬리의 재발견, 1993, 243p.」은 웨슬리의 성화론의 출처와 의미를 재해석하고 한국의 민중신학과 비교하면서 웨슬리의 사회적 성화 사상을 한국 상황에 실제적으로 적용해 보려는 시도를 하였다. 김 박사의 이러한 연구는 웨슬리의 개인적 구원론-개인적 성화론에만 주로 익숙해 있는 한국 교회에 웨슬리 구원론의 본질적 요소인 사회적 구원-사회적 성화론을 체계적으로 소개하는 최초의 학문적 공헌인 동시에 웨슬리를 한국적으로 이해하고 실천하려는 일종의 토착화 작업이라는 점에서 높이 평가된다. 김 박사는 그 후 「존 웨슬리의 희년 사상, 1995」과 「존 웨슬리의 구원론, 1996, 238p.」을, 그리고 이후정, 임승안, 권희순과 함께 「존 웨슬리의 역사신학적 조명, 1995, 504p.」을 출판했다. 이어서 그는

「존 웨슬리의 경제 윤리, 2001, 200p.」를 써냈으며, 곧 이어서 구원론과 사회성화와 경제윤리에 관련되는 웨슬리의 설교 29개를 직접 번역하여 출판하면서 한국에서 가장 활발한 연구 활동을 계속하고 있다. 그는 웨슬리의 구원론을 웨슬리 원자료로부터 명쾌하게 해설해 주면서, 동시에 웨슬리의 구원론을 지금까지 개인적 구원과 내적 성결에 치중하던 전통적 방식에서 벗어나 사회적 성화, 민족의 성화, 세계와 우주의 성화라는 관점에서 해석함으로써 웨슬리 신학의 지평을 넓혀주었고, 웨슬리 구원론의 사회적 측면을 역동적으로 가르쳐주고 있다. 김 박사의 이러한 연구는 현재 신학도들은 물론 한국의 교회들과 목회자들과 평신도들에게 실제적으로 폭넓게 깊은 영향을 미치고 있다. 최근에 목원대학의 이선희 교수, 그리고 감신대의 송성진 교수와의 구원론 논쟁을 통해 그의 웨슬리 해석은 더욱 잘 알려졌다. 김홍기 교수는, 웨슬리는 믿음과 선행이 성화를 이루는 데 필수적인 조건이라고 믿었다고 주장함으로써, 웨슬리는 칭의는 물론 성화의 유일한 조건은 오직 믿음이라고 믿었다고 주장하는 두 교수의 웨슬리 해석을 반대하였다. 김 교수는 여러 편의 논문과 두 세 번의 공개토론을 통해서 자신의 웨슬리 해석의 정당성을 한국 교회에 알려서 웨슬리에 대한 오해를 시정하려고 많은 노력을 하였다. 최근에 그는 「감리교회사, 영국과 미국을 중심으로 웨슬리에서 아펜젤러까지, 2003, 551p.」를 써냈다. 이 책은 신학대학의 교재로 쓸 목적으로 출판하였으므로 많은 공헌을 하리라 본다. 김 박사는 웨슬리 연구에 있어서 한국에서 가장 활발한 학자인 만큼 그의 웨슬리 신학이 한국 교회의 다양한 계층에 더욱 바람직한 영향을 주고 특별히 한국 감리교회의 웨슬리 이해에 일치와 통합을 이끌어내는 일에 주도적인 역할을 할 것으로 기대된다.

필자는 웨슬리 연구에서 영국의 영향을 많이 받았다. 본서의 초판인

「웨슬리의 실천신학 : Wesleys' Practical Divinity, 2000, 406p.」은 특정 신학사조나 특정 학자의 신학적 관점을 가지고 웨슬리를 해석하거나 재구성하는 노력을 하지 않았다. 이 책은 웨슬리 형제를 탁월한 실천신학자로 보고 그들의 신학을 실천신학과 목회신학으로 취급하는 최초의 연구라고도 할 수 있다. 지금까지의 웨슬리 연구는 주로 아르미니우스적 복음주의라고 일컬어지는 '구원의 질서'(혹은 '구원의 과정' order of salvation)를 중심으로 기술하는 구원론이나 조직신학적 체계 또는 개인적 성화 아니면 사회적 성화라는 어떤 측면을 강조하려는 의도에 따라 이루어져 왔다. 그러나 필자의 연구는 교회사적 연구를 통해서 웨슬리의 실천적 목회신학을 원자료로부터 정리하여 기술하였다. 이것은 웨슬리가 자신의 신학을 실천적이고 경험적인 신학(practical and experimental divinity)이라고 했기 때문이요, 또 웨슬리는 실제로 경건주의자, 전도자, 설교가, 목회자였기 때문이다. 이 책에는 초기 메도디스트 교리, 은혜의 방편, 예배, 성례전, 속회, 설교, 찬송, 평신도 전도 등 초기 메도디즘의 신앙과 생활의 실제 모습이 생생하게 그려져 있다. 이렇게 하여 저자는 본래 웨슬리의 실제 모습(real Wesleys)과 메도디즘의 실제 모습(real Methodism)을 기술하고 한국 교회에 적용하려고 노력하였다. 이 책의 또 다른 특징은 메도디스트 부흥운동과 신학 형성에 대한 찰스 웨슬리의 공헌을 높이 평가하여 그의 찬송연구를 중요하게 다루었을 뿐 아니라, 모든 분야에서 존과 찰스의 결합을 시도했다는 점이다. 이것은 감리교부흥운동과 메도디스트 신학과 경건은 존과 찰스 웨슬리 형제의 공동작품이라는 필자의 확신에서 비롯된 것이다. 이 책은 2004년에 개정판으로 다시 출판되었는데 웨슬리 연구의 약사(略史)가 더해졌으며, 여러 부분이 수정되고 보충되었다. 필자의 최근 저서「웨슬리와 사랑의 혁명, 2003,

180p.」은 웨슬리와 초기 메도디스트들의 사회운동을 박애운동으로 보고 초기 메도디스트 박애운동의 정신과 실천을 친절히 안내하고 있다. 이 책에는 웨슬리의 박애주의 사상이 쉽게 소개되어 있으며 근대 영국 감리교회의 박애운동이 소개되어 있다. 필자의 최근 저서 「우리의 교리-초기 감리교 교리 연구, 2003, 301p.」는 「웨슬리의 실천신학」의 제1장 '초기 감리교 교리'를 개정 확대하여 섬세하게 다시 쓴 것으로서, 현재 감리교회에서 특별한 관심을 끌고 신학적으로 논쟁점이 되는 문제들을 웨슬리에 대하여 아무런 오해가 없도록 정당하게 기술하려고 노력하였다.

그 외에도 웨슬리 전공 학자가 아니지만 각 신학대학에서 웨슬리에 관련된 연구를 하거나 감리교신학을 가르치면서 웨슬리 연구 논문이나 책을 써낸 학자들이 있다. 1980년대 감리교회에 불어닥친 종교다원주의 신학과 이에 대한 종교재판에서 목사직을 박탈당하기까지 진보적인 현대신학을 시도한 변선환 박사의 웨슬리 관련 논문집이 그의 제자들에 의해서 "요한 웨슬리 신학과 선교"(1998)라는 제목으로 출판되었다. 변 박사는 웨슬리 신학을 그의 실존주의적 휴머니즘 신학과 종교다원주의 신학을 토대로 해석하고 있어 웨슬리의 본래 사상 그리고 원자료 해석으로부터의 비약 또는 거리감을 보여주고 있다.

감신대의 기독교교육학자 장종철 박사는 「존 웨슬리의 교육신학, 1990」을 펴냈다. 이 책은 웨슬리의 교육의 역사, 성격, 공헌, 그리고 웨슬리의 교육신학사상과 실제를 철저하게 연구하고 자세히 소개하고 있어 웨슬리 연구에 중요한 공헌을 하였다.

감신대의 종교사회윤리학자인 이원규 박사는 웨슬리의 사회운동에 관해 우수한 논문을 발표하여 웨슬리 연구에 중요한 공헌을 하였다. 그의 논문은 「웨슬리 전통과 사회운동, 신학과 세계 17호, 1988」, 「웨슬리와 변형운동, 세계의 신학 1호, 1989」, 「웨슬리 신학전통에서 본 사회변동과 한국 감리교회, 신학과 세계 25집, 1992」 등이다. 이 박사는 웨슬리의 사회윤리와 사회 개혁운동의 성격을 분석하고, 한국 교회의 사회에 대한 태도와 영향을 예리하게 비판하고 지도해 주면서 웨슬리 전통의 바람직한 기독교적 사회변형운동과 기독교적 사회윤리 형성을 제시하고 있다. 웨슬리가 그 당시 교회의 사회에 대한 태도를 분석하고 비판하는 동시에 사회를 기독교적 사랑과 정의의 관점에서 조명하고 예리하게 비판하여, 이것을 목회와 메도디스트 선교의 전략을 짜는 데 중요한 자료로 사용하였던 것을 보면, 이 박사의 교회와 사회에 대한 이러한 종교사회학적 분석과 이해는 진정한 웨슬리 방식의 신학 작업이요, 웨슬리 방식의 선교를 위한 필수적인 노력이라고 본다. 특별히 한국 교회의 개혁이 절실히 요구되는 현재 상황에서 이 박사의 이러한 웨슬리 연구는 교회의 자기반성과 새로운 선교전략을 만들고 실행하는 데 실질적인 도움을 주는 중요한 공헌이라고 평가된다.

감신대 조직신학 교수인 박종천 박사는 웨슬리 전문 연구저서를 낸 적은 없으나 '존 웨슬리의 신론'이란 우수한 논문을 「웨슬리와 감리교신학」에 기고하였다. 그는 「相生의 신학, 1990, 472p.」, 「기어가시는 하나님, 1995, 565p.」 「하나님과 함께 기어라 성령 안에서 춤추라, 1998, 259p.」 등 자신의 저서에서 한국인의 역사적 삶의 정황과 신앙체험에 비추어 웨슬리 방식의 신학을 하고 있다. 박 박사는 옥스퍼드의 추상적(speculative) 신학을 일반대중을 위한 실제적이고 경험적인(practical and experimental) 신학으로 평이하게 풀어냈던 웨슬리처럼 서양의 낯설은 신학사상을 우리 한국인의 마음과 신앙체험을 바탕으로 한 한국인의 이야기로 엮어서 재미있고 감동적으로 전달하는 이야기꾼(story-teller)이기를 자처하며 대중의 신학자(folk theologian)가 되려고 노력한다. 이런 의미에서 그가 웨슬리안이면서 웨슬리 신학의 한국적 토착화를 이루어내는 동시에 평신도에게 친근하게 다가가 감동시키는 웨슬리식의 대중 신학(folk theology)을 계속하기를 기대해 본다. 또한 박 박사는 오랫동안 감신대에서 '감리교 신학'을 가르치면서 웨슬리 전통의 감리교 교리와 신학을 정리해 온 것을 "감리교 신학"이란 제목으로 곧 출판할 예정이다. 그는 웨슬리 전통의 복음주의 신학자로서 감리교 신학의 정체성과 목적을 확고하게 설립하고 감리교 교리 전반에 걸쳐서, 특히 아직도 논쟁중에 있는 교리에 관하여 명확하고도 친절한 해설을 제공하리라 기대한다.

이선희 박사는 목원대학의 조직신학 교수다. 그는 본래 웨슬리를 전공한 신학자는 아닌 것 같다. 그러나 신학교에서 메도디스트 신학을 가르치면서 웨슬리 신학에 깊이 참여하게 된 것 같다. 그는 최근에 김홍기 박사와의 구원론 논쟁을 통해서 자신의 웨슬리 해석을 감리교회에 널리 알리게 되었으며, 이것은 감리교회 내부에서 다양한 계층의 다양한 반응을 일으키고 있다. 그의 웨슬리 해석은 칭의와 성화의 유일한 조건은 오로지 믿음뿐이라는 웨슬리의 확신에 근거하여 행위에 의한 구원론 내지는 신인협동론의 구원론을 철저히 부정하고 있다. 이 교수의 웨슬리 해석은 그의 저서「웨슬리 신학의 탐구, 도서출판 복음, 대전, 2002」에 잘 나타나 있다.

김영선 박사는 협성대학교의 조직신학 교수다. 그는 본래 판넨베르그 전공자이지만 메도디스트 신학을 가르치면서 웨슬리 신학에 관심하게 되었다. 그의 저서「존 웨슬리와 감리교 신학, 기독교서회, 2002」에는 웨슬리의 신학사상이 조직신학 체계로 정리되어 있다.

감신대의 조직신학 교수 송성진 박사는 본래 과정신학자 존 캅의 제자로 알려져 있는데, 감신대에서 감리교신학을 가르치면서 웨슬리에 깊은 관심을 갖게 된 것 같다. 그는 김홍기 교수와 이선희 교수의 성화론 논쟁을 보고 김홍기 교수의 웨슬리 해석에 반대되는 논문(존 웨슬리의 구원론 : 김홍기 교수의 해석에 대한 비판적 재고)을 '신학과 세계 48호, 2003년'에 발표하여 김 교수와 웨슬리 신학의 구원론에 관한 뜨거운 논쟁을 시작하였다. 그는 웨슬리의 구원론에 있어서 선행이 성화에 필수적인 조건이라고 해석하는 김홍기 교수의 선행성화(善行聖化)를 반대하고 칭의는 물론 성화의 유일한 조건도 오로지 믿음뿐이라고 가르친다는 성화선행(聖化善行)을 주장한다. 그리고 성화선행이야말로 웨슬리의 진정한 의도라고 역설한다.

협성대학교 예배학 교수인 나형석 교수는 최근에 「성찬으로의 초대」라는 책을 냈다. 이 책은 웨슬리 형제의 성만찬 신학과 성만찬 찬송을 친절히 소개하고 있다.

이 외에도 한국에서 웨슬리에 관한 연구는 더 있지만 여기서는 학문적인 연구로 평가되는 자료만을 다루었다.

2) 한국 웨슬리 복음주의 협의회

김선도 목사가 이끄는 '한국 웨슬리 복음주의 협의회'는 그 동안 여러 차례 웨슬리 세미나를 개최했으며 「웨슬리 복음주의 총서」 I 권과 II 권을 내놓았다. 이 총서에는 한국 교회에 웨슬리를 적용하려는 실제적인 연구논문을 비롯하여 여러 가지 유익한 논문들이 있다.

3) 한국 웨슬리 신학회

이계준 박사와 이원규 박사가 이끄는 '한국 웨슬리 신학회'에서는 1999년 8월에 「웨슬리와 감리교신학」이라는 총 551쪽의 방대한 논문집을 출간하였다. 이 논문들은 웨슬리의 생애, 신학, 역사, 실천, 그리고 웨슬리 연구의 새로운 동향에 관련된 우수한 작품들이다. 여기에는 현재 활동중인 많은 메도디스트 학자들이 참여했는데, 열거하면 이계준(간행사), 이후정(존 웨슬리의 생애와 사상, 성령론), 한인철(웨슬리 신학의 사중표준), 김영봉(성서론), 박종천(신론, 웨슬리 신학의 새로운 동향), 김광식(기독론), 서창원(구원론), 김진두(교회론, 영국 감리교회의 역사), 김홍기(종교개혁과 웨슬리 신학, 미국 감리교회의 역사), 성백걸(한국 감리교회의 역사와 신학), 장성배(선교론), 안석모(목회론), 김외식(영성의 문제), 박은규(예배와 성례전), 염필형(설교와 커뮤니케이션), 장종철(기독교교육), 이원규(사회운동), 박충구(윤리사상), 강남순(감리교운동과 여성) 등이다. 이 논문집은 한국에서 웨슬리 연구를 위한 가장 좋은 작품으로 평가되며, 앞으로 오랫동안 웨슬리 연구를 위한 최상의 교과서로 사용될 것이다.

4) 한국 웨슬리 학회와 「존 웨슬리 설교 전집」

조종남 박사가 이끄는 한국 웨슬리 학회는 감리교회, 성결교회, 나사렛교회 등 웨슬리 전통의 교회 신학자들이 참여하는 모임이다. 현재 이들은 151개의 웨슬리 설교 전부를 번역하고 각 설교에 해설을 썼다. 금년 안에 「존 웨슬리 설교 전집」이 출판될 예정이다.

5) 번역 작품들

그 동안 웨슬리 연구에 있어서 권위 있는 저서들이 한국에서 많이 번역되어 나왔다. 그 중 가장 중요한 번역 작품들을 소개하면 다음과 같다 (저자 이름의 알파베트 순).

- Albert C. Outler, 「웨슬레 정신으로 본 복음주의」, 허선규 역, 서울 : 기독교대한감리회 교육국, 1982.
- Carlton Young, 「마음의 음악, 웨슬리 형제의 찬송 연구」, 박은규 역, 서울 : 기독교서회, 2001.
- Colin W. Williams, 「존 웨슬리의 신학(현대적 의의)」, 이계준 역, 서울 : 한국교육도서출판사, 1976.
- David L. Watson, 「웨슬리와 속회」, 한경수 역, 인천 : 성서연구사, 1986.
- Earl D. C. Brewer / Mance, C. Jackson, 「웨슬리와 변형운동」, 이원규 역, 서울 : 기독교대한감리회 교육국, 1982.
- George C. Cell, 「존 웨슬레의 재발견」, 송흥국 역, 서울 : 대한기독교출판사, 1982.
- Harold Lindstrom, 「웨슬리와 성화」, 전종옥 역, 서울 : 기독교대한감리회 홍보출판국, 1992.
- Henry D. Rack, 「존 웨슬리와 감리교의 부흥」, 김진두 역, 서울 : 감신대출판사, 2001.
- Howard A. Snyder, 「혁신적 교회 갱신과 웨슬레 : 교회 갱신의 한 패턴」, 조종남 역, 서울 : 대한기독교출판사, 1986.

- John B. Cobb, 「은총과 책임」, 심광섭 역, 서울 : 기독교대한감리회 홍보출판국, 1997.
- Leon D. Hynson, 「웨슬리의 윤리사상」, 이희숙 역, 서울 : 전망사, 1987.
- Lycurgus Starkey, 「존 웨슬리의 성령신학」, 김덕순 역, 서울 : 은성, 1994.
- Manfred Marquardt, 「존 웨슬레의 사회윤리」, 조경철 역, 서울 : 보문출판사, 1992.
- Martin Schmidt, 「존 웨슬리 (상), (중), (하)」, 김덕순/김영선 공역, 서울 : 은성, 1997, 1998, 1999.
- Robert G. Tuttle, 「웨슬레와 신비주의」, 권태형 역, 서울 : 은성, 1993.
- Robert E. Chiles / Robert W. Burtner, 「웨슬리 신학개요」, 김운기 역, 서울 : 전망사, 1988.
- Skevington Wood, 「존 웨슬리 : 위대한 전도자」, 웨슬리총서 3권, 김선도 역, 서울 : 한국교육도서출판사, 1976.
- Theodore Runyon, 「웨슬리와 해방신학」, 변선환 역, 서울 : 전망사, 1987.
- _____, 「새로운 창조 : 오늘의 웨슬리 신학」, 김고광 역, 서울 : 기독교대한감리회 홍보출판국, 1999.
- Tuttle, Robert G., 「존 웨슬리 : 그의 생애와 신학」, 김석찬 역, 도서출판 세복, 2001.
- Wayne G. McCown, 「웨슬레 신학에 의한 성서 해석학」, 이상홍 역, 서울 : 소망사, 1989.
- William Canon, 「웨슬리 신학」, 남기철 역, 서울 : 기독교대한감리회 교

육국, 1986.

- 노로 요시오, 「존 웨슬리의 생애와 사상」, 김덕순 역, 서울 : 기독교대한 감리회 교육국, 1993.

지금까지 웨슬리 연구 학자들과 그들의 연구 저서들에 관하여 소개하는 방식으로 웨슬리 연구사를 정리해 보았다. 그러나 이 글은 분명한 한계를 지니고 있다. 웨슬리를 연구하는 모든 학자와 모든 저작을 소개하지 못했다는 점과 또한 출판된 저서와 출판된 자료들만을 다루고 아직 출판되지 않은 학위 논문 등은 다루지 못했기 때문이다. 그럼에도 여기서 의의를 두고자 하는 것은 각 분야에서 활약한 대표적인 학자들과 중요한 연구 저서를 소개하였다는 데 있다. 이제 웨슬리 연구에 있어 우리가 그 동안 관념론적 웨슬리에 사로잡혀 간과하기 쉬웠던 웨슬리 본래의 신학 성격과 모습을 상기시킴으로써 미래의 웨슬리 연구의 방향을 제시하기 위해 필자가 관심하고 있는 웨슬리의 '실천신학'의 의미와 방법론을 간략히 소개하고자 한다.

제 2 장
웨슬리의 '실천신학'
(Wesley's practical divinity)의 의미

30대 후반의 존 웨슬리(1703~1791)와 찰스 웨슬리(1707~1788).
메도디스트 부흥운동은 두 형제의 공동작품이다.

웨슬리의 '실천신학(Wesley's practical divinity)의 의미

1. 웨슬리의 실천신학의 성격

웨슬리 신학은 전적으로 실천신학(Practical divinity)이요 목회신학(Pastoral theology)이다. 웨슬리 형제는 일평생 실천적 기독교(Practical Christianity), 즉 기독교의 실천을 온힘을 다하여 추구하였다. 웨슬리에게 실천신학이란 여러 가지 신학 과목 중에 하나가 아니다. 그것은 본질적으로 그리스도교회가 실행하는 모든 신학의 목적과 성격을 의미하는 것이며, 메도디스트 신학의 성격과 방법과 목적을 규정하는 것이며, 동시에 메도디스트들의 신앙과 신학의 실천을 의미하는 것이다. 이것이 타교회와 다른 메도디스트들의 독특한 신학 방법이다. 이것은 메도디즘의 은사며 능력이요 영광이다. 웨슬리 형제는 교회사에 빛나는 가장 탁월한 실천신학자들이다.

웨슬리에게서 실천신학이란 모든 신학은 실천을 위한 것이어야 하며, 동시에 자신이 하는 신학을 실천한다는 의미다. 그래서 웨슬리는 모든 종류의 추상적인 이론신학(speculative theology)을 거부하였다. 웨슬리의 부흥운동은 바로 이 실천신학의 능력으로 일어난 것이며, 이것이 교회와 사회와 민족을 개혁할 수 있었다. 만약에 웨슬리가 동시대의 다른 신학자들처럼 추상적인 이론신학에 치중했다면 그의 부흥운동은 실패했을 것이다. 웨슬리에게서 신학이란 교회, 목회, 경건, 전도, 봉사, 그리고 경건의 훈련과 거룩한 삶을 위한 것이요, 예배, 성례전, 설교, 기도, 찬송, 경건의 규칙과 훈련규범을 가장 효과적으로 생산해내는, 즉 철저하게 실천을 위한 것이었다. 다시 말해 웨슬리는 신학이란 기독교의 실천을 위한 '실천신학'(practical divinity)이나 목회신학(pastoral divinity)이어야만 한다고 생각했다. 그는 보편적인 의미에서 조직신학이나 교회교의학을 쓴 적이 없었지만 나름대로의 자기 신학을 표현하는 방식을 갖고 있었다. 그의 신학은 곧 설교, 경건의 규범, 찬송, 기도, 예배와 성례전, 신앙안내와 해설과 변증을 위한 에세이, 경건도서의 요약, 전도여행일지, 편지의 형태로 표현되었다. 그는 실제로 자신의 '표준설교집'을 '메도디스트들의 실천신학'이라고 강조했으며, 동생 찰스와 함께 만든 1780년 찬송집(A Collection of Hymns for the Use of the People Called Methodists)에 '경험적이고 실천적인 작은 신학 전집'(A Little Body of Experimental and Practical Divinity)이라는 부제를 달았으며, 서문에서도 찬송이야말로 중요한 실천신학이라는 점을 강조하였다. 1750년에는 총 50권의 '기독교문고'(Christian Library)를 출판하였는데, 이 문고에도 '실천신학 명작 요약선집'(consisting of Extracts from and Abridgements of the Choicest Pieces of Practical Divinity)이라는 부제를 달았다. 웨슬리에게서 신학은 결코 목적이 아니며, 기독교신앙의 이해를 돕고 신자들이 은혜 안에서 성장하도록 하기 위한 방편이다. 웨슬리의 신학은 설교하고 노래하고 생활하는 신학이다.

웨슬리는 신학을 지적인 훈련과 이론적 체계 설립을 주요 목적으로 하는 추상적 신학(speculative theology)과 교회의 목회와 복음전도와 경건생활을 위한 작업으로서의 실천적 신학(practical divinity)으로 구분하였다. 그는 자기의 신학을 이론적으로 체계화하려고 노력하지도 않았으며, '미묘하고 형이상학적인 탐구'에 빠지는 추상적인 신학이나 이론 중심의 신학을 일체 버렸다. 왜냐하면 그것은 진정한 기독교, 생명 있는 기독교 신앙을 세우고 전파하는 데 아무런 소용이 없을 뿐 아니라 해롭다는 사실을 알았기 때문이었다. 그러므로 웨슬리는 기독교 신학이란 철학이나 이론 중심의 추상적인 형이상학과 같은 방식으로 해서는 안 되고, 실제로 교회를 위한 실천적 학문(practical science), 즉 목회에 사용할 수 있으며 교회의 신앙생활에 효과적으로 적용할 수 있는 실용적 과학(practical science)과 같은 것이라고 생각하였다. 웨슬리는 "하나님은 실천적인 신학을 필수적인 것으로 만드셨으며, 악마는 논쟁 신학(입씨름 신학)을 만들었다."고 주장하였다. 그는 철저하게 교회의 유익과 복음전도와 참된 기독교의 부흥을 위해서만 신학을 하였으며, 신자들의 신앙의 안내와 성장과 결실을 위한 목적으로만 신학을 하였다. 웨슬리의 신학은 실천에서 성장하였고, 실천에 대한 반성이었고, 실천을 향상시키는 것을 목적으로 하였다. 웨슬리의 실천신학은 온전히 평범한 신자들을 위한 것으로서 일반 대중이 쉽게 이해하고 가슴으로 느낄 수 있는 신학이었다. 그는 영국 국교회 중에서도 주로 상류층으로 구성되어 있는 고교회(高敎會 ; High Church)의 성직자이며, 옥스퍼드 대학 출신인 동시에 옥스퍼드 대학의 교수였지만, 옥스퍼드의 난해하고 고상한 이론신학을 버리고 일반 신자들이 친근하게 배우고 쉽게 이해하고 마음으로 경험하고 실생활에 사용할 수 있는 평이하고 실천적인 신학을 하였던 것이다. 기독교 역사상 실천신학에 가장 뛰어난 은사를 가진 교회는 감리교회였다. 감리교회는 가장 목회 잘 하고, 전도 잘 하고, 경건생활 잘 하고, 기도 많이 하고, 찬송 잘 부르고, 사회봉사 많이 하는 전통을 갖고 있다.

그러나 역사적으로 메도디스트 신학은 이러한 은사와 전통을 많이 상실하였다. 웨슬리는 자신의 신학을 일반 대중이 쉽게 이해하고 실행할 수 있는 대중의 신학으로 만들었다. 웨슬리가 옥스퍼드의 난해한 신학을 평민의 가슴으로 끌어내렸으나 후대의 많은 메도디스트 신학자들은 메도디스트 신학을 평민의 가슴에서 다시 옥스퍼드의 상아탑으로 끌고 올라가 버렸다. 현대 감리교회의 신학은 타교회의 신학보다 더욱 추상적이고 이론 중심이고 난해하다. 현대 감리교회가 신학을 추상적으로 하여 지식은 뛰어나고 이론도 분명하고 수준도 높은데 생동력과 실용성이 약해서 신앙과 경건과 목회와 전도가 약하다면 그것은 웨슬리와 정반대의 길을 가는 것이며 불행한 일이다. 현재 감리교회의 신학이 너무 추상적이고 이론 중심이고 난해하다면 웨슬리 형제의 실천신학을 다시 새롭게 배워야 하며 속히 그 신학하는 태도와 방법을 바꾸어야 한다.

웨슬리의 실천신학은 전적으로 신자들의 신앙생활을 위한 것이다. 그의 신학은 신자의 마음과 삶을 형성하고(formation of Christian heart and life) 죽은 교회를 생동하게 하고, 예배와 전도와 봉사에 생동력을 주고, 민족을 개혁하고 구원하는 실제적인 도구다. 그래서 웨슬리의 신학은 교회의 부흥과 신자들의 경건훈련을 위해서 지속적으로 다양하고 효과적인 은혜의 방편(means of grace)을 생산해내었던 것이다. 그리고 이것은 신학의 사명이라고 할 수 있는데, 만일에 이런 사명을 수행하는 데 무익하거나 방해가 되는 신학은 아무리 정통신학이라고 할지라도 거짓되거나 잘못된 신학일 수 있다는 것이다. 사실상 웨슬리에게는 정통이냐 자유냐 또는 보수냐 진보냐 하는 문제보다 어떤 종류의 신학이든지 복음을 믿게 하고 전하게 하고 실천하게 하는, 실천적인 능력이 있느냐 없느냐 하는 것이 더 중요했다.

이와 같이 시종일관 실천신학자로서 연구하고 일하며 살았던 웨슬리는 자연히 경험을 중시하였으며, 다양한 인간의 삶의 정황과 그 가운데 인간의 다양한 필요에 민감하였다. 그리고 이러한 신학 성격은 그의 신학을 더욱 실제적인 것으로 만들었다. 그의 신학에서는 언제나 성경과 인간, 신앙과 생활, 교리와 실천이 똑같이 중요하며, 둘이 아니라 한 가지로 다루어졌다. 웨슬리 신학은 전체적으로 실천신학이요, 목회신학이요, 전도신학이요, 경건신학이요, 생활신학이다. 웨슬리의 실천신학은 신앙생활의 형성과 부흥, 그리고 복음 전파와 신자들의 신앙 성장과 성화를 돕기 위해서 봉사하는 거룩한 기구다.

웨슬리는 위와 같이 자신의 신학과 메도디스트들의 신학을 '실천신학'(practical divinity)이요 경험적인 신학(experimental divinity)이라고 자주 강조하고 선언하였다. 그는 자신의 신학에서 철학적이고 추상적인 요소를 모두 제거해 버리고 오로지 성경적이고 실천적이며 경험적인 신학만을 하였다. 그는 어떤 분야의 신학이든지 영혼의 구원은 물론 삶의 실제적인 변화, 신자의 경건생활, 복음전도, 바르고 효과적인 목회, 교회의 개혁과 부흥, 사회의 성화, 민족의 개혁, 세계의 구원을 위한 목적을 가지고 실천신학을 하였다. 웨슬리가 실천신학 교본으로 저작 출판한 표준 설교집(Standard Sermons, 1746), 찬송집(A Collection of Hymns for the Use of People Called Methodists, 1780), 기독교 문고(Christian Library, 1752) 그리고 신약성경 주해(Explanatory Notes upon the New Testament, 1754)의 서문은 한결같이 자신의 신학이 그 목적과 방법과 성격에 있어서 실천신학이요 경험신학이라는 점을 역설하고 있다.

현대는 영성의 시대며 실천의 시대다. 현대 인류는 기독교로부터 어떤 종교적 지식이나 신학적 교리 또는 사상과 이론보다 진정으로 그리스도의 마음과 그리스도의 삶을 요청하고 있다. 교리의 시대는 가고 실천의 시대, 영성의 시대가 왔다. 웨슬리는 이미 18세기에 21세기 현대의 신학적 상황과 인간의 상황을 직시하고 예언자적인 신학을 하였던 것이다. 그리스도를 믿는다고 하면서 그리스도의 마음을 닮거나 그리스도의 삶을 따르지 않는 자는 '실제적인 무신론자'(practical atheist)라고 하는 웨슬리의 말은 사도들이 증언한 성서적 정통 기독교의 진리다. 정통의 실천(orthopraxy)을 보여주는 능력이 없는 정통의 교리(orthodoxy)는 이미 정통이 아닐 수 있기 때문이다. 웨슬리가 가르친 메도디스트들의 실천신학이란 철저히 정통의 실천을 위한 것이다. 그러므로 웨슬리가 말하는 실천신학이란 다음과 같은 성격을 지닌다.

1) 생활신학(living theology)-영성신학이다.

웨슬리는 기독교를 형이상학적 이론으로 만드는 것을 배척했다. 그는 사색적(speculative) 이론신학에 관해서는 그것이 그리스도인의 믿음의 생활(Life of Christian faith)에 유용하지 않는 한 관심이 없었다. 웨슬리에게 있어서 신학의 목적은 바로 신자의 믿음생활(life of faith)을 위한 실제적인 안내자가 되는 것이다. 그러므로 신학은 인간의 마음과 생활에 올바르고 유익한 영향을 주기 위한 실제적인(practical) 것이어야 한다. 웨슬리의 신학은 신자의 영성 형성(spiritual formation), 즉 그리스도인의 마음과 삶의 형성(Christian formation of heart and life)을 위한 것이다. 모든 신학의 가치는 그것이 신자의 '믿음생활'을 위한 실제적인 유용성에 달린 것이다. 웨슬리 신학은 신자의 영성을 위한 것이요, 신자의 생활신학(living theology)이다.

2) 목회신학(pastoral theology)이다.

웨슬리 신학은 신학자를 위한 것이 아니고 목회자의, 목회자에 의한, 목회자를 위한 것이다. 신학은 교회를 위해서 있고 교회의 목회를 위해서 봉사하는 도구다. 웨슬리는 설교자로서 설교의 신학을, 전도자로서 전도의 신학을, 목회자로서 목회신학을 했다. 웨슬리의 신학은 전적으로 목회신학이다. 웨슬리는 목회에 사용하기 위해서 신학을 연구하고 생산해냈다. 웨슬리 전통에서는, 좋은 신학이란 반드시 좋은 목회를 생산해내는 것이어야만 한다.

3) 평신도를 위한 대중신학(folk theology)이다.

웨슬리 신학은 신학자를 위한 것이 아니라 목회자와 평신도를 위한 것이다. 웨슬리는 평신도를 가르치고 변화시키고 성장시키기 위해서 신학을 연구하고 써냈다. 그는 교육을 잘 받지 못한 평범한 대중이 자신의 모든 신학을 쉽게 이해하고, 배우고, 느끼고, 가르치고, 전하고, 실천할 수 있도록 글을 썼다. 그는 실로 평민을 위한 대중의 신학자(folk-theologian)이다.

2. 바람직한 웨슬리 연구 방법

그러므로 진정으로 웨슬리를 따르기 원하는 사람들을 위한 바람직한 신학 방법은 다음과 같이 정리할 수 있다.

1) 형이상학적 이론신학을 피하고 '믿음생활'(life of faith)을 위한 생활신학(living theology)을 해야 한다. 이것이 웨슬리 전통을 계승하는 메도디스트 신학의 영원하고도 가장 좋은 달란트다.

2) 쉽게 쓰고, 쉽게 말하고, 쉽게 가르쳐야 한다. 때로 신학자들 중에는 자신도 모르는 사이에 지식의 오만과 허구에 빠지게 되는데, 이것을 경계해야 한다. 웨슬리는 언제나 기독교의 평이한 진리(plain truth)를 평범한 사람들(plain people)에게 평이한 말(plain words)로 전달하는 것을 자신의 사명으로 여겼다. 그래서 그는 옥스퍼드 대학의 고상한 신학을 무식한 일반 대중에게로 끌어내려 그들이 마음으로 느끼고 이해하고 실천할 수 있는 말과 방식으로 바꿨기 때문에 영국에서 평민 사이에 신앙부흥을 이루었고, 영국인의 마음과 생활을 개혁하고 사회와 민족을 개혁할 수 있었다.

3) 영국 교회사를 배경으로 하는 초기 메도디즘의 역사에 관한 충분한 교회사적 연구를 통하여 진정한 메도디즘의 신학, 영성, 목회의 유산과 전통을 발견하여야 한다. 왜냐하면 역사적 연구가 결핍될 때에는 웨슬리에 대한 분명한 지식도 확신도 얻기가 불가능하기 때문이다.

4) 진정으로 웨슬리 신학을 하려면 웨슬리와 초기 메도디즘의 원자료 연구로 돌아가야 한다. 웨슬리가 직접 쓴 것이 아닌, 웨슬리에 대하여 쓴 이차 자료를 통해서는 웨슬리를 체험하기가 어렵다. 웨슬리의 원자료를 통해서 진정한 웨슬리를 더 분명하게 만날 수 있다.

5) 연구의 주제를 구원론에만 집착하지 말고 그의 경건생활과 신학사상, 목회와 선교활동, 그리고 그의 모든 실천 전체에 걸쳐 다양하게 넓혀야 한다.

6) 교회와 신자들을 사랑하는 마음으로 해야 한다. 웨슬리 신학의 힘은 바로 교회와 신자를 향한 열정적 사랑에 있다. 웨슬리는 가난한 사람들에게 복음적 사랑을 주려는 애정을 갖고 신학을 연구하고 써냈기 때문에 그의 신학은 살아 있는 신학(living theology)이 될 수 있었다.

7) 실천하면서 하여야 한다. 웨슬리는 실천을 위해서만 신학을 하였고 자신의 신학을 자신이 먼저 실천하면서 다른 사람에게 가르쳤다. 그렇기 때문에 그의 신학을 실천신학이라고 부른 것이다. 웨슬리의 실천신학이란 신학을 실천한다는 뜻이다. 실천할 수 없거나 실천을 통해서 그 신학의 정통성을 나타내지 못하는 신학은 웨슬리 방식의 신학이 아니며, 웨슬리 신학이라고 할 수 없다. 웨슬리에게서 신학은 실천을 위해서 있지 신학 자체를 위한 것이 결코 아니다.

8) 에큐메니컬 정신으로 연구해야 한다. 기독교가 처한 현 시대는 분열과 갈등이 아닌 일치의 시대다. 웨슬리와 메도디즘이 다른 교회와의 차

이점을 연구하고 강조하는 것이 아니라, 다른 교회와 공통으로 나누고 소유할 수 있는 것이 무엇인지를 찾아내는 것이 중요하다. 그러나 에큐메니컬 방향의 신학 연구는 무조건 우리의 전통과 특징을 포기하고 침묵하고 숨기는 것이 아니다. 오히려 우리가 갖고 있는 성서적이고 진정한 기독교의 전통을 잘 드러내고 이것을 갖지 못한 교회에 가르쳐주고 도움을 줄 뿐 아니라, 우리가 결여하고 있는 다른 교회의 훌륭한 전통을 겸손하고 기쁘게 배우는 것이 바람직한 교회일치운동이다. 그러므로 우리의 좋은 전통을 교정하고 다른 교회의 좋은 전통을 배우는 방향으로 웨슬리 연구가 이루어져야 한다.

이상과 같이 할 때에 웨슬리의 실천신학이 가능한 것이다. 그리고 이러한 실천신학이 실천되는 곳에서는 어디서나 웨슬리 시대처럼 진정한 기독교 부흥, 민족의 개혁, 그리고 인류 구원이 왕성하게 일어날 것이다.

제 3 장
웨슬리와 은혜의 방편(方便)

런던의 Wesley's House에 있는 존 웨슬리의 개인 기도실

웨슬리와 은혜의 방편(方便)

1. 존 웨슬리의 교회에 대한 이해

초기의 메도디스트들(the People called methodists)은 특별한 교회론을 필요로 하지 않았다. 그들은 모두 영국 국교회(The Church of England)의 충실한 교인들이었고, 또 다른 새 교회를 만들려는 의도가 없었기 때문이다. 초기 메도디스트들은 18세기 영국에서 영혼 구원과 그리스도인 생활의 개혁을 목적으로 일어난 경건회(the Religious Societies)나 부흥운동에 헌신적으로 참여한 사람들이었다. 메도디스트 신도회(Methodist Society)의 입회 조건에는 어떤 특별한 교회의 교리나 규칙을 따라야 한다는 조건이 없었고, 요구된 것이 있다면 "죄로부터 구원받고 다가올 진노에서 자유하기를 원하는"(to be saved from their sin and to free from the wrath to come) 진정한 소원뿐이었다. 그러므로 메도디스트 운동의 순수한 동기는 당시 교회의 영적 생활을 갱신하려는 긴급한 요구였던 것이다.

알려진 대로 존 웨슬리는 일생 동안 열성적인 국교도였다. 그는 영국 국교회가 초대 교회 다음으로 성서적이고, 세계에서 가장 잘 만들어진 교회라는 확신을 갖고 있었다.[1] 그럼에도 불구하고 웨슬리는 그의 목회 초기부터 교회에 대한 바른 이해가 그의 개혁적 선교 활동에 매우 중요하다는 인식을 갖고 교회의 성격과 형태와 기능에 관하여 깊은 사고를 하게 되었다. 특별히 그는 교회의 질서(church order)에 깊은 관심을 갖고 있었는데, 교회에서 오랫동안 실행해 온 교회의 성직 질서에 관한 여러 형태의 전통들이 진정으로 성서적 근거를 갖고 있지 않다는 것을 발견하였다. 그렇다고 웨슬리가 교회의 질서 문제를 무시하거나 소홀히 취급한 것이 아니라 오히려 목회와 선교에 있어서 그 중요성을 더욱 깊이 인식하고 있었다. 웨슬리는 일찍이 교회의 질서와 형태의 문제를 절대적인 것이 아닌 상대적인 것으로 여기고 있었고 교회와 목회의 본질을 제도적인 면에서보다는 기능적인 면에서 이해하고 있었다.[2] 아우틀러(Albert Outler)가 지적하는 대로 존 웨슬리는 "교회는 성서에 복종해야 한다."는 원칙에서 교회론을 전개해 나갔다. 즉 성서의 원칙과 성서에서의 하나님의 명령을 실행해야 한다면, 성서에 근거하지 않은 전통은 버릴 수밖에 없는 것이었다. 따라서 웨슬리는 영국 교회의 감독제도도 교회의 본질이 아니라 교회의 번영을 위한 기능으로 이해하였다.[3]

　　웨슬리의 교회론은 영국 교회를 통해서 전수된 카톨릭 전통과 모라비안 형제단을 통해 전수된 개신교 전통의 종합이라고 볼 수 있다. 따라서 그는 두 가지 다른 교회에 대한 이해와 비전을 갖고 있었으니, 역사적 제도로서의 교회와 성도의 교제(fellowship of believers)로서의 교회다. 결코

---

1) Frank Baker, John Wesley and the Church of England (Epworth, London, 1970), p.138, 320~321. 이후로는 JWCE 라고 표기함.
2) JWCE., p.137~159.
3) Dow Kirkpatrick, ed., The Doctrine of the Church (Epworth, 1964), p.14~15; 웨슬리의 설교 '분열에 관하여'(On Schism)를 참고할 것.

제도적인 교회를 반대하지는 않았지만, 본래 실제를 중시하는 성향을 가진 웨슬리는 후자를 더 중요하게 생각한 것이 사실이다. 그의 평생의 관심사는 제도적인 교회 속에 영적인 생동력과 개혁의 동력을 불어넣는 것이었다.[4]

웨슬리는 교회론에 대한 이해의 원칙을 신약성서에서 찾았다. 그리고 신약성서 주석에서 교회를 '그리스도를 믿는 신자들'이요, '지상에 있든 낙원에 있든 모든 진정한 신자들의 총체'라고 기술하였다.[5] 그의 교회에 대한 이해는 사도행전 5장 11절 주석에서도 분명히 나타난다. 여기서도 그는 교회를 제도보다도 카리스마적 공동체로 보고 있다. 교회는 "복음으로 부름 받고, 세례로서 그리스도와 연합하고, 사랑으로 생동하고, 성도의 교제로서 연합하고, 아나니아와 삽비라의 죽음으로 훈련된 사람들의 모임"이라는 것이다.[6] 웨슬리는 '교회에 관하여'라는 설교에서 "교회란 하나님을 섬기기 위하여 부름 받고 함께 모인 사람들의 모임 또는 몸"이라고 정의하고, 이 모임은 그 수의 많고 적음에 관계없이 "그리스도의 이름으로 함께 모인 자가 둘이건 셋이건 거기에 그리스도가 계시며", "두세 신자라도 그리스도께서 그들과 함께 계신 곳에 교회가 존재한다."고 설명하고 있다.[7] 그리고 웨슬리는 자신의 이러한 성경적 교회 이해는 영국 교회 39개 신조 중에 19번째 신조에 나타난 교회론과 정확히 일치한다고 믿었다.

"보이는 그리스도의 교회는 믿는 사람들의 모임(congregation of faithful

---

4) JWCE., p.137.
5) ENNT., p.680, 430.
6) ENNT., p.411.
7) 'Of the Church', WJW.,6, p.371~372.

men: coetus credentium)이다. 이것이 교회의 본질이다. 그리고 이러한 교회의 현실적인 증거는 순전한 하나님의 말씀이 선포되고 성례전이 정당하게 집행되는 것이다."[8]

웨슬리는 여기서 '순전한 하나님의 말씀이 선포되고 성례전이 바르게 실행되는'이란 말을 제도적으로보다는 실제적으로, 그리고 기능적으로 이해하였다. 웨슬리의 집중적 관심은 성경적 교회의 비전(vision)으로서 '참된 신자들의 거룩한 공동체', 즉 '참된 그리스도의 교회'를 추구하는 것이었다. 웨슬리는 당시의 영국 국교회가 많은 부분에서 타락했으며, 참된 교회는 그 나라에 흩어져 있는 참된 신자들의 작은 그룹이라고 보았다. 그는 메도디스트 신도회가 많은 부분에서 국교회 안에 있는 '참된 가시적 교회'라고 보았지만 시간이 흐름에 따라서 모든 메도디스트가 참된 신자들이라고 생각하지는 않게 되었다. 웨슬리는 메도디즘의 목적이 '영국 교회를 참된 교회로 개혁하는 것'과 '민족을 개혁하는 것'(to reform the nation), 그리고 '성서적 성결을 온 땅에 전파하는 것'(to spread scriptural holiness throughout the land)이며, 메도디스트 신도회는 이러한 사명을 실행하기 위한 복음적 기구(evangelical order)라고 인식하였다.

웨슬리는 1755년 동료 복음주의 목사인 워커(Samuel Walker)에게 보내는 메도디스트들의 불규칙한 활동(irregularities)을 변호하는 내용의 편지에서, 메도디스트 신도회는 영국 교회 내에 있는 복음적 기구이며, 그것의 불규칙한 활동은 복음전도와 훈련과 양육이라는 복음적 사역을 실행하기 위해서라고 주장하였다. 그는 여기서 메도디즘의 정체성은 '더욱

---

[8] E. J. Bicknell, A Theological Introduction To The Thirty-Nine Articles Of The Church Of England (Longmans, London, 1919), p.291~292.

실천적 종교(practical religion)를 위한 기구'가 되려는 데 있음을 강조하였다.9) 아우틀러는 고전적 웨슬리안 메도디스트 교회론을 다음과 같이 정리한다.

① 교회의 일치성은 성령 안에서 성도의 교제에 근거한다.
② 교회의 성결은 칭의로 시작되고 성화에서 완성되는 그리스도인의 생활을 지도하고 성장케 하는 은혜의 훈련에 근거한다.
③ 교회의 보편성은 구원의 세계적 확장과 모든 참된 신자들의 본질적 공동체를 의미한다.
④ 교회의 사도성은 사도적 증거에 충실한 사도적 교리와 실천의 계승을 의미한다.10)

웨슬리는 진정한 교회(true church)의 본질을 제도와 형식보다는 내용과 기능 면에서 추구하였다. 웨슬리는 교회를 모든 면에서 영혼을 구원하고 양육하는 사역, 즉 선교적 행동으로서 정의하려고 했다. 교회란 말씀이 바르게 선포되고(복음전도 : evangelism), 성례전이 집행되고(예배 : worship), 말씀이 바르게 들려지고 성례전이 바르게 받아지는(훈련 : discipline) '신자들의 공동체'(company of faithful men)다.11) 이것이 웨슬리가 추구했던 기능적 교회론의 본질이라고 할 수 있다. 메도디스트 신도회는 복음 증거(witness)와 예배(worship), 그리고 훈련(discipline)과 양육(nurture)이라는 복음적 기능을 실행하기 위해서 필요했던 영국 교회 안에 있는 복음적 기구(evangelical order)였다.

---

9) LJW., 3, p.143~146.
10) Dow Kirkpatrick, 같은 책, p.19.
11) Dow Kirkpatrick, 같은 책, p.24~25.

2 은혜의 방편을 통한 그리스도인 훈련(Christian discipline through the means of grace)

1) 그리스도인의 삶의 형성을 위한 신학(theology as formation of Christian life)

본래 웨슬리는 형이상학적이고 추상적인(speculative) 신학에는 별로 관심이 없었다. 그에게 있어 신학이란 언제나 실천적 신학(practical divinity)이었으며, 신학의 목적은 '거룩한 마음과 거룩한 삶'(holiness of heart and life)의 형성을 위해서 봉사하는 도구였다. 신앙의 궁극적인 목적도 "그리스도의 마음을 얻고 그리스도가 걸으셨던 대로 걷는 것"이라고 했다. 구체적으로 신앙의 목표는 그리스도를 본받아 하나님의 형상을 회복(imitation of Christ)하는 것이요, 그리스도의 형상은 '하나님과 이웃에 대한 완전한 사랑'(perfect love of God and neighbor)을 의미한다. 그러므로 웨슬리에게 중요한 것은 정통 신학(orthodoxy)보다는 그리스도인의 마음과 삶의 형성(Christian formation of heart and life)에 유용한 실천적인 신학(practical divinity)이었던 것이다. 웨슬리에게 있어서 아무리 정통이라 할지라도 그리스도인의 형성(Christian formation)에 유익을 주지 못하거나 해가 되는 신학은 '거짓된 종교'(false religion)일 수밖에 없다. 삶의 형성에 필요하고 유익한 신학은 '참된 종교'(true religion)의 본질이 되고 실천적인 신학이요, 살아 있는 신학이다.[12] 웨슬리에게 있어서 실천적인

---

12) 다음의 네 가지 기록을 참고할 것 : ① LJW.,2, p.45. ② LJW.,2, p.381. ③ WJW.,8, p.249. ④ WJW.,8, p.244.

신학은 거룩한 삶의 형성을 위한 훈련(Christian discipline)으로서 은혜의 방편(means of grace)을 필연적으로 제공하는 것이다. 은혜의 방편을 창조하고 수정하며 적극적으로 그리스도인 훈련에 사용하는 것이 웨슬리의 신학이다. 또한 웨슬리에게서 은혜의 방편은 목회 그 자체이며, 교회는 곧 은혜의 방편을 실행하는 거룩한 기구(divine instrument)다.

2) 은혜의 방편(the means of grace)

웨슬리는 개신교 전통을 따라서 오로지 두 가지 성사만을 실행했으나, 일곱 가지 성사를 실행하는 카톨릭 교회보다 훨씬 더 많은 은혜의 방편을 사용하였다. 그는 자신의 불규칙한 행동(irregularities) 때문에 메도디스트들이 영국 국교회로부터 분리주의자(dissenters)라는 비판을 받았을 때, 국교회와 구별되는 메도디즘의 특징은 야외설교와 즉흥 기도, 그리고 더욱 많은 은혜의 방편을 사용하는 것이라고 말했다.

웨슬리가 평신도 설교자들과 메도디스트들을 위해 작성해 놓은 은혜의 방편 목록에는 은혜의 방편이 크게 세 가지로 분류되어 있다.

첫째, 일반적인 방편은 그리스도인의 생활의 기본이 되는 일정한 태도와 실천에 관한 것들로서 계명을 지키는 일, 자기 부정, 매일 십자가를 지는 것을 포함한다.[13]

둘째, 제정된 방편(instituted means)은 예배와 훈련의 행위들로서 기도, 성경 탐구, 주의 만찬, 금식, 성도의 교제 등을 의미한다. 이것들은 성경에서 그리스도가 명령하고 교회 전통으로 계승된 것으로서 세계의 모

---

13) 'Minutes of Some Late Conversation', WJW., 8, p.286.

든 교회가 보편적으로 어느 나라 어느 시대에나 행해지는 것들이다.14)

셋째, 상황적 방편(prudential means)은 시대와 문화와 개인에 따라서 다양하며, 시대와 환경에 따라서 '제정된 방편'에 추가되는 것들이다. 그러나 그것은 '제정된 방편'과 같은 목적을 갖는 것이며 신자가 은혜 안에 성장하도록 돕는 수단들이다. 웨슬리의 목회는 이러한 은혜의 방편을 메도디스트들에게 실행하여 진정한 그리스도인이 되도록 훈련하는 것이었다.15)

웨슬리는 은혜의 방편들을 인간 행위의 목적에 근거해서 두 가지 범주로 구분하기도 한다. 즉, 첫째와 둘째 형태의 방편들을 하나님께로 향하는 경건의 행위(works of piety)로 구분하고, 셋째 형태의 방편들을 이웃의 몸과 영혼을 고통에서 구제하는 자비의 행위(works of mercy)로 구분한다.16) 그렇지만 자비의 행위는 단순히 은혜의 방편 이상의 의미를 갖는다. 그것은 사랑의 행동(acts of love)이자 곧 종교의 목적이다. 웨슬리에게 있어서 경건의 행위는 하나님에 대한 우리의 사랑을 표현하는 방편이고 동시에 하나님이 우리를 변화시키는 방편이 된다. 따라서 자비의 행위는 우리가 경건의 행위를 통해서 변화되었고 하나님을 사랑하게 되었다는 증거가 되는 것이다. 이로써 웨슬리는 경건의 행위가 사랑의 결여를 정당화시키는 수단이 되는 것을 금지하고 있다. 모든 은혜의 방편의 목적은 사랑의 생활이다. 그러므로 웨슬리에게 있어서 우리가 이웃을 사랑하지 못하는 것은 하나님에 대한 사랑의 결핍에서 오는 것이며, 아직도 우리가 새

---

14) WJW.,8, p.286.
15) 'Minutes of Several Conversation', WJW.,8, p.322~324 ; cf. Colin Williams, John Wesley's Theology Today (Abingdon Press, Naschiville, 1960), p.32~39.
16) 'On Zeal', WJWB.,3, p.314.

로 지으심을 받지 못한 결과가 되는 것이다.[17] 웨슬리가 메도디스트들과 설교자들과 보조자들이 실천하도록 만들어 놓은 '은혜의 방편' 목록은 다음과 같다.

당신은 당신 자신을 위해서 은혜의 방편을 사용하는가? 그리고 다른 모든 사람들에게 그것을 사용하도록 강권하는가?

① 제정되어 있는 방편들(the instituted means)

    ㉠ 기도 : 개인, 가족, 공중-회개, 청원, 중보, 감사로 이루어지는 기도

- 당신은 이것들을 각각 사용(실행)하는가?
- 당신은 매일 아침과 저녁에 개인기도를 하는가? 즉 저녁 5시에 그리고 새벽설교(morning preaching : 존 웨슬리와 초기 메도디스트 설교자들이 매일 아침 5시에 행하던 새벽 성경강해예배 또는 설교예배 preaching service를 말함-필자 주) 전이나 후 한 시간 동안 개인기도를 하는가?
- 당신은 당신이 어디에 있든지 이 기도 시간을 반드시 지키도록 계획을 세우는가?
- 당신은 가족 기도회를 실천하는가?
- 당신은 매일 저녁 5시 기도 시간을 지키는가?

    ㉡ 성경 탐구(searching the scriptures)

- 읽기 : 지속적으로 매일 일정한 분량씩 읽어야 한다.
       규칙적으로 성경 전체를 차례대로 읽어야 한다.

---

17) ENNT., Mt., 1:27.

주의 깊게 주석을 참고하면서 읽어야 한다.

전후 기도와 함께 진지하게 읽어야 한다.

열매를 맺으면서, 당신이 배운 것을 즉시 실천하면서 읽어야 한다.

- 묵상 : 정한 시간에, 일정한 규칙에 따라서 해야 한다.
- 듣기 : 매일 아침 집중하여 전후 기도로 실시한다.

  즉시 실천한다.

  당신은 언제나 신약성경을 곁에 두어야 한다(존 웨슬리와 메도디스트들은 신약성경을 기도와 묵상의 가장 중요한 자료로 사용하였다-필자 주).

ⓒ 주의 만찬(The Lord's Supper : 초기 메도디스트들은 성만찬을 이렇게 칭하였음-필자 주)

- 당신은 가능한 모든 기회에 이것을 실행하는가?
- 행하기 전에 엄숙한 기도로 실행한다.
- 진지하고 사려 깊은 자기 헌신으로 실행한다.

ⓔ 금식 : 당신은 매주 금요일에 금식하는가?

ⓜ 그리스도인의 교제(Christian conference)

- 당신은 '당신의 대화를 바르게 한다는 것'이 얼마나 중요하고 어려운지 잘 알고 있는가?
- 당신의 대화는 항상 은혜 안에서, 소금으로 맛들여져 있는가?
- 당신은 한 번에 너무 길게 말하지 않는가?
- 당신의 대화는 듣는 자들에게 은혜가 되는가?
- 모든 대화에서 언제나 분명한 결론을 얻으려고 하는 것은 좋지 않다.

- 전후에 기도로 실행한다.

② 상황적[18] 방편들(the prudential means)

이것들은 일반 그리스도인과 메도디스트, 그리고 설교자나 평신도 보조자 들이 모두 다 지키도록 만든 것이다.

- 일반 그리스도인 : 당신은 은혜 안에 지속적으로 성장하기 위하여 어떤 규칙(rules)을 사용하고 있는가? 어떤 형태의 거룩한 삶을 살고 있는가?(What arts of holy living?)
- 메도디스트 : 당신은 속회(Class) 또는 반회(Band)에 반드시 참여하는가?
- 설교자 : 당신은 모든 신도회(Society)에 참여하는가?
- 보조자 : 당신은 당신의 직무를 철저히 숙지하고 있으며 실행하는가?[19]

③ 위와 같은 방편들은 열매 이전에(열매 맺기 위해) 사용될 수 있다. 그러나 반드시 열매를 맺음으로써만 사용될 수 있는 방편이 있으니, 그것들은 깨어 있기, 자신을 부정하기, 자신의 십자가를 지기, 전적으로 순종하기, 모든 계명을 지키기, 하나님의 현존 앞에서 행하기 등이다.

- 당신은 세상과 마귀와 당신 자신을 공격하는 죄를 지속적으로 경계하는가?
- 당신은 모든 쓸모 없는 육신의 정욕, 안목의 정욕, 이생의 자랑

---

[18] 여기서 'prudential' 이란 용어를 '상황적' 이라고 번역하는 것은 Henry H. Knight Ⅲ 의 해석에 따르는 것이다. 그의 책 The Presence of God in the Christian Life, John Wesley and the Means of Grace (The Scarecrow Press, London, 1992), p.95~96. 참조.
[19] WJW., 8, p.322~324.

을 부정하는가?
- 당신은 매일 당신의 십자가를 지는가?
- 당신은 당신의 십자가를 하나님의 선물로 알고 기쁨으로 지며, 이렇게 하여 유익을 얻으려고 노력하는가?
- 당신은 당신 앞에 언제나 하나님을 모시려고 노력하는가? 즉 계속적으로 당신에게 초점을 맞추시는 하나님의 눈을 마주보려고 하는가?

이런 것들을 다 지켜나갈 때 당신은 복을 받을 것이다. 당신이 이것을 잘 지킬수록 은혜 안에서 더욱 성장할 것이다.[20]

위에 언급한 것은 웨슬리가 만든 평신도 보조자들(assistants)이 지켜야 할 경건훈련의 규칙(disciplinary rules)을 거의 정확히 옮겨 놓은 것이다. 그러나 실제로 웨슬리는 이것보다 더 많은 은혜의 방편을 사용하였으며, 메도디스트들에게 교구교회의 공중 예배 출석과 메도디스트 모임의 참여를 똑같이 강조하였다. 웨슬리는 신도들에게 다양한 은혜의 방편들을 제공하였다. 그리고 그리스도인의 생활은 은혜의 방편을 통한 평생 훈련에 의존하는 것이었다. 웨슬리는 은혜의 방편을 다음과 같이 정의한다.

"은혜의 방편은 하나님의 은혜의 외형적 증표와 말씀, 그리고 활동이다. 이것의 목적은 하나님이 사람들에게 선행적 은혜(preventing grace), 칭의하는 은혜(justifying grace) 그리고 성화하는 은혜(sanctifying grace)를 전달하는 평범한 통로다."[21]

---

20) WJW.,8, p.322~324.
21) SS.,1, p.242.

은혜의 방편이란 신자들이 완전한 성화(Christian perfection)에 이르기까지 은혜 안에서 성장(growth in grace)하도록 돕기 위해서 사용되는 도구들이었다. '제정된'(instituted) 방편이란 성경에서 그리스도가 명령하고 교회 전통으로 계승된 것을 말하고, '상황적'(prudential) 방편은 성경에 명령된 것은 아니지만 제정된 방편과 같은 목적을 갖는 것들로서, 신자가 '은혜 안에 성장' 하는 데 도움이 되는 것들이다. 모든 은혜의 방편 중에 가장 중요한 세 가지는 기도, 성경 탐구, 주의 만찬이며, 여기에다 '금식'과 '그리스도인의 교제'를 더하면 5대 은혜의 방편이 된다. 그러나 본 장에서는 기도, 성경 탐구, 금식, 교제(conference), 영적 독서와 편지의 날만을 다루고, 그밖에 이 목록에 포함되지 않은 초기 메도디즘의 특징적 모임인 애찬회, 철야 기도회, 계약 예배, 주의 만찬과 메도디스트 신앙 공동체는 다른 장에서 독립적으로 다룰 것이다.

(1) 기도

웨슬리는 기도란 "하나님께로 가까이 가는 위대한 방편이며" 그밖의 다른 모든 방편은 "기도와 함께 또는 기도를 돕는 의미에서 유익한 것이다."라고 말했다.[22] 기도는 모든 다른 방편의 중심이고 또한 그리스도인의 생활의 원동력이다. 기도는 신자의 생활 방식(a way of life)이고 거룩한 습관(holy habit)이다. 신자는 "어느 때나 어디에서나 마음을 하나님께로 향하고 드리워지도록" 쉬지 말고 기도해야 한다.[23] 기도는 하나님과 동행하는 방편이고, 신자는 쉬지 않고 기도와 찬양을 드리는 만큼 하나님의 현존을 즐거워한다. '기도는 신자의 영적 생명의 호흡'(the breath of

---

22) LJW.,4, p.90.
23) 'The Character of a Methodist', WJW.,8, p.339.

our spiritual life)이다.24)

웨슬리는 기도에 있어서 믿음을 선행 조건으로 강조하였다. 기도가 하나님의 현존을 즐거워하는 데 필수 요건인 것처럼 믿음은 기도에 선행 필수 요건이다. 믿음이 없는 기도는 죽은 것이고 형식적이다. 하나님의 임재와 들으심과 사랑을 믿는 신뢰를 가지고 기도할 때 하나님과의 교통이 가능하다. 기도하는 자에게 꼭 필요한 것은 하나님이 우리의 기도를 들으시고 마음의 소원을 이루어주신다는 믿음이다.25) 웨슬리는 언제든지 기도할 때는 "하나님과 함께 의사소통하려는 목적을 갖고, 우리 마음을 하나님께만 올려드리고 우리의 영혼을 하나님 앞에 쏟아놓아야 한다."고 강조했다.26) 웨슬리에 있어서 기도의 필요성과 중요성은 네 가지로 정리된다.

첫째, 기도는 하나님과의 교통이다.

둘째, 기도는 신자를 믿음과 사랑 안에서 성장케 하는 수단이다.

셋째, 기도는 신자가 하나님의 모든 은사(gift)를 얻는 데 필수적이다.27)

넷째, 기도는 신자가 하나님과의 관계, 그리고 신자의 생활에서 영성을 형성하는 데 필수적이다.

웨슬리는 기도의 목적에 대하여 다음과 같이 말했다.

"마치 하나님이 우리의 부족함을 모르고 계신 것처럼 생각해서 하나님을 가르치는 것이 아니고 오히려 우리 자신을 깨우치는 것이고, 우리의 마음속에 우리의 부족한 것들을 더욱 깊이 느끼게 하는 것과, 그리하여 우리의 모든

---

24) ENNT., I Thes., 5:16
25) 'The Means of Grace', WJWB.,1, p.386.
26) SS.,1, p.428.
27) 'The Means of Grace', WJWB.,1, p.384~385.

필요를 공급하실 수 있는 하나님을 지속적으로 의지하도록 하는 것이다. 기도는 언제나 우리가 구하는 것보다 더 많이 준비가 되어 있는 하나님을 움직이는 것이라기보다는 오히려 자신을 움직이게 하여 우리가 하나님이 우리를 위해서 준비해 놓으신 모든 선한 것들을 받을 만한 사람이 되도록 준비케 하는 것이다."28)

웨슬리는 기도에 있어서 한 가지 위대한 직무는 하나님의 은혜와 복을 받기에 적절한 우리의 성품을 만들고 적합한 자격을 갖추게 하는 것이며, 우리가 구하는 것들을 향한 우리의 거룩한 갈망을 증가시키는 것이라고 말했다.29) 웨슬리는 기도를 게을리하는 것은 신자의 생활에 중대한 위기로 보았다. 개인기도의 태만함은 신자가 믿음과 구원의 은혜와 즐거움을 상실하고 죄악의 유혹에 빠지는 가장 빈번한 요인이다. 기도의 게으름은 하나님의 모든 선한 은사를 잃어버리고 영적 무질서와 어둠에 빠지는 것이다.30)

웨슬리는 기도의 네 가지 요소를 가르쳐주었다. 그것들은 ① 간구(supplication 또는 petition), ② 탄원(deprecation) 또는 고백(confession), ③ 중보(intercession), ④ 감사(thanksgiving)와 찬양(praise)이다.

간구는 신자가 해야 하는 일상의 기도를 의미한다. 이것은 기도의 가장 기본적인 요소다. 신자는 자신의 부족과 연약함과 죄악을 발견하고 언제나 하나님께 도움과 능력과 지혜를 간구해야 한다. 이것이 쉬지 않고 기도하는 신자가 '은혜 안에서 성장하도록 하는 필수적인 방편'이다. 이것

---

28) SS.,1, p.430~431.
29) ENNT, Mt., 6:8.
30) 'Wilderness State', WJWB.,2, p.209.

은 개인적 차원에서 항상 실천해야 하는 필수적인 기도의 요소다. 웨슬리는 메도디스트 신앙공동체 안에서 특별히 고백의 기도와 중보의 기도를 강조하였다. 공동체 안에서의 고백은 직접 하나님께 대한 고백이 되는 것이다. 신자는 공동체 안에서의 고백과 탄원을 통해서 하나님의 현존에 서게 되고, 용서와 사랑을 받으며 치유와 새로운 건강과 성화를 향해 나아가는 것이다.

중보기도에 관하여 웨슬리는 신자가 공동체와 세계 안에서 자비의 행위를 실천할 때 이웃과 공동체와 세상의 필요를 위하여 중보의 기도를 드리게 된다고 말한다. 중보기도는 이웃과 공동체의 필요를 더 깊이 느끼고 세상이 더 좋은 세상으로 변화되는 비전을 갖게 한다. 그리고 이웃과 공동체를 더 사랑하고 세상에서 하나님의 사랑을 전하기 위하여 선을 행하게 된다. 감사는 기도에서 하나님의 사랑을 즐거워하는 표현이고 받는 복에 대한 열매다. 그리고 찬양은 감사와 존경의 가장 높은 행위며 표현이다.[31] 이에 대하여 웨슬리는 이렇게 말했다.

"감사는 진정한 기도의 본질적 요소다. 진정한 기도에는 항상 감사가 있어야 한다. 모든 기도하는 자는 언제나 감사를 드리고, 찬양을 드린다. 평안할 때든지 괴로울 때든지 번영할 때든지 역경 중에 있든지 어떤 환경에서도 감사는 필수적이다."[32]

웨슬리는 일생 동안 기도의 삶(prayerful life)을 살았다. 그는 매일 아침 4~5시 사이에 그리고 저녁 9~10시 사이에 기도하였다. 이 두 번의

---

31) ENNT., 1, Thes., 5:16 ; WJW., 8, p.342.
32) ENNT., 1, Thes., 5:16 ; cf. WJW., 8, p.342.

기도는 웨슬리의 가장 중요한 개인기도 시간이었다. 또한 그는 매일 오전 9시와 12시 그리고 오후 3시와 6시에 토마스 크랜머의 '매일의 기도'(the Cranmerian collects and lections)를 사용하여 기도하였다. 그는 특별한 일이 없는 한 매일같이 하루에 6번 기도와 묵상과 자기성찰을 통한 개인적 경건의 시간을 가졌다. 그는 쓰여진 기도, 즉 기도문에 의한 기도(formal prayer)-예전 기도(liturgical prayer)와 기도문 없이 하는 마음으로부터의 즉흥 기도(informal-extemporary prayer)를 둘 다 사용하고 두 가지의 장점과 유익을 모두 얻기 위하여 메도디스트들에게 두 가지 기도를 병행할 것을 강조했다. 웨슬리는 국교회의 리터지에 포함된 토마스 크랜머의 매일의 기도(collects)와 교회력을 사용하는 데 대단히 보수적이었다. 그는 쓰여진 기도에는 신자의 생활에 대하여 성경적으로 바르게 표현되어 있으며, 이런 표현에 근거한 바른 간구가 들어 있다고 생각했고, 이렇게 '매일의 기도'를 반복함으로써 하나님과 하나님이 우리에게 바라시는 의도에 더욱 더 친밀해진다고 생각했다.[33]

또한 교회가 제공하는 쓰여진 기도는 하나님과 신앙에 대한 성경적인 표현을 제공함으로써 열광주의의 위험을 피하게 하고, 하나님에 대한 신자의 마음과 지식을 바르게 조형하도록 할 뿐 아니라 올바른 즉흥 기도를 위한 언어와 방향을 주는 것이라고 생각했다. 웨슬리는 쓰여진 기도가 교회의 일치와 질서를 증진시킨다고 생각했다. 그러나 웨슬리는 쓰여진 기도문에 의한 기도만을 고집하지는 않았고 자신과 메도디스트들이 때와 장소에 따라서 쓰여진 기도와 쓰여지지 않은(자유로운) 기도를 선택적으로 사용하여 조화와 균형을 지키도록 하였다. 그는 기도에서 자유와 자발성,

---

33) Henry H. Knight Ⅲ, 같은 책, p.192.

그리고 성령의 영감이라는 즉흥 기도의 유익을 충분히 인식하고 있었다.

웨슬리는 일생 동안 「개인기도집」과 「가족기도집」과 「어린이기도집」34) 등 세 권의 기도집을 출판하였다. 이 세 개의 기도집에는 주일부터 토요일까지 한 주간의 매일 아침기도와 매일 저녁기도가 들어 있다. 1733년에 자신과 신성회(Holy Club) 회원들을 위하여 만든 '개인기도집'(A Collection of Forms of Prayer)은 그의 생애에 9회 출판되었다. 이 기도의 내용은 주로 자기 부정(self denial)과 신자의 생활 목표인 성결(holiness)에 대한 간구로 되어 있다.35) 다음은 세 가지 기도집에 실린 아침기도와 저녁기도의 예문이다.

〈개인을 위한 기도〉
(수요일 아침)
사람이 가까이 할 수 없는 빛 가운데 거하시는 주님,
당신의 얼굴 빛 안에서 영원한 하루가 시작됩니다.
주께서 지난밤도 저를 지켜주시며, 오늘 하루도 당신의 권능으로 살게 하시나이다.
전능하신 당신의 섭리로 보호하심에 주께 영광을 돌리나이다.
겸손히 기도하오니, 나의 사는 날 동안 온전히 예배하는 삶을 살게 하소서.
나의 가는 길에 성령의 인도를 받게 하시고,
나의 영혼과 몸을 거룩하게 하는 성령으로 충만하게 하소서.
주를 경외하며 사랑하오니 나를 양육하시고, 구하여 주시고, 보호하여 주옵

---

34) WJW.,11, p.203~272.
35) Frederick C. Gill, ed., John Wesley's Prayers (Epworth, London, 1951), p.10~11 ; cf. WJW.,11, p.203~237.

소서.

주의 얼굴빛을 비추어 주옵시고,

하늘로부터 내리는 평강을 주옵소서.

또한 주 예수의 날에 나의 영혼이 구원받기를 간절히 원하나이다.

주님은 우리가 하나님에게서 멀어지게 하는 우리들의 이기적인 성품을 알고 계십니다.

그것은 우리가 하나님이 되려고 하는 것이고, 우리 자신만을 기쁘게 하고, 우리 자신의 뜻만을 고집하여 행동하는 것입니다.

오 주님, 주께로 나아가오니,

나로 나 자신을 부인하고 모든 일에 있어서 주님의 뜻을 따르게 하옵소서.

당신을 기쁘게 못하는 것들을 가까이 하지 않게 하소서.

주님, 주의 모든 백성들이 하늘의 은혜를 나누게 하시고, 그들이 평생 동안 신실하게 주님을 섬기게 하옵소서.

누구든지 자신들의 소명을 잊었거나 가벼이 여긴다면,

그들로 하여금 그들 자신이 '택하신 백성이요, 왕 같은 제사장이요, 거룩한 나라, 하나님의 소유된 백성'인 것을 알게 하옵소서.

따라서 '그들을 흑암에서 부르시어 그의 놀라운 빛 가운데로 부르신 주님'을 찬양하게 하옵소서.

오 주님, 나의 기도가 당신의 사랑의 아들, 의로우신 예수 그리스도를 통하여

은혜의 보좌 앞으로 인도되게 하시고,

성령의 일치 속에서 이제로부터 영원히 사랑과 순종을 당신께 돌리게 하옵소서. 아멘.

(목요일 저녁)

나의 주 나의 하나님, 주님은 나의 마음을 아십니다. 나의 모든 것을 주님이 아시오니 주께 숨길 수 없나이다.

제가 얼마나 오랫동안 주님을 모르고 살아왔는지 생각하니 부끄럽습니다.

주님, 나의 기도를 들으시고 도우셔서 자비를 베풀어주옵소서.

오, 하나님께 나 자신을 온전히 드리오니,

이제 이후로 평생 동안 나 자신을 위해서 살지 않고 오직 주님만을 위해 살게 하옵소서.

나의 모든 생각을 주님께 드립니다.

주님을 아는 것이 저의 유일한 소망이 되게 하소서.

주님의 온전하심과 주님의 행사와 주님의 뜻만을 알기 원하나이다.

나의 마음을 주님께 드립니다.

주님이 원하는 무엇이든지 저 또한 원하게 하옵소서.

제가 모든 일에서 주님의 영광만을 구하게 하옵소서.

나의 감정을 주님께 드립니다.

주님이 나의 사랑이 되어 주시고, 나의 기쁨이 되어 주옵소서.

그리고 세상의 그 무엇도 주님의 자리를 빼앗지 못하게 하옵소서.

주님이 사랑하시는 것을 내가 사랑하게 하시고 주님이 미워하시는 그것을 나도 미워하게 하소서.

나의 몸을 주님께 드립니다.

나의 몸이 거룩하여 주님을 영화롭게 하고, 내 몸에 거하시는 당신께 합당하게 하옵소서.

나의 몸을 너무 태만하게 하지도 않고 너무 고단하게 사용하지도 않게 하시어, 사는 날 동안 건강하고, 생기 있고, 활력 있게 하소서.

그리하여 나의 육체가 주님이 원하시는 모든 봉사에 합당하게 하옵소서.
나 자신과 나의 전부를 주님께 드립니다.
나 자신은 당신 없이는 아무 것도 아니며, 당신 없이는 아무 것도 소유할 수 없습니다.
주님만이 내 자신과 내 모든 소유의 주인이십니다.
나의 기업 나의 모든 것이 되어 주시옵소서.
나의 모든 가족들과 친구들에게 은총을 부어주소서.
고난 속에서 몸과 마음으로 일하는 이들을 위로하시고 구원하여 주옵소서.
특히 선한 양심을 지키기 위해 고난 당하는 이들을 위로하소서.
우리 모두가 예수 그리스도를 통하여 온전한 교회를 이루고, 영원한 천국에 들어가도록 도우소서.
모든 영광과, 나라와 권세가 이제부터 영원히 주께 있기를 원하나이다.
주의 이름으로. 아멘.

그 후 1747년에 그는 「가족기도집」과 「어린이기도집」(A Collection for Families and for Children)을 출판했다. 「가족기도집」은 사실상 가족기도와 개인기도에 함께 사용하도록 만든 것으로서 메도디스트들의 증가에 따라 그 필요성이 대두되었다. 이 두 개의 기도집도 주일부터 토요일까지 매일 아침 기도와 저녁 기도로 이루어져 있다. 이렇게 하여 웨슬리가 쓴 세 개의 기도집은 오랫동안 메도디스트들의 매일의 기도로 애용되었다. 초기 메도디스트들은 이와 같이, 쓰여진 기도와 자유로운 기도를 균형있게 실천하였다. 그리고 이것은 웨슬리의 의도된 메도디스트들을 위한 사려깊은 경건훈련의 방식이었다.[36]

---

36) WJW.,11, p.237~272.

〈가족을 위한 기도〉

(주일 아침)

오늘 하루를 경건한 묵상으로 시작합니다.

말할 수 없는 기쁨으로 시작합니다.

우리에게 선한 희망과 영원한 위안을 주시는 주님을 찬양함으로 시작합니다.

이 땅의 사소한 것들로부터 마음을 들어 위의 것들을 바라보게 하옵소서.

그리하여 비록 이 땅에서 우리가 소유한 모든 것을 잃게 되더라도,

우리의 마음이 매일 주님을 구하고, 앞서 가신 길을 따라가게 하옵소서.

주님은 당신의 보배로운 보혈로 우리들을 구속하셨음에도

우리들이 당신을 거역한 것을 생각하면 부끄럽기 한이 없습니다.

만물 가운데 있는 주님의 뜻에 우리가 일치하고,

우리의 영혼과 몸이 주님을 예배하는 데 사용되도록 하옵소서.

우리는 주님같이 거룩하고 흠이 없기를 원합니다.

또한 주님께서 우리와 맺은 모든 은혜로운 약속들을 이루실 것을 믿습니다.

우리에게는 그 모든 것들이 수천의 금과 은보다 귀하오니

영원히 우리 마음의 위로와 기쁨이 되소서.

지난밤도 우리를 자비 가운데서 보호하여 주시고,

베풀어주신 변함없는 선하심이 우리에게 복이 되나이다.

오늘도 우리를 주님의 보호 안에 있게 하시고,

우리 모두의 생각과 말과 행실을 인도하시고 도우소서.

주님을 기쁘시게 하는 일들을 행하게 하시고,

우리 주님의 자비를 기다려 영원한 생명에 이르게 하옵소서.

모든 생각과 우리 마음의 계획들,

우리의 감정과 성격과 모든 행동이 당신 앞에서 순결하고 거룩하고 흠이 없

기를 원하옵나이다.

'우리를 살피시고 감찰하소서. 우리의 마음을 시험하소서. 우리 안에 사악함이 있는지 살피시고, 영원한 길로 우리를 인도하소서.'

주님의 은혜가 우리에게는 생명보다 나으므로, 주께서 우리를 사랑하시고, 세상이 줄 수 없는 기쁨을 우리에게 주심을 느끼게 하옵소서.

주의 이름으로. 아멘.

(주일 저녁)

주님의 위로와 성령의 인도하심이 우리에게는 넘치는 복입니다.

주님의 선하심 또한 우리에게 복되며, 이를 마음에 항상 느낍니다.

주님은 거룩한 생각으로 우리를 감화시키시고, 사랑과 기쁨으로 채우시나니, 곧 나타날 영광을 평강 가운데 바라보나이다.

우리가 당신을 섬기게 하시고, 주의 백성에게 약속된 영원한 안식을 구하게 하시니 감사합니다.

우리의 영혼과 몸을 주님 뜻대로 다스려 주옵소서.

우리 마음에 영원한 안식과 기쁨을 주시오며,

주님의 지혜를 따라 살아가게 하시고

주님의 인도를 받아 모든 일에 있어 주님의 거룩한 뜻으로 다스림을 받게 하소서.

주님의 친절하심과 우리를 보살피시는 은혜를 의심하지 말게 하시고,

이 세상에서 우리가 어떤 일을 당하든지 우리 마음이 순결하도록 지키소서.

겸손의 영을 우리에게 주사, 마땅히 우리가 생각할 것 이상으로 우리 자신을 생각지 않게 하소서.

우리에게 기쁨을 주시사 '우리의 원수를 사랑하게 하시고 우리를 저주하는

이를 축복하며 우리를 미워하는 자들에게 선을 행하게 하소서. 기뻐하는 자들과 함께 기뻐하게 하시고 우는 자들로 함께 울게 하소서.'

우리의 영혼을 인도하시어 변함없이 주님의 선하신 섭리를 의지하게 하시고, 우리들의 삶 속에서 아무 염려하지 않고 또 무엇이든 근심하지 않고, 기도와 간구로 할 수 있도록 하옵소서.

주의 이름으로. 아멘.

〈어린이들을 위한 기도〉

(서문)

사랑하는 아이야,

무릎 꿇어 하나님께 기도하는 것을 꼭 지켜야 한다.

마음으로 하지 않고 입으로만 기도하면

하나님이 싫어하신단다.

하나님이 너를 보고 계시고 너의 생각을 알고 계시므로

입술로만 기도하지 말 것이며, 마음을 다해 기도하여라.

헛된 것을 구하지 않도록 하고

나쁜 마음을 버리고 하나님이 좋아하시는 일들만 해야 한다.

왜냐하면 하나님께서

"나쁜 사람의 기도는 듣지 아니하신다."

라고 하셨기 때문이란다.

그리스도 예수의 이름으로 하나님께 구하여라.

그러면 하나님께서 너를 들으시고 네게 응답하실 것이다.

그리고 네가 구하고 생각하는 것 이상으로 너에게 베풀어주실 것이다.

- 존 웨슬리

(월요일 아침)

오, 전능하신 하나님,

저와 모든 사람들에게 베풀어주시는 선하심과 사랑을 찬양합니다.

저를 지으시고, 지켜주시고, 이 세상에서 살아가는 동안 주시는 모든 복에 감사하며,

무엇보다도 주 예수 그리스도를 통하여 이 세상을 구원하여 주심에 감사를 드립니다.

지난밤을 지켜주시고, 새로운 날을 시작하게 하시니 또한 감사합니다.

주님의 전능하신 힘으로 오늘도 보호하여 주시고, 죄에 빠지지 않고, 모든 위험에 빠지지 않도록 도와주옵소서.

주님의 인도를 받아, 항상 주님 보시기에 바르게 행동하도록 도와주옵소서.

이 세상과 욕심과 악마의 유혹을 이기도록 은혜를 베풀어주옵시고,

정결한 영혼과 마음으로 은혜로우신 주님의 길을 따르게 하옵소서.

주님, 나의 영혼과 몸을 상하게 하는 모든 일들에서 나를 건지시고,

용서와 평강을 내려주시사, 나의 모든 죄악을 깨끗하게 씻어주시옵소서.

그리하여 기쁜 마음으로 주님을 섬기게 되기를 원하나이다.

언제까지나 선한 행실의 열매를 많이 맺게 하여 주옵소서.

주 예수 나의 구주, 나의 구원자의 이름으로. 아멘.

– '주의 기도'

(수요일 저녁)

모든 사람들을 지으시고 지켜 보호하시는 하나님,

오늘 하루 모든 은총과 자비를 베풀어주시고,

위험에서 나를 보호해 주신 하나님께 감사하며,

당신의 크신 은혜 가운데서 언제나 필요한 모든 복을 받게 하시니 또한 감사를 드립니다.

수많은 나의 잘못으로 주님 앞에 부끄러우나,

주님은 자비하시고 용서하심이 풍성하시니 나의 예배를 받아주시기를 구하옵니다.

주님, 저는 자꾸만 죄에 빠지고 연약합니다.

주님의 은혜로 나의 몸과 영혼을 지켜주셔서 내가 주님께 거룩하고 향기로운 제사를 드리게 하옵소서.

오, 나의 하나님, 주님의 말씀을 사랑하게 하옵시고, 주님이 약속하신 것들을 바라보게 하옵소서.

이 세상이 변한다 해도 나의 마음이 항상 주님을 바라보도록 도와주옵소서.

오, 주님, 당신의 사랑으로 나를 자라게 하소서.

주님의 선하신 섭리 가운데 내가 있게 하옵소서.

주님의 날개 그늘 아래 나를 숨기시고, 이 세상의 악에서 나를 지켜주시고, 마침내는 완전한 축복과 영원한 사랑을 얻게 하옵소서.

이 밤 주님 손에 나의 영혼과 몸을 맡기나이다.

천사들로 나를 보호하게 하시고, 또 내일을 위하여 평안한 안식을 주옵소서.

언제까지나 주님은 나를 보호하시며, 그때까지 주님이 명하신 모든 일들을 이루게 하옵소서.

주님 예수 그리스도와 함께 내 모든 일을 기쁨으로 다 이루도록 도와주소서.

주의 이름으로. 아멘.

– '주의 기도'

세 개의 기도집에 실린 쓰여진 기도의 성격은 다음과 같이 몇 가지로 정리할 수 있다.

① 기도의 정신과 목표는 자기 부정과 성결을 추구하는 것이어서 신자들의 영성훈련의 방편으로 사용되었다.
② 기도의 내용은 성서적이고 교리적으로 바르게 표현되어 있어서 교육적이다.
③ 성서적으로 올바른 '자유로운 기도'를 할 수 있도록 돕는 방편이다. 이런 기도의 반복적 실천을 통하여 광신주의 내지는 잘못된 기도를 예방하는 것이다.37)
④ 적절히 심정적인 요소를 가미하고 하나님께 대한 바르고 친밀한 애정(affection)을 표현하여 마음의 신앙(religion of heart)을 증진시킨다.
⑤ 경건한 언어와 시적인 문체로 되어 있다.
⑥ 평이한 언어와 평이한 스타일로 씌어졌다.
⑦ 개인의 간구와 중보기도가 적절히 균형을 이루었다.

웨슬리는 때로 외침의 기도(ejaculations)를 하였다. 이것은 예를 들면 "오, 나의 하나님이시여!", "나의 주님이시여, 나를 도우소서!", "오, 주여, 내 마음을 높이 듭니다.", "주님을 찬양합니다.", "할렐루야!", "아멘!", "사탄아 물러가라!" 등등 큰소리로 외마디 기도를 외치는 것이다.38)

웨슬리에게는 성경을 읽거나 경건 서적을 읽는 것이 진지한 기도의 행위(prayer as reading)였다. 그에게는 읽는 시간이 기도의 시간과 동일

---

37) Henry Knight Ⅲ, 같은 책, p.162.
38) WJW.,11, p.522.

하였다고 볼 수 있다. 기도와 독서는 웨슬리의 일상적 경건의 습관이었다. 그는 1752년에 설교자들과 메도디스트들의 경건의 독서를 위하여 「기독교 문고」(Christian Library)를 출판하였다. 이것은 고대 교회부터 당대까지 모든 탁월한 경건의 작품들을 요약하여 전 50권으로 만든 문고다. 이것은 신자의 기도와 경건생활의 자료로 고안된 것이다.39)

(2) 자아성찰(Self-examination)

웨슬리의 기도는 자아성찰을 포함한다. 자아성찰은 성경말씀을 읽으면서 또는 침묵 중에 자신과 자신이 관계하는 세계를 성찰하는 기도다. 이것은 성삼위 하나님 안에서 자신과 자신의 세계를 생각하고 성경말씀으로 조명하는 일로서 생각하는 기도(prayer as thinking)이며, 하나님 안에서 자신의 내면세계와 외면세계를 생각하면서 자신의 삶의 모습을 조사하는 묵상적 기도다. 자아성찰은 성경 탐구와 아침 기도와 저녁 기도에서 주로 행해졌다. 웨슬리는 자신과 옥스퍼드의 신성회 회원들을 위하여 자아성찰 계획표(a scheme of self-examination)를 만들어 사용했다. 이 계획표는 주일과 월요일 한 주간에 두 번의 성찰을 하도록 되어 있다. 주일의 주제는 하나님 사랑과 단순성(simplicity)의 생활이고, 이것은 기도와 명상의 방편으로 고안되었다.40)

주일의 성찰을 위한 큰 주제는 다음과 같다.
① 나는 내가 말한 모든 것과 행한 모든 일에 있어서 단순했으며 성

---

39) John Wesley, A Christian Library, Consists of Extracts from and Abridgements of the Choicest Pieces of Practical Divinity in Fifty Volumes (Felix Farley, Bristol England, 1752).
40) WJW.,11, p.522.

찰했는가?

② 나는 열심히 기도하였는가? 교회 들어갈 때에나 나올 때, 교회 안에서, 아침과 저녁에…

③ 나는 외침의 기도(ejaculations)를 적절히 사용하였는가?

④ 나는 진지하게 그날의 선을 위해서 기도하였나? …의도적으로, 진지하게, 열심히…

⑤ 나는 오전 9시와 12시와 오후 3시에 매일의 기도(collects)를 실천했나? 식사 전후에 감사기도를 하였나? 나의 방에서 의도적으로 진지하게 열심히 기도하였는가?

⑥ 나는 매일 적절히 명상하였는가?[41]

월요일 성찰의 주제는 인간에 대한 사랑(love of man)이고 대 주제들은 다음과 같다.

① 나는 선을 행하는 데 열심이었고 적극적이었나?

② 나는 내 이웃의 좋은 일에나 기쁜 일에 함께 즐거워했으며, 내 이웃의 고통이나 죄를 함께 슬퍼했는가?

③ 나는 이웃의 약점이나 실수를 긍휼로 대했는가, 아니면 분노로 대했는가?

④ 나는 그런 사람에게 불친절하게 말하지는 않았는가?

⑤ 다른 사람들을 향한 나의 모든 행동의 동기는 선한 의지에서 나온 것인가?

⑥ 나는 중보기도를 알맞게 실천했는가? 누구에게 말하기 전이나 후

---

41) WJW., 11, p.522.

에나…42)

초기 메도디스트들은 쉬지 않고 기도함으로써 충만한 삶을 살았는데, 그들의 기도에서 가장 중요한 요소는 자아성찰이었다.

(3) 성경탐구(Searching the Scripture)

웨슬리는 일평생 '한 책의 사람'(Homo unius libri)이었다. 성경은 매일 기도와 명상 그리고 자기성찰을 위한 가장 중요한 자료였다. 즉 성경 자체를 알기 위함이 아니라 그것을 통해서 하나님을 알기 위한 목적으로 듣고, 읽고, 묵상하였던 것이다.

"성경을 탐구하는 일은 하나님께 속한 것들을 이해하기 위한 길입니다. 성경말씀을 주야로 묵상하십시오. 그러면 가장 선한 지식을 얻고 유일하신 참하나님을 알게 됩니다."43)

또한 웨슬리는 성경을 읽고 묵상함으로 하나님과 교제하고 하나님과의 신비한 일치와 영광으로 들어가는 경험을 이렇게 고백했다.

"여기에 나 홀로 있노라. 그리고 오로지 하나님이 여기 함께 계시도다. 그분의 현존 앞에서 나는 그분의 책을 열고 읽노라. 하늘 가는 길을 찾기 위한 목적을 갖고…. 나는 빛들의 하나님을 향하여 나의 마음을 높이 드노라." (Here I am alone : Only God is here. In his presence I open. I read his book ; for this end, to find the way to heaven… I lift up my

---

42) WJW.,11, p.523.
43) WJW.,6, p.252.

heart to the Father of Lights.)[44]

웨슬리의 성경탐구 방법은 다음과 같이 정리된다.
- 매일(규칙적으로) : 가능한 한 매일 아침과 저녁에 따로 시간을 떼어 놓으라.
- 한 가지 목적을 갖고 : 하나의 안목을 갖고 하나님의 뜻을 알고 그것을 행하려는 확고한 결심을 가지라.
- 상호 연관하여 : 성경과 성경을 서로 대조하라.
- 기도함으로 : 성령의 계시를 받기 위하여 기도하라.
- 자기성찰 : 읽는 중에 자신의 삶을 조명하라. 읽으면서 너희 자신의 마음과 생활을 살펴보고 자주 멈추고 너희 자신을 조사하라.
- 결단 : 성경에서 배운 것을 실행하라.[45]

웨슬리의 성경탐구에는 세 가지 중요한 요소가 있다.

첫째, 자기성찰을 통해서 개인 성화(personal sanctification of heart and life)를 더욱 온전히 이루기 위한 목적이 있다.

둘째, 다른 사람을 가르치고 다른 사람들이 은혜 안에서 성장하는 것을 더 잘 돕기 위한 목적이 있다. 이것은 웨슬리가 "내가 배운 것을 나는 가르친다."(What I thus learn, that I teach.)고 한 말에서 잘 나타난다.[46]

셋째, 소공동체 안에서의 성경탐구다. 초기 메도디스트들은 공동체적으로(in corporate way) 동료 그리스도인들과 함께 성경을 탐구하였다. 이

---

44) WJW.,5, p.3.
45) ENNT., 1 : viii.
46) SS.,1, p.32.

렇게 하여 서로 서로 수정해 주고, 풍요케 해 주고, 서로가 경험하는 문제에 해답을 함께 구하였다. 특별히 신약성경은 웨슬리가 초기 메도디스트들의 거룩한 삶을 훈련하는 데 가장 중요한 은혜의 방편으로 사용되었다.

(4) 금식

웨슬리에게 있어서 금식과 기도는 아주 밀접하게 연결된다. 그는 메도디스트들이 금식을 게을리하는 것을 보고는 금식의 필요성을 주장했다. 그리고 자신이 먼저 규칙적으로 금식함으로써 본을 보였다.[47] 그는 건강을 해치는 정도까지 심한 금식을 요구하지는 않았다. 한 주간에 2~3일간, 또는 하루 동안, 아니면 한두 끼를 금식할 수도 있고, 금식의 양은 아무 것도 먹지 않는 것과 약간의 식사 또는 가벼운 음식을 먹는 것을 선택할 수 있다고 했다. 이러한 금식의 정도는 환경과 건강에 따라 다르고 신중해야 한다. 그는 금식은 구약과 신약 시대 이후 어느 시대 어디서나 그리스도인의 은혜의 방편으로 실천되어 왔다는 것을 강조했다.[48] 웨슬리는 금식의 근거와 목적을 다음의 여섯 가지로 설명하였다.

① 죄를 슬퍼함(sorrow of sin) : 웨슬리는 금식의 첫째 목적은 회개라고 가르친다.

② 육체의 정욕을 죽임 : 둘째 목적은 육체의 소욕을 죽임(mortification), 즉 자기포기(renunciation) 또는 자기부정(self denial)이다.

③ 전적인 순종 : 셋째는 자신을 쳐서 하나님의 뜻에 복종시키는 영적 훈련이다.

---

47) Large Minutes, WJW.,8, p.316 ; cf. 7, p.288~289 ; 11, p.323 ; 7, p.19.
48) WJW.,8, p.316 ; cf. WJW.,7, p.288.

④ 더 깊고 간절한 기도 : 넷째는 금식을 통하여 하나님을 더욱 의지하고 하나님께 더 간절한 열망을 품고 기도하게 된다.

⑤ 과도한 식사와 소비를 피함 : 다섯째는 먹는 일로 인한 낭비를 피하고 절약하여 이웃의 고난에 동참하고 가난한 자들을 돕는 수단이다.

⑥ 신체의 건강 : 여섯째는 금식과 소식과 절식을 훈련하여 신체의 건강을 도모하는 것이다. 영적인 건강과 신체의 건강은 직접적으로 연관되기 때문이다.[49]

그는 기도에다 금식을 결합시키는 것의 중요성은 "덕과 정결을 증진시킬 뿐 아니라… 세상에 대한 죽음과 하나님의 사랑과 모든 거룩하고 신령한 마음을 증진시키는 데"[50] 있다고 가르쳤다. 웨슬리는 옥스퍼드 학생 시절부터 매주 수요일과 금요일에 금식 또는 절식을 일평생 실천했으며, 초기 메도디스트들은 수요일과 금요일에, 웨슬리 사후에는 금요일에만 금식을 실천했다. 금식은 기도를 지원하는(an aid to prayer) 은혜의 방편으로 초기 메도디즘의 중요한 경건생활의 전통이다.

(5) 그리스도인의 교제(Christian Conference)

웨슬리는 "기독교는 본질적으로 사회적 종교다. 기독교를 고독한 종교로 만드는 것은 기독교를 파괴하는 것이다. 그리스도의 복음은 사회적인 것밖에는 없다."[51]고 선언한 적이 있다. 이 낯선 용어를 대신할 수 있는 가장 좋은 말은 '그리스도인의 교제'(Christian fellowship)라는 말이

---

49) SS.,1, p.455~461.
50) SS.,1, p.455~461.
51) WJW.,5, p.296 ; 7, p.593.

다. 그러나 웨슬리는 이것을 '그리스도인의 대화'(Christian conversation)의 의무에 연결시키면서 메도디스트들에게 "당신은 대화를 바르게 하는 것이 얼마나 소중하고도 어려운 일인지 잘 인식하고 있습니까?"라고 질문하였다.52) 초기 메도디스트들은 다른 사람들과 함께 바르게 생각하고, 바르게 대화하는 것을 그리스도인 영성에 매우 중요한 것으로 여겼다. 이것은 연합 신도회 내에서 제공되는 모든 종류의 소공동체 활동 경험을 의미하는 것이다. 즉 속회와 반회 그리고 메도디스트 신도회가 제공하는 모든 공동의 예배와 공동의 영성훈련 모임을 의미한다. 웨슬리는 그리스도인의 만남과 대화와 토론과 교제를 신자들의 영적인 성장을 위한 은혜의 방편으로서 적극적으로 사용하였다. 웨슬리는 이것을 상황적(prudential) 은혜의 방편에 연결시켰다.

(6) 편지의 날(The Letter Day)

존 웨슬리는 차터하우스 학교에 입학하여 집을 떠난 1711년부터 편지를 쓰기 시작하였다. 그러나 내용이 보존된 편지는 그가 옥스퍼드 대학에 들어간 1720년 후부터 쓴 것들이다. 그는 일생 동안 어머니에게 제일 많은 편지를 썼으며, 아버지와 형제자매들과 친구들과 스승들, 그리고 수많은 동역자들과 메도디스트들에게 총 2,760통의 편지를 써서 남겼다. 이 편지들은 간단한 인사와 부탁 같은 것들도 있지만 대부분은 그의 경건생활과 신학사상이 잘 표현된 값진 것들이다. 특별히 그의 편지들은 개인과 메도디스트 신도회에 주는 그리스도인의 영성생활에 관한 귀중한 내용을 포함하고 있다. 웨슬리는 또 그의 부모, 형제들, 많은 영적 친구들, 스승들, 그

---

52) WJW.,8, p.322~324.

리고 일반 메도디스트들로부터 많은 편지들을 받았으며, 이 편지들은 자신들의 영적 생활과 복음전도 사역과 메도디스트 공동체의 보고 형식의 편지로서 감동과 유익을 주는 내용으로 가득한 것들이 많았다.

그는 이러한 감동적인 편지들을 각 신도회에 회람하여 읽어주었다. 1744년 처음 총회록에 보면 메도디스트 신도회는 매월 1회 '편지의 날'을 실행하였다. 편지의 날은 신도회를 지도하는 평신도 설교자들이 경건에 유익한 편지를 한두 개 읽어주고 함께 경건생활을 증진하기 위한 간증과 대화를 나누고, 찬송과 기도로 마치는 것이었다. 이렇게 하여 편지의 날은 초기 메도디스트 신도회의 영성훈련 프로그램으로 정착하였다. 그리고 초기 메도디스트들은 편지의 날과 철야 기도회와 애찬회를 각각 매월 초순과 중순과 하순에 정하여 실시하였다.

(7) 영적 독서

웨슬리는 어려서부터 성경은 물론 기독교 고전과 경건의 책읽기를 즐기는 생활습관을 길렀다. 그는 옥스퍼드 대학 학생 시절에만 약 400여 권의 책을 읽었으며, 이후에는 약 500~600여 권의 책을 읽었다.[53] 그의 영적 생활의 변화와 성장은 주로 고전과 경건서적 독서를 통하여 이루어졌다. 그는 이러한 자신의 영적 독서생활을 신도들에게 가르쳤다. 평신도 설교자들에게 경건의 지식과 실천을 증진하고 더 좋은 설교를 위하여 부지런한 독서를 지속적으로 강권하였으며, 신도들에게도 이와 같이 강권하였다.

웨슬리의 영적 독서에 대한 강조는 1750년 메도디스트들을 위한 「기

---

53) WJW.,6, p.209.

독교 문고」(Christian Library) 출판으로 그 결과가 나타났다. 이 전집은 초대 교부들과 순교자들과 중세기 성자들과 대표적인 청교도들과 당대까지의 모든 경건한 그리스도인들과 신학자들이 쓴 총 500여 가지의 서신과 저서들을 요약 발췌하여 30권(후에는 전 50권)으로 편집한 것으로서 당시에는 유일한 기독교 대전집이었다. 이 문고는 웨슬리가 붙인 책명대로 메도디스트를 위한 '실천신학 선집'(Christian Library : Consisting of Extracts from and Abridgements of the Choicest Pieces of Practical Divinity)이었다. 이 문고는 일차적으로 메도디스트들의 영적 독서를 목적으로 만들어진 소위 '메도디스트 학교'(Methodist Institute)라고 할 수 있다. 웨슬리는 이 문고가 메도디스트 설교자들과 모든 메도디스트들, 그리고 모든 그리스도인들의 경건의 증진을 위한 도구가 되기를 바랐다.

역사적인 기록에 의하면 초기 메도디스트 신도회에서 많이 읽히는 책들은 주로 중세기 성자들의 전기나 편지들, 그리고 청교도들의 경건서들이었다. 그중에도 가장 많이 읽히는 메도디스트 애독서들이 있었는데 청교도 경건주의 신학자 리처드 박스터의 책 「성도의 영원한 안식」(The Saint's Everlasting Rest)과 제레미 테일러 감독의 「거룩한 삶과 거룩한 죽음」(Holy Living and Holy Dying), 윌리엄 로(W. Law)의 「그리스도인의 완전」과 「기도의 영」(The Spirit of Prayer), 존 번연의 「천로역정」(Pilgrim's Progress)과 「거룩한 전쟁」(Holy War), 블레이즈 파스칼의 「팡세」(Pensées), 그리고 중세기 성자 토마스 A. 켐피스(T. A. Cempis)의 책 「그리스도를 본받아」(Imitatio Christi)가 주로 많이 사용되었다. 웨슬리는 특별히 「그리스도를 본받아」의 내용을 발췌하고 "그리스도인의 모범"(The Christian's Pattern)이란 제목으로 출판하여 모든 메도디스트들이 성경과 함께 항상 읽도록 하였다. 웨슬리는 서문에서 이 책의 독서를 위한 지침을 다음과 같이 마련하였다.

첫째로 매일 시간을 정해놓고 읽어야 하며 만일에 특별한 사정으로 인해서 못 읽게 되면 그날의 분량은 다음날에 꼭 읽으라고 한다. 둘째로 오직 순수한 의도와 영혼의 유익을 위해서 읽어야 하며, 짧게 소리내어 외침의 기도를 하면서, 당신의 마음을 비추어 분명히 이해하게 해 달라고 간절히 기도하면서, 그분의 당신을 향한 뜻을 실천하기로 결심하면서 읽으라고 한다. 셋째로 성급히 읽지 말고 진지하게 읽어야 하며, 적절한 곳에서 멈추어 읽은 내용의 뜻을 다시 새기고 이것이 나의 삶이 되도록 기도하면서 읽어야 한다. 넷째로 지속적으로 규칙적으로 읽어야 하며 특별히 자신에게 관계 있는 부분은 반복하여 읽어야 한다.[54]

메도디스트 애독서 중에는 프랑스의 카톨릭 성자 '마뀌스 드렝띠(Marquis De Renty)의 전기'도 들어 있다. 물론 이 책은 '기독교 문고'에 들어 있다. 웨슬리는 아버지 사무엘로부터 드렝띠의 전기를 읽으라는 조언을 받았다. 웨슬리는 이 책을 읽고 드렝띠를 존경하게 되었으며 곧 358쪽에 달하는 책을 67쪽으로 요약하여 출판하였다. 웨슬리는 메도디스트 속회를 만들면서 드렝띠의 작은 신도회(Little societies)를 깊이 생각하였으며, 드렝띠의 작은 신도회가 속회와 많은 공통점이 있다는 점을 언급하였다. 그리고 그는 메도디스트에게 드렝띠의 전기를 주의깊게 읽으라고 추천하면서 특별히 다음과 같은 점을 배우라는 지침을 주었다. 첫째, 매일 자신의 행한 일과 실수를 철저히 반성하기, 둘째, 매주 1회 기도와 경건의 독서와 가난한 자들을 돌보기와 개인의 신앙체험을 서로 이야기하기, 셋째, 신도회에서 높은 위치에 있기를 거절하기(드렝띠는 종종 노동자들과 함

---

54) John Wesley, The Christian's Pattern (Bristol, 1745), p.5~6.

께 노동을 하여 겸손의 모범을 보여주었다), 넷째, 개인의 성결과 사회적 성결을 열심히 추구하기, 다섯째, 더러운 낙서를 지우기 위하여 헝겊이나 스폰지를 갖고 다니기, 여섯째, 가난해서 의사에게 갈 수 없는 병자들에게 무료로 의약품을 제공하기 등이다. 이와 같이 영적 독서는 메도디스트들의 영성생활에 필수적인 은혜의 방편으로 실행되었다.

3. 맺는 말

사실상 웨슬리의 모든 목회활동은 은혜의 방편이라고 할 수 있다. 그러므로 성례전과 속회, 그리고 애찬회와 철야 기도회와 계약예배도 여기서 다룰 수 있지만 실천신학 내에서 각기 다른 분야로 구분하여 여러 장에 나누어 다루려고 한다.

웨슬리는 어려서부터 철저하고 엄격하고 정확한 규칙에 따라 훈련된 생활을 하였고, 그러한 훈련된 생활(disciplined life)은 옥스퍼드의 신성회(Holy Club)에서 약 6년간 소공동체적으로 실험된 바 있다. 그는 이때 "아무라도 규칙(rule) 없이는 좋은 그리스도인이 될 수 없다."는 것을 확신했다. 또 완전한 그리스도인이 되는 것을 생의 목표로 정하였다. 그는 여기에서 메도디스트가 되었고, 이때부터 일생 동안 규칙적으로 훈련된 거룩한 삶을 살았다. 그는 자신을 따르는 신도회 회원들에게도 자신의 규칙을 그대로 실행하도록 강권하였고 자신과 같은 메도디스트가 되기를 바랐다. 이것이 웨슬리의 이상인 '진정한 기독교'(true Christianity)를 실천하고, '완전한 그리스도인'(altogether Christian)이 되는 데 필수적인 방편이라고 확신했다. 그는 이것이 당시 교회를 순전한 교회(pure church)가

되도록 개혁하는 방편이라고 믿었다. 또한 이렇게 훈련된 메도디스트들이 '성서적 성결을 온 땅에 전파하고', '민족을 개혁하는' 위대한 사명(grand depositum)을 받았다고 믿었던 것이다. 바로 이 사명을 실행하기 위해서 훈련(Christian discipline)이 필요했고, 이 훈련은 여러 가지 은혜의 방편의 사용을 통해서 이루어 갔다. 이것이 웨슬리의 교회론이요 목회였다.

제 4 장
초기 메도디스트 신앙공동체들(1)

파운더리 예배당 (Foundery Chapel)

본래는 무기를 만들던 주물공장이었으나 웨슬리가 1739년에 구입하고 수리하여 메도디스트들이 모이는 집(Meeting House)으로 개조한 이래 메도디스트 전도운동의 런던본부로 오랫동안 사용되었다. 이 집에는 약 1,500명이 모일 수 있는 예배실과 66개의 속회가 모이는 방들, 그리고 윗층에는 웨슬리의 거실이 있었다. 또한 이 집은 가난한 집 아이들의 학교와 진료소와 신용조합으로도 사용되었다. 웨슬리의 모친 수산나는 생애 최후 몇 년간 여기서 살다가 소천하였으며, 웨슬리도 이 집에서 임종하였다. 1744년 메도디스트 최초의 총회가 여기서 열렸다. 현재는 이 자리에 새로 지은 '웨슬리 기념 교회'와 웨슬리의 유물이 전시된 '목사관', 그리고 '메도디스트 박물관'이 있다.

초기 메도디스트 신앙공동체들(1)

1. 경건회(The Religious Society)의 영향

메도디즘의 첫 번째 발생 동기가 된 신성회(神聖會 ; the Holy Club at Oxford)는 이보다 50여 년 앞서 영국 국교회의 경건운동으로 일어났던 경건회(敬虔會 ; the Religious Societies)의 전례를 따라서 일어난 것이다. 경건회는 크롬웰의 청교도 의회정치가 끝나고 1660년에 왕정복고가 이루어졌던 17세기 후반에 일어났다. 이 시기는 영국에서 청교도 신앙이 사라지고 따라서 청교도 도덕성이 쇠퇴하던 때였다. 경건회는 독일 출신의 루터교 목사였던 안토니 호네크 박사(A. Horneck)의 직접적인 지도와 활동에 의해서 최초로 조직되었다. 그는 20세에(1661년) 영국에 영구히 정착하여 옥스퍼드 대학에서 공부하고 얼마 후에 영국 국교회의 성직자가 되었으며, 그의 고상한 경건주의는 영국 국교회의 고교회 젊은 지성인들에게 깊은 영향을 주게 되었다.[1] 고교회 청년들이 그에게 모여서 실천적 기독교

---

[1] 안토니 호네크 박사는 독일 하이데베르그대학과 비텐베르그대학에서 공부하였으며, 1661년 그의 나이 20세에 영국에 정착하여 옥스퍼드에서 공부하고 영국 국교회에서 성직안수를 받았다. 그는 신학자요 목사요 경건주의자로 유명하였으며, 특히 젊은 지성인들에게 인기가 많았다. 그의 경건주의 신앙은 독일 경건주의의 영향에 의한 것이 아니

에 근거한 경건한 삶에 대하여 진지한 대화를 하게 되었다. 이와 같이 경건회는 안토니 호네크의 영향 아래서 주로 보다 높은 차원의 영적 생활을 진지하게 추구하고 훈련하려는 영국 고교회의 젊은 지성인들로 구성되었다. 1678년에 최초의 경건회가 런던에서 조직되었으며 이어서 도시와 대학 주변에 경건회들이 생겨났다. 호네크는 경건회를 위한 18개의 규칙을 만들었다. 규칙의 주요 내용은 다음과 같다.

① 입회하는 모든 사람은 성결의 삶을 살고자 결심하여야 한다.
② 모든 회원은 16세 이상이어야 하며, 영국 국교회의 정식 교인이어야 한다.
③ 영국 국교회의 목사가 영적인 지도자로 선택된다.
④ 모든 모임에서 신학적 논쟁을 하지 않는다.
⑤ 교회와 국가정부에 관한 토론을 하지 않는다.
⑥ 국교회의 연도(連禱 ; litany)와 매일의 기도(collects), 그리고 국교회가 제공한 기도를 사용한다.
⑦ 지도 목사가 실천신학을 가르친다.
⑧ 기도와 성경읽기 후에 시편송을 부르는 것은 자유롭게 한다.
⑨ 이상의 일을 마친 후에 시간이 있으면 영적인 관심사에 관하여 함께 대화하되 강요는 않는다.
⑩ 주간에 하루를 정하여 모이며, 1회 결석에 3펜스의 벌금을 헌금상자에 넣는다.

라 옥스퍼드대학에서 초대 교회와 교부들의 영성, 그리고 영국 국교회에 대한 매력에 끌리면서 형성된 것이라고 생각된다. 그는 런던의 유명한 사보이교회에서 오랫동안 목회하면서 영국 국교회 안에서 경건주의 운동의 지도자로 중요한 역할을 하였다. 고든 러프는 그의 이러한 경건주의를 영국 국교회의 전통에서 나온 일종의 '실천신학'(practical divinity)이라고 말한다. Gordon Rupp, Religion In England 1688~1791 (Oxford Uni. Press, 1986), p.290~291.

⑪ 모일 때마다 모든 회원은 6펜스를 헌금상자에 넣는다.
⑫ 두 명의 청지기(steward)를 임명하고 그들은 모은 헌금을 가난한 사람들에게 가져다준다.
⑬ 다음과 같은 규칙이 모든 회원에게 의무로 주어진다 ; 서로 사랑하라 ; 원수를 갚지 말라 ; 누구에 대하여도 악한 말을 하지 말라 ; 아무에게도 잘못된 일을 하지 말라 ; 가능한 한 하루에 7번 기도하라 ; 영국 국교회에 충실하라 ; 모든 일을 평화롭고 온유하게 하라 ; 서로 도우라 ; 안에서나 밖에서나 거룩한 생각을 하라 ; 매일 밤 자신을 성찰하라 ; 모두를 공평하게 대하라 ; 성직자이건 평신도이건 윗사람에게 순종하라.[2]

경건회마다 각기 다른 규칙을 갖고 있었지만 호네크의 규칙은 모든 경건회의 규칙과 모임운영의 기본 틀이 되었다. 역사적으로 가장 표준이 되는 경건회는 17세기 말에 활발하였으며 요시아 우드워드(J. Woodward) 목사가 지도하던 런던의 포플러 신도회(Poplar Society)라고 평가된다. 우드워드는 당시 런던에 있었던 경건회들의 발생과 활동의 역사를 자세히 소개하였다. 포플러 신도회의 규칙은 더욱 엄격하고 상세한 규칙을 사용하였다. 이 경건회의 목적은 철저한 자기성찰을 통하여 성결을 추구하는 것이며, 이 모임의 가장 중요한 기능은 이 목적을 달성하기 위하여 상호간의 지원과 격려를 제공하는 것이었다. 그리고 운영방법은 리터지를 사용하면서 동시에 영적인 요소를 강조하는 것이었다. 만일에 지도목사가 결석하면 평신도 지도자가 대신 모임을 시작하였다. 이 모임은 일종의

---

2) 안토니 호네크의 설교집에서 인용한 것임, David L. Watson, The Early Methodist Class Meeting, p.188~189.

conference였다. 지도자가 초청하는 말로 개회를 하고, 회원들은 무릎을 꿇고 세 가지 매일의 기도(collects)를 드린다. 다음은 성경읽기와 성경강해가 있고, 이어서 회원 전체가 참여하는 강화(講話 ; discourse)가 따른다. 이 강화의 목적은 그리스도인의 의무와 생활의 성결을 증진하기 위한 것이다. 그리고 강화의 주제들은 영적인 덕목에 관한 것들로서 자기성찰의 의무, 자기를 굴욕시키는 의무, 복음적인 회개, 하나님을 신뢰하기, 육체의 정욕을 죽이기, 겸비, 기도와 찬양, 세상을 경멸하기 등이다.[3] 포플러 신도회의 규칙도 기본적으로는 호네크의 규칙과 같지만 더욱 자세하고 표현이 다른 것들은 다음과 같다.

① 포플러 신도회의 유일한 목적은 마음과 생활의 성결을 증진하는 것이다. 입회하는 사람은 이 목적을 이루기 위해서 단호한 결심을 하고 모든 규칙을 지키기로 약속해야 한다.

② 모든 회원은 영국 국교회의 모든 규칙과 리터지와 성례와 공중집회에 충실히 참여해야 한다.

③ 신도회는 매주간 하루 저녁에 모여서 강화(講話)를 통하여 서로 성결의 실천을 권면하고 성경을 연구하고 기도한다.

④ 일체의 논쟁을 피하며 모든 대화는 하나님께 영광이 되고 사랑 안에서 서로를 깨우치는 것이어야 한다.

⑨ 입회하려는 사람은 모든 종류의 오락을 버리고 술집과 극장과 모든 공중오락실을 전적으로 피해야 한다.

⑩ 회원의 의무는 다음과 같다 ; 모든 상거래에서 정직하라 ; 매일 가능한 한 여러 번 기도하되 영적인 일만 아니라 세상의 일들을 위

---

3) John S. Simon, John Wesley and the Religious Societies (London, Epworth, 1921), p. 9~27.

해서도 기도하라 ; 주의 만찬은 최소한 한 달에 한번 받으라 ; 타인을 비난하지 말라 ; 어디서든지 경건의 생각을 하라 ; 항시 서로에게 도움이 되라 ; 모든 사람에게 온유와 인내와 동정을 실천하라 ; 매일 성경을 읽을 때에는 자신을 성찰하라 ; 예견된 악을 미리 차단하라 ; 매일 밤에 자신이 어떤 선과 어떤 악을 행했는가 조사하라 ; 한 달에 한번 개인 금식을 지키라. 특히 주의 만찬을 받기 전에 금식하고, 또한 적절한 경우에 금식하라 ; 육체의 정욕을 죽이라 ; 세상 일에 과도히 신경을 쓰지 말고, 하나님 나라 일에 진보하라 ; 영적인 교만을 차단하라 ; 경건의 책을 읽되 특히 성경을 많이 읽어 서로를 깨우치라.4)

처음부터 경건회의 유일한 목적이 실천적인 성결(practical holiness)을 증진하는 것이기 때문에 일체의 교리적이고 신학적인 논쟁은 금지되었다. 이러한 규칙은 경건회가 일체 분리주의적인 요소를 띠지 않았을 뿐 아니라 지속적으로 영국 국교회와 충성스런 관계를 유지하게 하였다. 역사적으로 경건회 회원이 국교회를 떠나서 다른 교회로 가버리는 경우는 극히 드물었다. 이와 같은 이유로 인해서 경건회는 1770년 전후에 도덕개혁운동으로 교회와 사회에서 지대한 공헌을 하고 있었던 '생활 습관 개혁 협회'(the Societies for the Reformation of Manners)와 함께 영국 국교회 안에서 최고의 인정을 받게 되었다. 당시에 두 모임이 서로 친밀한 관계를 갖고 있었기 때문에 대부분의 회원들은 동시에 두 모임의 회원이 되어 활동하였다. 그리고 이와 같은 모임은 런던에만 8개가 있었다. 두 모임

---

4) David L. Watson, 같은 책, p.191~193.

의 성격은 분명히 구분되었다. SRM은 사회악을 제거하고 기독교에 대한 비난을 씻어내려는 노력에 집중하고, 경건회는 개개인의 마음에 신앙심을 증진하고 신앙의 실천을 위한 거룩한 힘을 길러주는 데 집중하였다. 이와 같이 SRM과의 연결 속에서 발전한 경건회의 경건은 더욱 견고하게 자리잡았으며 더 많은 기독교 사회개혁과 사회사업을 실천하게 되었다. 경건회들은 각기 자기 지역에서 가난한 자 돕기, 빚 경감해 주기, 병자 방문하기, 고아 돌보기, 런던과 지방에 백여 개의 학교 세우기를 실천하였다. 경건회들은 마침내 18~19세기 영국 교회사에 복음전도와 해외선교, 교육과 출판사업, 사회개혁과 봉사에서 위대한 일을 했던 '기독교 지식 증진회'(the Society for Promoting Christian Knowledge ; SPCK, 1699)와 해외선교에 위대한 공헌을 했던 '해외 복음 선교회'(the Society for the Propagation of the Gospel in Foreign Parts, 1701)를 설립하였다.

존 웨슬리는 부친 사무엘 웨슬리를 통해서 SPCK와 친밀하게 되었으며, 1732년에 통신 회원이 되었다. 사무엘은 경건회에 깊은 관심을 갖고 있던 차에 우드워드의 경건회 해설서를 읽고 깊이 감동하고 1701년 엡윗 교구에 경건회를 설립하였다. 그는 경건회 설립의 목적이 '신자들의 신앙훈련과 영적인 성장과 도덕의 개혁, 그리고 교구민들에 대한 더욱 효과적인 목양'이라고 하면서 "우리의 옛 선조들은 수도원에서 영적인 훈련을 하고 그리스도의 온전한 제자 되기를 배웠는데 종교개혁 이후 영국에서 모든 수도원이 폐지되자 우리 세대의 자손들은 그리스도인의 경건의 모범을 훈련할 방법이 없어 안타까워하였다."고 호소하였다. 엡윗 경건회의 사업은 다음과 같은 것이었다. 가난한 아이들을 위한 학교 설립, 홀란드와 독일에서 기독교 실천에 관한 책자들을 얻어서 번역하여 보급하기, 영국과 독일의 다른 경건회와 연결하고 서로 도움을 주기, 병자와 가난한 자들을 돌보며 영적인 도움과 물질적인 도움을 주기 등이다. 이 모임은 매주 토요일에 모였고 회원 수는 12명으로 한정하고 여자는 회원이 될 수 없었는데 이것은 스캔들이나 남용을 피하기 위해서였다. 사무엘은 엡웟 경건회의 회원들이 계속적인 모임을 통해서 개인의 실제생활과 대화, 교회 안에서의 신앙생활과 사회에서의 행동에서 근본적인 변화를 보였으며, 하나님의 영광을 위하여 그리고 자신과 타인들의 영혼의 유익을 위하여 열심을 보인다고 말했다.5)

경건회 운동은 메도디즘 운동이 일어나던 시기인 1730년대에 이르러서 쇠퇴하기 시작하였다. 그러나 경건회는 메도디즘의 선구자적인 역할을 하였으며, 메도디스트 신앙공동체 탄생의 토양이 되었다. 웨슬리는 신성회(Holy Club) 조직과 메도디스트 신도회의 다양한 조직 운영에서 경건회의 영향을 많이 받았다. 웨슬리는 경건회의 조직 속에 메도디즘의 정신(spirit)을 주입하였다. 이것은 마치 옛 전통에 새로운 생명을 넣는 일과 같았다. 경건회에 가미된 메도디즘의 정신이란 진정한 그리스도인(헌신된 그리스도인)을 탄생시키는 원동력과 제자도를 만들어내는 역동하는 힘이었다. 그리고 이것은 바로 이신칭의(justification by faith)의 체험적인 신앙에서 오는 '기쁨과 놀라움'(joy and wonder)으로 표현되는 복음주의 신앙이라고 할 수 있다.6)

---

5) Luke Tyerman, The Life and Times of the Rev. Samuel Wesley (London, Simkin and Marshall, 1866), p.200~221.
6) Gordon Rupp, 같은 책, p.327~328.

2. 신성회(Holy Club)

존 웨슬리는 1724년에 옥스퍼드 크라이스트처치 대학(Christ Church College)을 졸업하고 문학사 학위를 받고, 1725년에 영국 국교회의 집사(deacon)로 성직안수를 받았으며, 1726년 3월에 링컨대학의 연구교수(fellow)로 임명되었다. 이어서 1727년 2월에는 문학석사 학위(MA)를 받았으며 1728년 9월에 장로(presbyter ; priest)로 사제안수를 받았다. 그러나 아버지의 권유에 따라 1727년부터 1729년 사이에 대부분의 시간을 엡윗과 룻(Wroot) 교구교회의 부목사로 보내었다. 그러던 중에 존은 1729년 11월에 링컨대학의 부름을 받고 옥스퍼드에 돌아와 일개 그룹의 학부학생을 가르치는 연구교수(Fellow)의 생활을 시작하였다. 한편 1727년에 옥스퍼드의 크라이스트처치 대학에 입학하여 공부하던 동생 찰스는 이미 두세 명의 동료와 연합하여 일종의 모임을 갖고 있었다.[7] 존은 옥스퍼드에 오자마자 이 모임에 연합하였고, 곧 그 모임의 지도자가 되었다.

최초의 옥스퍼드 메도디스트들(Oxford Methodists) 중에 3명은 튜터(Tutor)들이었고, 나머지 회원은 문학사 학위를 마치고 석사 학위를 준비하거나 혹은 학부에서 공부하는 학생들이었다. 그들은 신학사상에 있어서 상호간에 크고 작은 차이점이 있었으며, 교회론(churchmanship)에서도 각기 다양한 입장을 취하고 있었다. 그래서 처음에는 회원들간에 각기 다른 교리적인 논쟁과 교회론의 차이 때문에 긴장과 갈등도 있었다. 그러

---

[7] 두 명의 동료는 Robert Kirkham과 William Morgan이었으며, 이후에 회원이 된 대표적인 사람들은 George Whitefield, John Clayton, Benjamin Ingham, James Hervey, Westley Hall, John Gambold, John Whitelamb, Charles Kinchin, William Smith 등이다. Luke Tyerman, 같은 책, p.67. 참조

나 시간이 흐르면서 그들은 이 모임의 목적과 모든 대화의 중심이 신학적인 논쟁이 아니라 경건에 있다는 것을 깨닫고 일체의 논쟁을 그치고 오직 경건의 훈련과 성결의 실천(Practical Holiness)에만 집중하는 화합하고 일치하는 복된 모임이 되었다. 처음에 3~4명으로 시작된 신성회는 1735년쯤에는 약 40여 명까지 되었으며, 이들은 옥스퍼드 대학의 여러 칼리지로부터 모였으며, 어떤 회원들은 자기 칼리지 안에 각기 작은 경건의 모임을 운영하고 있었다. 대부분의 회원들은 신실하고 충성된 영국 국교회의 목사들이었고, 그 중에 6명은 영국과 세계 교회사에 중요한 인물이 되었다.

이들은 처음에 주간 평일 저녁에 4회 모여서 고전을 연구하고, 주일 저녁에는 신학을 연구하는 것으로 시작하였다. 그러다가 곧 자선사업을 실천하게 되었으며, 다음으로 규칙적인 금식과 일찍 일어나기와 규칙적인 기도와 성만찬 받기가 실천되었다. 웨슬리는 자신이 추구하는 완전성결을 위한 경건의 생활방식을 따를 것을 모든 회원들에게 요구하였다. 존 웨슬리의 영적 지도력이 잘 정착되면서 처음의 학문을 연구하는 성격에서 개인적 성결과 사회적인 성결을 추구하는 경건의 모임으로 변하게 되었다. 사실상 초기의 대표적인 회원들은 이미 옥스퍼드 대학 또는 옥스퍼드 밖에 있는 같은 종류의 다른 작은 모임에서 활동하고 있었으며, 신성회가 실천하던 여러 가지 활동 중에는 웨슬리 형제가 아닌 다른 회원들이 시작한 것들도 많았다. 존 웨슬리는 자신의 마음속에 품고 있었던 개인적인 완전한 성결의 이상을 이제 신성회라는 작은 공동체 안에서 동료들과 공동으로 추구하는 거룩한 실험을 하게 되었다. 웨슬리는 진정한 성결을 얻기 위한 모든 생활방식에서 먼저 모범을 보였으며, 곧 웨슬리의 생활방식은 신성회의 규칙으로 지켜졌다. 신성회 회원이 규칙적으로 한 일들을 정리하면 다음과 같다.

① 일찍 일어나고 일찍 잠자기를 실천하였다. 매일 아침과 저녁 5시부터 6시까지 개인기도의 시간을 가지며 저녁 9시부터 10시까지 자기성찰을 함으로써 하루의 마침 기도를 하였다. 자기성찰의 주제와 질문들은 하나님 사랑하기, 이웃 사랑하기, 겸비하기, 육체의 정욕을 죽이기, 자기부정, 세속적인 것 포기하기, 온유하기, 감사의 생활 등이었다.

② 정기 모임에서 성경을 읽고 해석하고, 경건의 책들을 읽고 내적 성결과 성결의 실천을 증진하기 위한 토론과 대화를 하였다. 영적인 독서는 신성회의 가장 우선적이고도 핵심적인 과제로서 신성회의 경건생활의 원동력이 되었으며, 웨슬리는 회원들이 읽어야 할 영적 독서의 목록을 만들어주었다.

③ 매일 영적 일기를 쓰며, 한 주간에 하루는 편지를 썼다.

④ 영국 국교회의 모든 공중예배와 기도회에 참여했다.

⑤ 매주일 그리고 가능한 모든 기회에 성만찬을 받았다.

⑥ 영국 국교회의 모든 법과 규칙을 지켰다.

⑦ 매일 9시, 12시, 오후 3시에 매일의 기도(collects)를 드렸다.

⑧ 매주 수요일과 금요일에 금식하되, 오후 3시까지는 아무 것도 먹지 않았다.

⑨ 매일 한 시간씩 사람들에게 전도하고 신앙생활에 관하여 권면했다.

⑩ 유익한 대화만 했다. 모임마다 대화의 주제를 미리 정하고 계획했다.

⑪ 중보기도를 하되, 주일에는 동료들을 위하여, 월요일에는 학생들을 위하여, 수요일과 금요일에는 중보기도를 요청하는 사람들을

위하여, 그리고 매일 함께 있는 모든 사람들을 위하여 하였다.

⑫ 감옥의 죄수들을 방문하여 도왔다. 당시에는 억울하게 감옥에 갇힌 사람들이 많았으며, 감옥의 환경이 극도로 나빠 죄수들은 인간 이하의 생활을 하며 병고에 시달리고 감옥에서 죽는 사람들이 많았다. 신성회의 사회적 자선행위는 죄수들을 방문하는 일로 시작되었으며, 이것은 그들 평생의 사역으로 지속되었다.

⑬ 병든 사람들을 방문하여 돌보았다.

⑭ 가난한 사람들을 방문하여 돌보았다. 그들은 주린 자들을 먹이고 벗은 자들을 입히고 병든 자들을 돌보고 갇힌 자들을 돌아보라는 그리스도의 명령을 따라서 자신들이 할 수 있는 모든 선행을 실천하였다. 그들은 가난한 사람들이 노동하는 공장(Work House)을 방문하였으며, 가난한 사람들이 공동으로 생활하는 구빈원(Poor House)을 방문하여 도왔다. 이러한 일들은 당시 옥스퍼드 대학 사람들로서는 혁명적인 행동이었다. 그리고 그들은 이러한 선행의 최종적인 목적은 사람들의 영혼을 죽음에서 구원하는 일이라고 믿고 실행하였다. 신성회는 고난당하는 자들을 위한 방문계획표를 만들고 방문 규칙을 만들어 실행하였다(월 ; 바카도 감옥, 화 ; 캐슬 감옥, 수 ; 가난한 어린이들, 목 ; 캐슬 감옥, 금 ; 바카도 감옥, 토 ; 캐슬 감옥, 주일 ; 가난한 사람들과 외로운 노인들).

⑮ 가난한 집 아이들을 위하여 학교를 설립하여 가르쳤다. 신성회의 사회활동은 자선과 교육을 함께 행하는 것이었으며, 이것은 신성회 회원들의 평생의 사역이 되었다.

⑯ 자신의 수입 중에서 필수적인 생활비를 제하고는 모든 것을 남에게 주었다. 이것은 웨슬리가 일생 동안 지킨 그리스도인의 경제

원칙이었으며, 대부분의 신성회 회원들도 지킨 것으로 알려졌다.

　신성회는 기도와 경건의 독서와 경건의 대화를 위해서 매주 3~4회 저녁에 모였으며, 때로는 매일 저녁에 모였다. 위와 같은 활동은 신성회의 성격이 학문적인 연구 모임이며 개인적이고 공동체적인 경건훈련의 모임인 동시에 사회적 자선을 실천하는 모임이라는 것을 알 수 있다. 그러나 신성회의 유일한 목적은 '마음의 성결과 생활의 성결'(holiness of heart and life)을 추구하며 그리스도인의 완전한 성결을 얻기 위하여 함께 모여 서로의 영혼을 책임지고 감독하며 돌보고 권면하고 돕는 것이었다. 말하자면 신성회의 모든 활동은 각자의 성결을 증진하고 성취하기 위한 도구적이고 중개적인 경건으로 행해진 것이다. 이러한 면에서 볼 때 신성회는 당시에 이미 영국 국교회 안에서 발전하고 있었던 경건회(Religious Society)에 직접적인 영향을 받은 것이며 그 구성과 활동내용도 경건회를 본뜬 것이라고 할 수 있다.

　신성회 회원들의 생활방식은 어디서나 정확하게 규칙을 지키는 것이었고 남들에게 독특하게 보였다. 옥스퍼드 사람들은 신성회 회원들을 조롱하여 여러 가지 별명을 지어 부르게 되었다. 그들에게 붙여진 별명들은 다음과 같이 다양하다 ; 경건 클럽(Godly club), 성경 좀벌레들(Bible moths), 성경 고집쟁이들(Bible bigots), 성경 그리스도인(Bible Christians), 여공(餘功)주의자들(Superogation men), 성만찬주의자들(Sacramentarians), 초대교회(Primitive church), 열광주의자들(Enthusiasts), 개혁 클럽(Reformation club), 거룩한 클럽(Holy club), 메도디스트들(규칙주의자들, Methodists). 그러나 이들의 모임을 지칭하는 대표적인 이름으로는 '거룩한 클럽'(신성회), 규칙을 실천하는 독특한 생활방식을 지적하여 조롱하기 위해서는 '메도디스트'란 별명이 붙여졌다. 이 두 가지 명칭이 웨슬리와 신성회 회원들, 그리고 이후 오늘날까지 웨슬리를 추종하는 모든 사람들을 부르는 이름이 된 것이다.

'Methodist' 란 명칭은 전혀 새로운 것이 아니었다. 웨슬리는 이 별칭에 관하여 "네로 황제 시대에 어떤 특별한 치료의술을 실천하는 의사들의 집단에 붙여졌던 명칭을 암시하는 것으로서, 모든 질병들은 특정한 방법의 다이어트와 운동에 의해서 치료될 수 있다고 가르치는 의사들을 지칭하는 명칭과 관련이 있다."고 설명했다.[8] 이 용어는 1639년에 잉글랜드에서 사용된 적도 있다. 즉 교회에 충성한 성도들에게 그들이 새로운 메도디스트들의 원칙을 사용하여 신자들에게 모범을 보였다는 기록과 마치 화려한 꽃을 장식하듯이 찬란한 언변으로 하는 수사학적인 설교를 잡초만도 못한 것으로 여기면서 평이하고 진실하게 설교하는 메도디스트들이 이 나라 안에 있다고 하는 기록이 람베트(Lambeth) 설교에 나타나 있다.[9]

그러나 'Methodist'는 결코 일반적으로 쓰이는 말이 아니었다. 이 말은 신성회 회원들을 비웃는 아주 특이한 별칭이었지만 그때부터 교회사에 영원히 남는 명예로운 이름이 되었다. 신성회는 1735년(10월 21일) 웨슬리 형제가 SPCK의 추천과 지원을 받아서 다른 두 명(벤자민 잉함과 찰스 델라모트)의 신성회 회원과 함께 자원 선교사가 되어 아메리카 조지아를 향해 떠날 때까지 계속되었다. 그 외의 회원들은 각기 자신의 소명을 따라서 영국 국교회의 목회자로, 학교 교사로, 자선사업가로 나갔는데 이것은 그 동안 신성회에서 훈련을 통해서 추구한 진정한 성결, 즉 완전한 성결의 삶을 실천하기 위하여 완전한 헌신의 생애를 출발한 것이라고 보

---

8) Luke Tyermann, 같은 책, p. 67.
9) Luke Tyermann, 같은 책, p. 67.

아야 한다. 신성회는 이후 웨슬리 형제의 부흥운동과 함께 폭발적으로 일어난 메도디스트 신도회의 신앙훈련과 조직과 발전에 핵심적인 영향을 미쳤다. 다만 올더스게이트의 회심 이후 메도디스트 신도회는 신성회와 같은 조직에 이신칭의(justification by faith)의 체험적인 신앙의 동력이 주입되고 모라비안 밴드(Band)의 개인의 내면적인 체험과 친밀한 형제주의적 요소와 상호고백적인 영성훈련이 가미되어 나타났다고 할 수 있다.

3. 페터레인 신도회(Fetterlane Society)

존 웨슬리는 1738년(2월 3일)에 조지아에서 런던으로 돌아왔다. 그는 곧 루터교 목사인 피터 뵐러를 만났다. 뵐러는 아메리카로 가는 길에 영국에 들르게 되었다. 뵐러는 이후 웨슬리의 영적인 갱신과 메도디즘의 조직적 발전에 중요한 영향을 끼치게 되었다. 이 당시 웨슬리의 지속적인 관심은 '구원에 이르는 믿음'(saving faith)과 '믿음의 확신'(assurance of faith)을 추구하는 문제였다. 웨슬리는 이것을 구하였고, 뵐러는 웨슬리에게 "이 믿음을 얻을 때까지 이것을 설교하라. 그러면 네가 그것을 얻을 것이며 결국에는 그 믿음을 가지고 설교하게 될 것이다." 라고 말했다. 마침내 웨슬리는 1738년 3월 6일부터 '오직 믿음으로 얻는 구원의 새로운 교리'를 설교하기 시작하였고, 주로 옥스퍼드와 런던을 다니며 이 교리를 설교하였다. 이때부터 웨슬리는 국교회 성직자들에게 열광주의자(enthusiast)로 인식되었으며 그에게 강단을 금지하는 교구교회들이 늘어갔다. 이런 상황에서 1738년(5월 1일)에 뵐러는 웨슬리와 국교회 목사인 존 허튼을 포함하여 몇 명을 모아 모임을 조직하였는데, 바로 이것이 웨슬리가 '우리의 작은 신도회'라고 부르고 메도디즘 발생의 세 번째 사건이라고 말했던 것으로서 나중에 약 50명까지 모이는 페터레인 신도회가 된 것이다.[10] 뵐러는 다음의 두 가지 규칙을 만들었다. 첫째, 매주 한 번씩 모여 서로에게 잘못을 고백하고 용서와 치료받기 위해서 기도한다. 둘째, 이와 같은 목적을 가진 신실한 사람이 함께 모이고자 할 때에는 받아들인다. 이와 같은 단순한 규칙이 곧 페터레인 신도회의 골격을 이루는 기초가 되었다.

이 신도회는 다수의 독일인들과 소수의 영국인들로 구성되었고, 5~10명씩 몇 개의 반회(Bands)로 나누어졌으며, 신입회원은 먼저 반회에서 일정 기간 훈련을 받아야 했다. 뵐러와 웨슬리는 공동으로 이 모임의 지도자가 되었다. 그들은 매주 수요일 저녁 8시에 정기집회(Conference)로 모여서 찬양과 기도, 그리고 말씀을 받고 서로를 영적으로 돕고 권면을 주고받았다. 이 모임에서는 토론이 지양되었기에 회원들은 다만 고개를 끄덕이거나 아멘이라고 응답하였다. 그들은 매월 1회 애찬회를 갖고 매월 넷째 토요일에 중보기도회를 가졌다. 이 모임의 성격은 영국 국교회의 경건회와 모라비아교의 반회(Band)가 결합된 것이다. 즉 영국 교회의 교리와 규율을 지키면서 동시에 모라비아교 신도회의 반회와 애찬회와 상호 고백을 결합한 모임으로서 전혀 새로운 종류의 신도회가 등장하게 된 것이다. 이러한 두 요소의 결합은 강한 역동성을 가진 새로운 신도회를 탄생시켰다. 영국 교회의 경건회는 잘 정돈된 조직과 효과적인 교육방법을 제공하였고, 모라비아 신도회는 개인의 영적인 경험을 통한 신앙의 역동성을 주입시켰다. 말하자면 이 신도회는 영국 교회적인 요소와 메도디스트 요소와 모라비아교의 요소가 종합되어 형성된 모임이었으며, 이러한 종

---

10) 웨슬리는 메토디즘 발생의 첫째 단계는 신성회이며, 두 번째 단계는 조지아 선교이고, 세 번째는 페터레인 신도회였다고 설명한다.

합은 이후 나타날 메도디스트 신도회의 전형적인 모습을 보는 것이었다. 그러나 이 신도회의 생동력은 구원에 이르는 믿음(saving faith), 믿음의 확신(assurance of faith), 신생(new birth)의 체험, 그리고 성령의 증거를 강조하는 신앙이었으니 이러한 요소는 전적으로 모라비아교의 영향이라고 할 수 있다.

웨슬리는 1739년(1월 1일) 일기에 페터레인 신도회의 정기 애찬회에서 일어난 놀랍고도 신비한 경험을 기록하였다. 이 모임에는 찰스, 홀, 잉함, 킨친, 휫필드, 허칭스를 포함하여 약 60명이 모였다. 애찬회는 너무도 진지하고 은혜가 충만하여 새벽 3시까지 계속되었다. 웨슬리는 이날의 경험을 다음과 같이 기록하였다. "기도를 계속할 때에 하나님의 능력이 너무나 강하게 역사하여 많은 사람이 넘치는 기쁨으로 큰 소리를 질렀고, 많은 사람이 바닥에 쓰러졌다. 우리는 조금 정신을 차렸을 때에 주님의 권세있는 임재에 놀라움과 두려움으로 가득 차 모두 한 목소리로 '우리가 하나님을 찬양합니다. 오 하나님! 우리가 당신을 우리의 주님으로 인정합니다.' 라고 외쳤다."[11]

페터레인 신도회는 약 2년간 웨슬리의 전도활동의 본부기지와 같은 역할을 하였다. 그러나 웨슬리는 점점 더 야외설교로 분주해졌고 웨슬리의 대리 지도자는 그 모임을 잘 이끌어갈 힘이 모자랐다. 이런 상황에서 웨슬리는 메도디스트 형제들 사이에서 발생한 두 가지 신학적 논쟁에 휘말렸으며, 이로 인해서 메도디스트 전도사업에 상당한 상처를 입었고 때로는 심각한 위기를 맞기도 하였다. 하나는 칼빈주의자들과의 이중예정론에 관한 교리논쟁이었고, 또 하나는 페터레인 신도회 안에서 일어난 정

---

11) WJWB., 19, p.29.

숙주의(Stillness ; Quietism)에 관한 논쟁이었다. 웨슬리는 이때부터 그의 전도사역을 마칠 때까지 이 두 가지 문제에 대항하여 싸워야 했다. 페터레인 신도회는 1739년에 들어서서 점점 더 모라비아 신도회 쪽으로 기울어 가고 있었다. 독일에서 모라비아교 지도자 필립 몰더(Philip Henry Molther)가 들어와 웨슬리가 가르치는 것과는 정반대의 정적주의를 가르치면서, 진정한 기독교 신앙이란 모든 은혜의 방편과 경건의 행위(Works of piety)를 버리고 그리스도 앞에 조용히 머물러 있어야 한다고 주장하였다. 왜냐하면 은혜의 방편은 오직 그리스도밖에 없으므로 그리스도 안에서 진정한 믿음을 얻을 때까지 침묵 중에 기다려야 하며, 다른 은혜의 방편은 모두 소용 없기 때문이라고 하였다. 이러한 상황에서 웨슬리는 정적주의에 더욱 강력하게 대항하여 싸웠으며, 정적주의를 따르는 회원들은 따로 모임을 갖고 있었다. 1740년(4월)에 웨슬리의 주도하에 파운더리 신도회(Foundery Society)가 조직되었고, 정적주의를 반대하는 약 20명의 페터레인 신도회 회원들은 이 신도회에 들어왔다. 같은 해 7월에 이르러서 페터레인 신도회는 해산되고 말았다. 그는 이 모임의 해산을 슬퍼하였다. 페터레인 신도회는 약 2년간 메도디스트 부흥운동을 이끌어 가는 데 필요한 진정으로 값진 경험을 웨슬리에게 제공하였다.

4. 브리스톨 신도회(Bristol Society)

실제로 메도디스트 부흥운동은 존 웨슬리가 1738년 5월 24일 올더스게이트 거리에서 복음적인 회심을 체험하고 약 10개월 후에 일어났다. 웨슬리는 자기보다 11살이나 어린 옥스퍼드 신성회의 회원이요 절친한 친구인 조지 휫필드(G. Whitefield ; 1714~1770)의 끈질긴 요청에 의해서 영국 서남부 항구요 무역도시인 브리스톨(Bristol)에 가서 1739년 4월 1일에 첫 번째 야외설교(field preaching ; 노방전도)를 시작하게 되었다. 이날은 웨슬리 생애와 메도디스트 역사에서 대단히 중요한 날이다. 웨슬리는 이 날 이후 본격전인 야외전도에 주력하게 되었으며, 복음전도의 능력을 체험하고 복음전도자의 소명을 새롭게 깨닫고 당시 영국 인구의 약 80%를 차지하는 가난한 보통사람들(working class ; 일반대중, 평민)을 위한 전도자로서 새로운 삶을 출발한 것이다.

그날 이후 웨슬리는 4월 2일에 약 3,000명에게 설교했고, 4일에는 1,500명에게 설교했다. 4월 8일에 하남(Hanam) 산에서 1,500명에게, 10일 오전에는 바스(Bath)에서 1,000명에게, 그날 오후에는 2,000명에게, 15일에는 다시 하남 산에서 3,000명, 로즈 그린에서 약 5천 명에게 설교했다. 4월 25일에는 밥티스트 밀에서 약 2,000명에게, 29일에 뉴게이트에서 4,000명, 하남 산에서 3,000명, 로즈그린에서 약 7,000명에게 설교했다. 5월 6일에는 밥티스트 밀에서 약 6,000명, 또 하남 산에서 3,000명에게 설교했다.12) 웨슬리의 야외전도운동은 브리스톨을 중심으로 불길처럼 사방으로 퍼져나갔다. 웨슬리는 하나님의 은혜의 해를 선포하고 하나님의 값없이 주시는 은혜(free grace of God)를 설교했다. 수많은 사람들이 성령의 능력에 압도되어 큰 소리를 지르며 죄를 회개하면서 온몸을 떨었고 고통과 슬픔의 감정을 터뜨렸다. 또 어떤 이들은 성령의 능력에 감동되어 소리를 지르며 눈물을 흘렸고 일어서서 두 팔을 흔들기도 하고, 뒤로 넘어지며 굴렀다. 수많은 사람들은 영혼의 무거운 짐과 고통에서 자유케

---

12) JJW. 1739년 4월 1일부터 5월 6일까지의 기록에서 요약한 것임. WJW.,1, p.185~195.

되었고 기쁨과 평화에 싸여 찬송을 불렀다. 이와 같이 수많은 사람들이 웨슬리의 야외설교를 듣고 회심했고, 회심자들은 각기 자기 지역에서 신도회(Society)를 조직하여 모이게 되었다. 웨슬리는 이와 같은 신도회를 방문하여 가르치고 돌보면서 신앙훈련을 시켜 나갔다.

당시 브리스톨은 영국의 남서부에 위치한 인구 5만 명(런던의 10분의 1)의 작은 도시였지만, 북미와 서인도제도와 무역의 중심 항구로서 가장 중요한 상업도시로 성장하고 있었다. 브리스톨의 상인들은 주로 타바코(담배)와 설탕과 초콜렛을 수입하고 또 이것들을 가공하여 수출하며, 아프리카에서 노예들을 잡아 들여와 검사구분하여 다시 수출하는 무역상인들이었다. 그래서 그 도시의 큰 교회당과 상업 목적의 큰 건물들과 화려한 저택들은 모두 노예들의 노동으로 지어지고, 그 도시의 부와 풍요도 노예들의 노동착취로 만들어졌다. 브리스톨은 소수의 상인들과 귀족들을 빼고는 대부분이 노동자계층이 살았으며, 브리스톨에 인접한 킹스우드는 석탄과 주석 광산이 많아서 광산 노동자들이 많은 지역이었다. 이러한 광산 노동자들을 비롯한 노동자계층이 웨슬리의 설교의 청중이었고 초기 메도디스트 신도회를 형성하였던 것이다.

브리스톨 신도회가 발생한 당시의 이야기는 많지 않으나 1739년 4월 4일 저녁에 3명의 여인이 매주 1회 정기적으로 함께 모이기로 합의했고, 또 저녁 8시에는 4명의 남자들이 그렇게 모이기를 시작했다. 그들은 런던의 페터레인 신도회에 모이는 사람들과 같은 목적으로 모이기 시작했다. 그들은 '서로의 잘못을 고백하고 서로를 위해 기도함으로 함께 구원받기 위해서' 모였다. 이것은 브리스톨 신도회가 발생한 처음 이야기이다.[13] 브

---

13) JJW. 1739년 4월 4일, WJW.,1, p.185.

리스톨 신도회는 급속히 성장하였으며 1739년 말에 '새 집'(New Room)을 건축하였으며, 여기에서 1742년 메도디스트 속회(Class meeting)가 탄생하였다. 브리스톨에서는 웨슬리뿐만 아니라 찰스와 휫필드의 야외설교도 활발하게 일어나서, 볼드윈거리 신도회, 니콜라스거리 신도회, 그리고 킹스우드 신도회 등이 발생하여 급속히 발전하고 있었다. 맨 처음 브리스톨에서 일어난 부흥운동은 가는 곳마다 신도회를 탄생시켰고, 신도회 안에는 속회와 반회가 탄생하여 메도디스트 부흥운동은 야외설교와 소그룹 중심의 신앙훈련이라는 운영 방식을 통하여 전국으로 빠르고도 효과적으로 확산되었다. 웨슬리는 브리스톨, 런던, 뉴캐슬을 부흥운동의 전략거점으로 삼았는데, 이 세 지역을 선교적 삼각지역(missionary triangle)이라고 불렀다.

5. 파운더리 신도회(Foundery Society)

1739년 봄에 브리스톨에서 부흥운동이 시작되고 메도디스트 신도회들이 발흥하고 있던 때에 웨슬리는 런던을 자주 방문하여 두 가지 일을 시작하였다. 하나는 옛날의 옥스퍼드 메도디스트 동료들을 만나서 하나의 연결 조직을 만들어 매년 모임과 계절 모임을 갖고 각자가 현재하고 있는 사역을 보고하고 협의하기 시작한 것이다. 이것은 웨슬리가 당시 일어나고 있던 부흥운동을 조직적으로 발전시키려는 적극적인 의도였다고 볼 수 있다. 또 하나는 1739년 11월 11일에 대포를 주조하던 무기공장(Royal Foundry for cannon) 터에서 약 6~7천 명에게 설교하였는데, 이것이 동기가 되어 웨슬리는 그 공장터를 처음에는 임대하였다가 곧 매입하여 수리하였다. 이후 이 집은 파운더리(Foundery), 여기서 모이는 신도회는 파운더리 신도회라 부르고, 후에 이 자리에 파운더리 채플(Foundery Chapel)이 세워진 것이다. 파운더리 안에는 66개의 속회가 모이는 방들, 주일학교와 주간학교, 그리고 웨슬리의 거실(living room)과 어머니 수산나와 방문 설교자들을 위한 방들이 있었고, 약 1,500여 명을 수용하는 큰 집회실이 있었는데, 남녀의 자리가 구분되어 있었다. 파운더리는 런던 지역 최초의 메도디스트 설교당(Methodist Preaching House, 처음에는 이렇게 불렀음-필자 주)이 된 것이다. 그리고 이 설교당에서는 하루에 두 번(오전 6시와 7시에) 설교예배(Preaching Service)가 열렸다. 웨슬리 형제가 상임 설교자들이었다. 이때의 설교예배는 짧은 기도로 시작하여 찬송 한 곡 부르고 30분의 성경강해식 설교, 그리고 또 찬송 한 곡을 부르고 기도로 맺는 것이었다. 당시에 파운더리 설교당이 위치한 무어필드(Moorfields)라는 지역은 런던 북부의 빈민촌으로서 가난한 노동자계층이 사는 곳이어서 웨슬리의 야외설교에 수천 명이 모일 수 있었다.

1739년 12월에 들어서 페터레인 신도회가 모라비아교의 신비주의 영향을 받은 회원들과 영국 국교회의 전통을 지키려는 그룹으로 인해 분열이 극도에 달했고, 파운더리 무기공장 수리가 끝난 상황에서 파운더리 신도회가 탄생하였다. 런던에서 1739년 말에 자신의 죄를 깊이 깨닫고 구원을 갈망하는 8~10명의 사람이 웨슬리를 찾아와서 구원의 도를 찾고 함께 기도할 것을 목적으로 모일 테니 매주 목요일 저녁에 모여 함께 이야기와 기도를 나누자고 제의했고 그렇게 결정했다. 이것은 런던에서 일어난 첫 번째 파운더리 신도회의 발생 이야기이다.[14] 웨슬리는 계속해서 무어

---

14) 'The Nature, Design and General Rules of the United Societies', WJW.,8, p.269.

필드 빈민지역에서 수백 명에서 수천 명의 군중에게 야외설교를 하였다. 그리고 회심자들과 추종자들을 파운더리 신도회에 초청하여 신도회와 속회의 조직에 넣었다. 특별히 파운더리에서 열리는 매일 새벽(5시) 성경강해식 예배에는 평균 약 300명씩 모였다. 새벽 5시에 모이는 이유는 노동자들이 출근하기 전의 자유로운 시간과 새벽 시간의 경건한 분위기 때문이었다. 이렇게 탄생한 파운더리 신도회는 이제 모라비안도 아니고 잉글리칸도 아닌 두 가지 요소가 종합된 독특한 모델로서 이제야말로 웨슬리식의 메도디스트 신도회가 탄생한 것이라고 볼 수 있다. 웨슬리는 파운더리 전도운동에서 새로운 방식을 도입하였다. 그것은 집집마다 방문하여 전도하고 권면하는 것으로서 아버지 사무엘에게 배운 것이다. 그는 이것을 다음과 같이 기록하였다.

> "나의 아버지의 방법은 모든 교구민들을 방문하는 것이었는데, 병든 사람이든지 건강한 사람이든지 집집마다 찾아가서 그들에게 하나님의 말씀으로 권면하고 영혼의 상태를 돌보아주는 것이었다. 또한 계속적인 방문과 돌봄을 위해서 모든 사항을 자세히 기록하였다. 나의 아버지는 모든 교구를 3회, 4회 순회 방문하였고 이로 인하여 병들어 눕기도 하였다."[15]

1740년 초부터는 파운더리 신도회에도 속회제도가 도입되었고, 1741년 중반에 파운더리 신도회의 회원수는 약 900명까지 성장하였다. 그리고 파운더리는 런던 메도디즘의 센터로 역할을 하였으며, 이후 파운더리 채플(Foundery Chapel)이라 불리면서 영국을 넘어서 세계 메도디즘

---

15) LJW., 2, p.11.

의 어머니 교회로 발전한 것이다.

6. 맺는 말

메도디스트 운동은 다양한 교회론적 전통과 특징적 요소가 결합하여 형성되고 발전하였다. 즉 당시 영국 고교회의 경건주의의 표출이었던 경건회의 토양에서 발생하여 모라비아교의 개인적·내적 신앙체험과 소공동체적 형제주의와 당시 웨일즈와 잉글랜드 지방에서 일어난 야외복음전도운동이 차례로 만나고 여기에 웨슬리와 메도디스트 형제들의 신앙체험이 가미되고 그들의 신학적 비판의 과정을 거치면서 특유의 메도디스트 소공동체가 출현하였다. 경험주의자였던 웨슬리는 영국 고교회의 토양 속에서 모라비아교와 영국 복음주의 영향을 많이 받았다. 그러나 그는 그것들로부터 언제나 좋은 점은 취하고 그렇지 않은 점은 버리면서 자신이 추구하는 이상적인 신앙공동체를 만들어냈다. 메도디스트 소공동체는 발생 초기부터 다음과 같은 성격을 띠고 있었으며, 이러한 성격은 이후 메도디스트 공동체의 특징으로 정착하였다.

① 자신이 속해 있는 제도적이고 지역적인 교회에 충실하고 친밀한 관계를 유지하였다.
② 우선적으로 자신을 개혁하고 서로의 개혁을 지원하여 마음과 생활의 성결을 추구하는 것으로 목적을 삼았다.
③ 사회도덕을 개혁함으로 사회적 성결을 추구하였다.
④ 철저하고 세부적인 경건훈련의 규칙(disciplinary rules)을 만들어 실천적 성결(practical holiness)을 추구하였다.

⑤ 사회적 자선(charity)과 교육사업에 헌신하였다.
⑥ 비성경적이고 비기독교적인 모든 종류의 건강치 못한 개인주의적·신비주의적·비도덕적·비사회적인 요소를 피하고 모든 면에서 진정한 기독교(true Christianity)와 실천적인 기독교(practical Christianity)를 추구하였다.
⑦ 정치적·사회제도적 개혁을 목적으로 하거나 시도하지 않았다.
⑧ 경건생활의 규칙을 정하고 엄격히 지킴으로써 조직을 운영하고 강화하면서 본래의 목적을 달성하였다.

제 5 장
초기 메도디스트 신앙공동체들(2)

존 웨슬리가 1739년에 건축한 최초의 메도디스트 채플 '뉴룸'
(New Room)

영국 서남부 브리스톨 시의 시장 터에 위치하고 있다. 이 집은 최초의 메도디스트 채플이며 가난한 사람들의 학교, 병원, 약국, 생활과 직업 정보 센터 등 가난한 사람들을 위한 도움의 집이었다. 이 집은 오랫동안 메도디스트 설교자들의 총회 장소로 사용되었고, 2층에는 웨슬리가 머물렀던 숙소가 있다.

초기 메도디스트 신앙공동체들(2)

1. 신도회(Society)와 연합 신도회(The United Societies)

메도디스트 신도회들은 브리스톨, 킹스우드, 런던, 그리고 뉴캐슬을 중심으로 그 수가 증가하고 부흥하였으며, 스코틀랜드와 아일랜드에까지 번져 나갔다. 웨슬리는 신도회 조직의 유익함을 깊이 느낄수록 신도회들을 강화하고 철저히 돌보게 되었다. 웨슬리는 다음과 같이 말했다.

"함께 연합한 사람들은 하나님을 두려워하고 의를 행하기 시작했으나, 함께 연합하지 않은 사람들은 거의 다 점점 나약해져서 이전의 상태로 되돌아갔다. 반면에 그렇게 연합한 사람들 대부분은 계속해서 좁은 문으로 들어가 영원한 생명을 붙들었다."[1]

웨슬리는 신도회 수가 각 지방으로 증가해 가는 상황에서 모든 신도회의 모든 필요를 다 충족시킬 수 없게 되었다. 그는 흩어져 성장하고

---

[1] 'The Nature, Design and General Rules of the United Societies', WJW.,8, p.250.

있는 많은 신도회들을 더욱 긴밀한 연결체로 조직하여 체계적이고 치밀하게 지도하기 위한 방법으로서 연합 신도회(United Society)를 결성하였다. 이미 1739년 브리스톨에서, 그리고 다음해에 런던에서 각각 연합 신도회를 조직하여 운영하기 시작하였다. 그러다가 마침내 전국적인 연합 신도회가 1743년 5월 10일에 결성되었으며 동시에 연합 신도회의 총칙(The General Rules)을 발표하였다. 연합 신도회의 조직은 웨슬리가 부흥운동과 함께 메도디스트 신앙훈련을 최대한 효과적으로 이루어내기 위하여 사용한 메도디스트 '연결주의'(connectionalism)의 탄생이었으며, 이로써 각기 산발적으로 발생하여 급속도로 발전하는 메도디스트 신도회들은 하나의 '연합체'(connection)로 결성되었다. 이것은 독립된 교단이 결코 아니었고, 영국 국교회 안에서 전도운동과 경건운동과 박애운동을 통합적으로 실천하는 영국 국교회 소속의 특별한 모임이었다. 연합 신도회의 총칙에 발표된 메도디스트 신도회의 목적은 다음과 같다.

> "이 모임은 규칙적으로 모여서 함께 경건의 능력을 추구하는 사람들의 사귐으로서, 함께 기도하며, 함께 권고의 말씀을 받으며, 사랑 안에서 서로를 돌보고 지켜주어(to watch over), 서로의 구원을 함께 이루어 가기 위해 서로를 돕기 위하여 모이는 것이다.…"[2]

이어서 이 총칙의 서두에는 메도디스트 신도회에 들어오는 자들에게 요구되는 입회의 조건은 "오직 다가올 진노로부터 피하고 죄에서 구원받고자 하는 소원뿐"이라고 명시하였다. 그리고 이 규칙은 크게 세 부분으

---

[2] WJW., 8, p.269.

로 나뉘고 각기 안에 세부 규칙이 들어 있다.

첫째, 모든 종류의 악을 피하라.
　　　　-남에게 해로운 일을 행하지 말라.
　　　　-하나님의 이름을 망령되이 사용치 말라.
　　　　-어떤 평상의 일이나 사고 파는 일로 인하여 주일을 더럽히지
　　　　　말라.
　　　　-질병의 치료와 같은 꼭 필요한 일 외에는 술을 팔거나 사거나
　　　　　마시거나 취하지 말라.
　　　　-남과 싸우거나 말다툼하거나 시비 걸지 말라.
　　　　-형제간에 소송하지 말라.
　　　　-악을 악으로 갚지 말라.
　　　　-욕을 욕으로 갚지 말라.
　　　　-물건을 사고 팔 때에 많은 말을 하지 말라(물건값을 깎지 말
　　　　　라-필자 주).
　　　　-관세를 물지 아니한 물품을 매매하지 말라.
　　　　-불법의 이자를 위하여 고리대금 행위를 하지 말라.
　　　　-무자비하고 무익한 대화를 하지 말라. 특별히 행정관이나 목
　　　　　사에게 악한 말을 하지 말라.
　　　　-내가 싫어하는 것을 남에게 시키지 말라.
　　　　-하나님의 영광이 되지 않는 것을 행하지 말라. 즉, 귀금속을
　　　　　몸에 지니거나 값비싼 옷을 입지 말라.
　　　　-주 예수의 이름으로 사용될 수 없는 오락을 하지 말라.
　　　　-하나님을 아는 일과 사랑하는 일에 부당한 노래를 부르거나

서적을 읽지 말라.
-세속적인 것에 쉽게 타협하거나 세속에 방종하지 말라.
-땅 위에 재물을 쌓아 두지 말라.
-갚을 수 없는 돈을 꾸지 말고 갚을 수 없는 외상을 지지 말라.

둘째, 모든 선을 행하라.
-능력이 되는 대로 모든 친절과 자비를 베풀고 기회 있는 대로 모든 사람에게 모든 가능한 종류의 선을 행하라.
-사람의 몸을 위하여는 ; 하나님께서 주신 능력대로 배고픈 자에게 먹을 것을 주고, 벗은 사람에게 입을 것을 주고, 병든 사람과 옥에 갇힌 사람을 찾아가 도와주라.
-사람의 영혼을 위하여는 ; 모든 교제하는 사람들을 가르치고 바르게 인도하고 권면하라.
-"우리의 마음이 죄로부터 자유롭게 되기까지는 선을 행할 필요가 없다."라고 주장하는 열광주의자들의 악마의 교리를 배격하라.
-특별히 믿음의 가족들에게 선을 행하고, 믿음의 가족이 되기를 원하는 사람들에게 선을 행하라.
-다른 사람들보다 먼저 믿음의 가족들을 고용하고 서로 팔아 주라.
-믿음의 가족들의 사업을 서로 도우라.
-세상 사람들도 동료를 사랑하거든 믿음의 가족들은 더욱 사랑하라.
-할 수 있는 대로 부지런하고 절약하여 복음이 비난받지 않게 하라.

- 인내로서 앞을 향하여 달려나가고, 자신을 부인하고 매일 자기 십자가를 지라.
- 그리스도의 고난을 당하고, 그리스도를 위하여 세상에서 버림받고 바보가 되는 것을 달게 받으라.
- "세상 사람들이 너희를 향하여 거짓으로 악한 말을 하리라."고 주님을 위하여 기대하라.

셋째, 하나님의 모든 예법을 지키라.
- 하나님께 드리는 모든 공중예배에 참여하라.
- 성경말씀을 받는 모임에 참여하되, 말씀을 읽거나 강해하는 모임에 참여하라.
- 주의 만찬에 참여하라.
- 가족기도와 개인기도를 지키라.
- 성경을 탐구하는 일에 참여하라.
- 금식과 절식을 지키라.[3]

웨슬리 형제는 이 규칙을 신도회에 전달하는 편지의 끝 부분에서 모든 신도회 회원들에게 이를 철저히 실행할 것을 요청하면서 다음과 같이 역설하였다.

"만일 우리 가운데 누가 이를 지키지 않는다면 또 습관적으로 위반할 경우에는 경고하여 알려줄 것이고 우리는 그에게 가서 권면할 것이다. 그러나 그가 회개치 아니하면 그는 우리들 가운데 더 이상 남아 있을 수가 없

---

[3] 이 연합신도회 총칙(General Rules of the United Society)은 1743년 5월 1일에 웨슬리 형제의 이름으로 모든 신도회에 주어졌다. WJW., 8, p.269~271.

다."4)

　웨슬리는 자신이 만든 연합 신도회의 규칙을 정확하고도 엄격하게 지켰다. 그는 규칙을 지키지 않고 지도자의 경고를 듣고도 회개의 증거를 보이지 않는 회원을 즉시 신도회에서 추방하고 제명하였다. 그는 1748년에 브리스톨 신도회원 수를 900명에서 메도디스트 규칙을 지키지 않고 메도디스트의 명예를 더럽힌 180명을 제명하고 720명으로 줄였다. 이미 1743년에 웨슬리는 뉴캐슬 신도회를 방문하였을 때에 메도디스트 규율이 느슨해진 것을 보고 회원들의 신령상 형편을 철저히 조사한 다음 64명의 회원을 추방하였다. 추방 이유는 다음과 같았다.

2명 ; 남을 저주하고 헛된 맹세를 하였음
2명 ; 습관적으로 주일을 지키지 않았음
17명 ; 술에 취하였음
2명 ; 술을 팔았음
3명 ; 이웃과 다투고 소동을 벌였음
1명 ; 아내를 구타하였음
3명 ; 습관적으로 의도적인 거짓말을 하였음
4명 ; 남을 욕하고 악한 말을 하였음
1명 ; 빈둥거리고 게으르게 행동했음
29명 ; 경박하게 행동하고 불성실한 생활을 하였음5)

---

4) WJW.,8, p.271.
5) 존 웨슬리의 일지 1743년 3월 12일.

신도회 회원들은 이 규칙에 따라서 실천하며 영적으로 훈련된 생활을 하였다. 신도회 입회 조건은 어떤 특정한 교파나 교리적 신앙에 동의하는 것이 아니라 오직 '다가올 진노에서 자유하고 죄로부터 구원받기 원하는 욕구' 뿐이었다. 신도회의 문은 구원을 갈망하고 성결의 비전(vision of holiness)을 가진 모든 사람들에게 개방되었다. 웨슬리는 메도디스트는 "마음과 생활의 성결(holiness of heart and life) 그리고 모든 일에서 하나님의 계시된 뜻에 내적이고 외적인 일치를 추구하는 사람"[6]이라고 했다. '메도디스트의 성격'이라는 글에서는 메도디스트의 특징을 "자기에게 주어진 성령에 의하여 마음속에 널리 확산된 하나님의 사랑을 지니는 것"[7]이라고 했고, "자기의 마음을 다하고 목숨을 다하고 생명을 다하고 힘을 다하여 하나님을 사랑하는 사람"[8]이 메도디스트라고 설명하였다. 또한 이런 사람은 다음과 같다고 말했다.

"하나님 안에서 항상 기뻐하며 쉬지 않고 기도하며 하나님의 사랑을 마음으로부터 실천하며 하나님의 뜻을 따라 하나님의 영광을 위하여 기회가 있을 때마다 최선을 다해 선을 행하며 그 결실을 보인다."[9]

초기의 신도회는 국교회의 주일예배에 충실히 참여하고 주일 저녁 시간과 매일 아침 5시에 설교예배(preaching service)로 모였으며, 속회(class)와 반회(band)는 주간의 평일 저녁 시간에 모였다. 메도디스트 신도회는 성결한 삶을 위한 규칙, 즉 연합 신도회의 규칙에 따라 생활하면서

---

6) Advice of the People called Methodists, WJW.,8, p.351.
7) WJW.,8, p.339.
8) WJW.,8, p.347.
9) WJW.,8, p.347.

영혼의 구원을 갈망하고, 성결의 능력을 추구하면서 구원의 완성을 이루어가기 위한 목적으로 서로를 돕고 훈련하기 위해서 연합한 신앙공동체였다. 초기 메도디스트들에게 기독교 신앙은 '마음의 성결과 생활의 성결'(Holiness of heart and Holiness of life)을 세상에 보여주는 하나의 삶의 방식(a way of life)이었다. 메도디즘의 목적은 새로운 교회를 세우는 것이 아니고 교회의 영적 생활과 사회 도덕 생활을 개혁함으로 민족을 개혁하고(to reform the nation), 성서적 성결을 온 땅에 전파하는 것(to spread scriptural holiness over the land)이었다.[10]

2. 속회(Class)

초기 메도디스트들이 사용하던 속회 출석표

1742년부터 신도회는 속회(class)와 반회(band)로 나누어졌다. 각 지

---

10) 'Minutes of Several Conversations', WJW., 8, p.298~299.

역 신도회의 회원수가 점점 더 증가함에 따라, 웨슬리는 많은 수의 신도회를 일일이 자주 방문할 수 없게 되었고, 각 신도회는 그들이 함께 모이는 신령하고 고상한 목적을 상실하고 빗나가는 경향을 보이기 시작했다. 또 신도회 회원들의 영적인 훈련이 점점 어렵게 되었다. 그리고 신도회 내에서 개인의 문제들을 다루고 돌볼 필요성을 느꼈다. 웨슬리는 신도회의 단점들을 절감하면서 다음과 같이 신도회의 문제점들을 말하였다.

"우리는 서로를 살피려고 노력한 만큼 복음대로 살지 않는 사람들을 발견하게 되었다. 나는 어떤 위선자들이 신도회 안으로 스며들어 왔는지 알 수가 없다. 왜냐하면 모든 신도회원들을 시험해 볼 방도가 없기 때문이다. 여러 회원이 냉랭하게 되었고, 오랫동안 쉽게 그들에게 침투해온 죄에 빠졌다. 모든 죄악들은 전염병적인 성격을 띠고 있기 때문에 다른 사람들에게 위험한 것이다. 그것은 형제들에게 수치와 불명예가 된다. 다른 사람들을 실족케 하는 걸림돌이 되었으며 선포된 진리에 해악이 되었다. 우리는 그 치료책이 마련되기까지 오랫동안 이런 문제 때문에 신음하였다."[11]

그 치료책이 브리스톨 신도회를 통해서 발견되었다. 웨슬리는 브리스톨에서 야외전도를 시작한 지 약 한 달 만에 니콜라스 신도회와 볼드윈 신도회가 열심히 모이는 것을 보고 기뻐했으며, 이들이 모일 수 있는 집을 짓기 위해서 시 중심부의 말 시장 터인 홀스페어(Horsefair)에 약 100여 평의 땅을 사들였다. 같은 해 5월 12일에 기공식을 하고 6월 3일에는 '새 집'(New Room)의 준공식을 하고 여기서 신도회를 만나기 시작했다.[12] 이

---

11) WJW., 8, p.225.
12) 1739년 6월 3일(1748년에 이 집은 약 2배로 증축되었다) WJW., 1, p.198.

집은 사실상 최초의 메도디스트 집회소가 되었다. 이 집은 신도회 최초의 '설교당'(Preaching house)이자, 신도회의 '만남의 집'(Society room)이고, 학교이며 약국과 병원이며 또한 설교자들의 설교훈련소인 동시에 도서관이며 웨슬리의 거처가 되었다. 1745년부터는 메도디스트 설교자들의 총회 장소로 자주 사용되었다.[13]

그러나 이 새 집은 거의 빚으로 건축하였으며, 부채를 갚지 못하여 웨슬리는 심각한 곤경에 처하게 되었다. 1742년 2월 15일에 부채를 갚기 위한 방법이 논의되었다. 이때 은퇴한 선장 포이(Captain Foy)가 "각 회원은 모든 부채를 다 갚기까지 1주일에 1페니씩 내기로 합시다."라고 제안했다. 이 의견에 대해 다른 사람이 "그러나 많은 회원들이 가난해서 그 돈을 낼 수가 없습니다."라고 대답하자 포이는 "그렇다면 그중 가장 가난한 사람 11명을 나에게 맡겨 주시오. 나는 그들을 매주 방문할 것이고, 그들이 내지 못할 때는 내가 대신 그들의 몫을 내겠습니다."[14]라고 말했다. 또 다른 몇 사람도 포이처럼 11명의 회원을 맡겠다고 나서니 전체 회원이 이 의견에 합의하였다. 신뢰할 만한 사람들이 11명씩 맡아서 매주 방문하여 헌금을 모으는 일을 시작했다.[15]

이 지도자들은 헌금 모으는 일보다 훨씬 더 중요한 일을 하게 되었다. 그들은 각 회원을 방문하여 만나면서 그들의 모든 사정을 알고 돌보게 되었으며 특별히 심령상 형편을 조사하여 웨슬리에게 보고하였다. 때로

---

13) The Historical Tablets of the New Room, Part I (The New Room, Bristol, 1984), 첫번 총회는 1744년 런던의 파운더리(Foundery)에서 모였다.
14) WJW.,8, p.252.
15) 'A plain Account of the People called Methodists', WJW.,8, p.252~253.
웨슬리는 1742년 2월 15일 일기에 신도회는 가능한 한 매주 1페니씩 헌금하고, 모든 신도회를 12명씩 속으로 나누고 각 속에서 한 사람이 책임지고 회원들을 방문하여 만나서 헌금을 모아 매주 회계에게 가져온다는 실천사항에 합의했다고 설명했다. WJW.,1, p.357.

는 회원의 나쁜 행실에 관해 보고했는데 이것은 웨슬리의 마음에 충격을 주었다. 웨슬리는 그 동안 신도회를 더 세심하게 지도할 수 있는 어떤 장치가 필요하다는 것을 느끼고 있던 중에 이들의 보고를 목회상의 보고(pastoral report)로, 또 이들의 하는 일을 목회상의 감독(pastoral oversight)이라 판단하고 이것을 신도회를 돌보고 지도하는 목회적 제도로 채택하였다. 그 이후로 이러한 제도는 '속회'(Class meeting)라고 부르게 되었다. 속회는 11명의 회원으로 구성되고 한 지도자의 돌봄에 맡겨졌다. 이 지도자는 속장(Class leader)이라 부르게 되었다. 이러한 속회 제도는 모든 신도회로 급속히 적용되고 발전되어 나갔으며, 이로써 신도회 내의 모든 불경건한 자들과 악한 행실이 보고되고, 회개치 않을 경우에는 신도회의 명부에서 제명하기로 하였다. 또 많은 회원들이 속회를 통하여 마음과 생활을 개혁하고 경건하고 선한 사람으로 변화되는 결실을 보게 되었다. 1742년 말에 신도회는 여러 개의 작은 그룹, 즉 속회(라틴어로 classis 또는 division)로 나누어져 완벽하게 제도화되고 메도디스트 신도회의 신앙교육과 훈련을 위한 핵심 기구로 정착되었다. 브리스톨에서 발생한 속회 제도는 두 달 후 런던의 파운더리 신도회에서도 그대로 사용되었다.

속회에 있어서는 속장의 지도력이 가장 중요했다. 웨슬리는 런던의 신도회와 속회에 대하여 장시간 의논하는 자리에서 자신은 증가하는 신도회를 어떻게 효과적으로 지도할 수 있는가에 관해서 오랫동안 고심해 왔다고 말하면서 브리스톨에서처럼 속회를 나누며 이렇게 말했다.

"내가 믿을 수 있는 사람들을 속장으로 세워 돌보게 하는 방법밖에는 더 좋은 수가 없다. 이 제도가 말할 수 없이 유익하다는 것은 그 이후로 시간이 갈수록 더욱 명백해졌다."16)

속장의 임무는 다음과 같았다.
① 일주일에 1회 이상 반드시 모든 속회원을 방문하여 만난다.
② 속회원의 영혼의 형편을 조사한다.
③ 권면하고 가르치고 안내하고 책망하고 위로하고 지원하고 구제하며 기도해 준다.
④ 모은 헌금을 유사에게 전달한다.
⑤ 속회원의 모든 형편을 목사나 설교자에게 보고한다.17)

속장은 속회원들의 영혼을 돌보는 '영혼의 감독자', '영혼의 목자'의 역할을 담당하는 평신도 목회자였다. 속회는 처음에는 속장이 각 속회원들을 방문하는 방식에서, 곧 모든 속회원이 한 곳에 모이는 방식으로 바뀌게 되었다. 이렇게 된 이유는 다음과 같다.
① 속장이 너무 많은 시간을 투자해야 하는 불편함.
② 집주인이나 가족이나 친척이 찾아오는 것을 싫어함(당시에 메도디스트는 주로 가난한 사람이거나 노동자들이었고, 남의 집에서 일하는 하인들도 많아서 자유롭지 못했다-필자 주).
③ 그러므로 속장이 방문하여 만나기도 자유롭지 못하며 충분히 권면, 위로, 격려, 기도할 시간이 없음.
④ 친척과 이웃간에 오해가 발생하기도 했음.18)

---

16) JJW. 1742. 3. 25 ; WJW.,1, p.363.
17) 'A Plain Account', WJW.,8, p.253~254.
18) WJW.,8. p.253~254.

속회는 이 모든 문제를 해결하기 위해서 한 곳에 모이기 시작했다. 처음의 메도디스트들은 영국 사회의 가장 가난한 사람들이라 때로는 자기 집이 없거나 새벽부터 밤늦게까지 농장이나 공장에서 일하는 노동자들이어서 속회를 좋은 집에서 모이지 못하고 헛간이나 부엌이나 농장의 밀 짚단 사이에서 또는 공장에서 모이는 경우도 많았다. 웨슬리는 매주 화요일 밤에 속장들을 모아서 더 좋은 지도자로 훈련하기도 하였다.[19] 웨슬리는 속회를 성경적 근거를 가진 신중한(상황적) 은혜의 방편(a prudential means of grace)이라고 강조하고 그 유익을 이렇게 말했다.

"그들은 한두 시간 동안 이와 같은 사랑의 수고를 마친 뒤 기도와 감사로 모임을 끝맺었습니다. 회원들은 이전에는 생각지도 못했던 그리스도인의 교제의 달콤함을 행복하게 경험하고 있습니다. 그들은 서로의 짐을 나눠 지고 또한 스스로 기쁜 맘으로 서로를 돌보는 일을 합니다. 그들은 모일 때마다 서로를 친밀히 사귀고 더 따뜻한 애정을 나누고 있습니다. 그들은 사랑 안에서 진리를 대화하면서 모든 생활에서 우리의 머리이신 그리스도를 닮아 성장하고 있습니다."[20]

프랭크 베이커가 말한 대로 메도디즘의 가장 특징적 성격은 "마음 뜨거운 사랑의 교제"(warm-hearted fellowship)였으며, 이것은 속회 안에서 가장 충만하게 경험되었다. 속회는 수천 수만의 신도들을 소그룹으로 묶어 돌보고 양육하며 훈련시키는 가장 보편적이고 기본적인 방편이 되었다. 또한 속회는 복음전도의 기능으로도 발전되었다. 수많은 사람들이

---

19) WJW.,8, p.254~255.
20) LJW.,2, p.297.

속회를 통해서 회심을 체험했고 신앙의 부흥을 경험하였다. 속회는 영국과 미국에서 적어도 20세기 초까지 교회를 갱신하고 사회와 민족을 개혁하면서 위대한 영향력을 끼쳤고, 메도디스트의 영성생활을 지속하고 발전시키는 핵심 기구였다.

웨슬리는 충실한 속회 출석자들에게 3개월마다 회원표(ticket)를 주었고, 이것이 충실한 메도디스트의 표가 되었다. 이 출석표는 3개월마다 회원의 자격을 조사하는 수단이었다. 또 이것은 3개월마다 열리는 애찬회에 들어갈 수 있는 자격이 되었다.[21] 새 회원에게는 3개월의 수련기간을 충실히 거친 후에 첫 번째 표가 주어졌다. 회원표는 연합 신도회의 세 가지 규칙을 지키는, 즉 1) 모든 악을 피하고, 2) 모든 선을 행하고, 3) 모든 은혜의 방편을 실행하는 회원들에게는 계속 주어졌고, 그렇지 않은 자들에게는 표 발행이 중지되었다. 그것은 곧 속회 참여 금지나 추방을 의미했다. 그리고 불가피한 이유 없이 3회 결석하면 속회 명부에서 제명되었다. 웨슬리는 나태한 큰 그룹보다 헌신적이고 성결한 작은 그룹을 선택했다. 웨슬리는 신도들을 엄격하게 훈련시켰고 그들의 생활을 철저히 조사하여 규칙을 위반하거나 불경건한 신도들은 속회나 신도회에서 제외시켰다. 1748년 웨슬리는 브리스톨 신도회원을 900명에서 720명으로 줄인 적이 있다. 특별히 이웃에게 악한 행위로 해를 끼친 신도들은 엄격히 징계하고 추방하였다.[22]

실제로 초기 메도디스트 속회에서 진행된 순서와 내용에 관해서는 초기 메도디스트 신도회와 웨슬리 사후 감리교회의 경험과 기록에 의존

---

21) Martin Schmidt, John Wesley : A Theological Biography Ⅱ(Epworth, 1962), p.100.
22) JJW.,3, p.71, 380.

할 수밖에 없다. 1807년에 발간된 기록에 의하면, 속회는 일반적으로 개인 집에서 열리며 저녁 8시에 시작되었다. 속장은 찬송과 기도로 시작하고 속장이 먼저 지난 한 주간 동안 자신의 생활 속에 일어난 모든 경험을 속회원들에게 이야기한다. 속장은 자신이 먼저 말한 후에 다음과 같은 말로 끝맺었다.

> "나의 사랑하는 형제들이여, 결국 나는 여전히 그리스도 예수 안에서 나를 부르시는 하나님의 고상한 소명의 목표를 위하여 앞으로 나아가고자 하는 결심을 나의 영혼 가운데서 발견하게 됩니다. 그는 여전히 귀중하십니다. 그의 말씀은 상처에 바른 연고입니다. 그의 말씀은 나의 모든 단점들-의심과 불안-과 나의 방황과 연약함과 곤고함에도 불구하고 여전히 나의 가슴에 속삭이십니다. '너는 검으나 흉하지 않다. 너의 입을 넓게 벌리라. 그리하면 내가 채울 것이다. 나의 사랑하는 자여 서두르라. 그래서 너는 향기로운 산 위에서 뛰노는 노루처럼, 어린 수사슴처럼 되라!' 그리하여 나는 자비로운 예수께 여전히 이렇게 말할 수 있습니다. '나는 떨리는 손으로 당신을 붙들었나이다. 그러나 이제는 당신을 놓치지 않겠나이다.'"[23]

그 다음으로 속장은 속회원들에게 차례대로 각각의 영혼의 상태에 관해서 다음과 같이 묻는다 : "자 이제, 자녀여!(또는 형제여!) 오늘 저녁에 당신 영혼의 상태는 어떠한가?" 그러면 속회원은 자신의 마음속에 있는 것을 속장에게 털어놓기 시작한다. 속회원들은 지난 한 주간 경험한 기쁨과 슬픔, 세상과 육체와 악마와의 싸움, 영적인 투쟁, 지옥에 대한 두려움,

---

23) David L. Watson, The Early Methodist Class Meeting (Discipleship Resources, Nashiville, 1987), p.96.

천국에 대한 소망, 교회를 위한 봉사와 경건, 은밀한 기도, 이웃과 형제를 위한 기도, 인생의 경건과 궁극적 소망 등을 이야기하며 서로의 영적 경험을 나누었다.[24]

속회에서는 어떤 특정한 고백보다는 지난 한 주간 경험한 모든 것을 전체적으로 요점을 이야기함으로써 형제들 앞에 마음을 털어놓는 것이 일반적이었다. 이것은 주로 간증(testimony)의 형태로 진행되었다. 그 다음으로는 속장이 각 사람의 영혼의 상태에 따라서 충고나 권면이나 교정이나 위로를 주었다. 이렇게 하여 모든 회원이 자신의 영혼의 형편에 관해 이야기하기를 끝내면 속장이나 속회원이 찬송가를 부르고 일어서서 즉흥 기도를 하는데 누구든지 자유로이 성령이 인도하는 대로 나서서 기도하였다. 이들은 모두 함께 동시에 목소리를 내는 기도보다는 모든 회원이 자유로이 한 사람씩 나서서 기도했다. 기도할 때는 찬양의 말, 감사, 탄원, 간구가 쏟아져 나왔다. 누구든지 자신의 영혼에 성령이 감화하는 대로 자유로운 표현으로 기도할 수 있었다.

그리고 그들의 입에서는 아직 회심하지 못한 자들, 아직도 세상의 굴레에 매인 자들, 아직도 신생을 경험하지 못하고 죄의 고통에 신음하는 자들을 위한 기도가 간절하게 터져 나왔다. 그들은 또 완전한 성화를 얻기 위해 신음하는 자들을 위한 기도를 간절히 드렸다. 기도가 끝날 때면 회원들 중에 누가 찬송을 부르기 시작한다. 그리고 속장은 축복기도를 드리고 참석한 속회원의 이름을 부르며 하나님께 바치기 원하는 것을 모았는데, 그것은 보통 1주일에 1페니였고 여유 있는 사람은 2페니, 3페니 혹은 6페니까지 내기도 했다.[25]

---

24) David L. Watson, 같은 책, p.96~97.
25) David L. Watson, 같은 책, p.97.

길버트 머레이(Gilbert Murray)는 19세기 초 메도디스트들의 일반적인 속회 순서를 다음과 같이 정리했다.

7:30 개회찬송-유쾌한 성격의 찬송
7:35 짧은 개회 기도, 모두 함께 주기도문을 올림
7:40 찬송-3절이 넘지 않는 것
7:45 짧고 적합한 성경봉독
7:55 찬송, 그리스도인의 교제에 관한 것. 3절이 넘지 않는 것
8:00 속장이 먼저 시작하여 네 사람의 간증과 속장의 응답. 짧은 찬송
8:10 네 사람의 간증과 응답. 짧은 찬송
8:20 네 사람의 간증과 응답
8:30 속장의 전체적인 소견과 속도들을 위한 기도
8:35 4절짜리 찬송, 출석 확인(여기서 가난한 자들을 위한 헌금을 드린다)
8:40 속도들이 드리는 두 번의 짧은 기도
8:45 속장의 축복기도26)

처음에는 속회원에게 주는 권면과 지도의 말을 속장이 자유롭게 적절한 성경말씀이나 고전적 경건서에서 인용하기도 했고 또는 속장 자신이 준비하거나 즉흥적으로 만들어 응답하였다. 그러나 속회가 발전하면서 속장들의 응답의 말씀을 돕기 위한 속장 교본 또는 속장 핸드북이 나오게 되었다. 이 책은 영성생활의 모든 주제와 신도들의 경험을 분류하여 순서대로 각 주제에 맞게 가장 적절한 교훈들로 엮어져서 속장들은 이 교본

---

26) Gilbert Murray, The Methodist Class Meeting (Robert Cully, London, 1902), p.193.

을 기본으로 삼아 속회원들의 간증과 고백에 치료하는 응답을 주게 되었다.27)

속회는 처음에 단순한 목적으로 시작되었으나, 날이 갈수록 메도디스트들은 속회에서 다양하고 귀중한 경험을 하면서 메도디스트 영성생활의 핵심 기구로 발전하였다. 속회는 개인적이면서 동시에 공동체적인 경건과 교제를 함께 경험케 하는 모든 정상적인 메도디스트들의 조직적 교육과 훈련을 위한 기구(disciplinary cell)였다. 초기 속회의 특징은 다음과 같다.

① 서로를 돌보는 마음으로 뜨거운 사랑의 교제.
② 소박하고 솔직하고 진지한 자기 고백과 간증을 통한 영적 체험과 영적 교제.
③ 서로의 말을 들어주고 서로를 영접함으로써 자기 가치와 자존감을 경험.
④ 서로 간증과 권면과 기도를 통한 회심과 신생의 체험.
⑤ 서로의 영혼을 돌보고 지켜주는 상호간의 영적 책임을 실행함으로써 함께 성화를 이루어 나감.
⑥ 서로의 영적 돌봄과 속장의 책임적 영성생활 지도를 통한 신앙 양육과 신자의 성장
⑦ 1주일에 1페니 또는 그 이상의 헌금으로 신도회 사업에 참여하고 모든 선행에 참여케 함.
⑧ 가족, 친구, 이웃을 그리스도께로 인도하는 전도의 동기와 능력을

---

27) John Bate, Class Leader's Assistant (London, Paternoster, 1894) Preface i - iv. 이 책은 영국 감리교회에서 오랫동안 사용되었던 속장 교본용으로서 필자가 소장하고 있는 가장 오래된 것이다. 이 책에는 속장이 일년 동안 속회를 인도하면서 속도들에게 권면해 줄 교리, 신자의 의무, 체험, 실천, 위로, 사랑, 평화, 소망 등 470개의 영적 생활을 위한 교훈이 들어 있다.

얻고 실험케 함.

3. 반회(Band)

속회가 주로 개인의 간증과 권면의 말씀과 찬송과 기도로 이루어진 성도의 교제와 교육 중심의 신앙 훈련 모임(disciplinary cell)이라면, 반회는 내면에 대한 철저한 성찰과 죄의 상호 고백과 영혼에 대한 상호 엄격한 감독을 통한 신앙 고백적 영성 훈련 모임(confessional group)으로 운영되었다.

속회에서는 일반적으로 모든 신도들이 자기의 일주일의 영적 생활의 경험을 요약하여 형제들 앞에 간증하는 형태였으므로, 영혼의 심층적 체험과 철저한 고백은 이루어지지 않았다. 속회원들 중에 자신의 영혼의 내적인 완전 성결(inward holiness)과 외적인 완전 성결(outward holiness)을 갈망하는 사람들을 위해서 보다 더 친밀한 영적 고백을 위한 연합의 수단이 필요하였다. 이리하여 그리스도인의 완전(Christian perfection)을 전심으로 추구하는 신도들의 모임으로 반회가 시작되었다.[28] 웨슬리는 반회의 회원들에 관해서 이렇게 기술하였다.

"그리고 그들은 동일한 귀중한 믿음의 동참자들인 사람들에게 전보다 더 따뜻한 애정을 느꼈다. 그러므로 서로에 대한 이러한 신뢰가 일어남으로써 그들은 서로의 가슴속으로 그들의 영혼을 쏟아 부었다. 실제로 그들은 그렇게

---

28) Martin Schmidt, John Wesley : A Theological Biography Ⅲ. part 1, p.122.

해야 할 절실한 필요가 있었다. 왜냐하면 그들이 예상했던 대로 전쟁이 끝난 것이 아니라 그들은 여전히 혈(血)과 육(肉), 그리고 정사(政事)와 권세와 싸워야 했기 때문이었다. 그리하여 그러한 시험들이 도처에 있었고 그들로 하여금 속회 내에서 어떻게 말해야 좋을지 모르게 할 만큼의 시험들이 있었다. 속회에는 다양한 종류의 사람들, 예컨대 젊은 사람과 노인, 남자와 여자 구분 없이 함께 모였다."29)

반회 회원들은 그리스도인의 완전 또는 완전한 성화에 도달했거나 또는 열성적으로 완전을 추구하는 사람들이었다. 그리고 신앙적인 성취도가 거의 동일하다고 생각되는 사람들로 구성되었다.30)

웨슬리는 야고보서 5장 16절의 "이러므로 너희 죄를 서로 고백하며 병 낫기를 위하여 서로 기도하라. 의인의 간구는 역사하는 힘이 많으니라."라는 말씀에 근거하여 서로의 죄를 고백하며 함께 죄악의 본성과 생활의 습관을 치료받아 완전한 성화의 구원을 얻게 하는 목적으로 반회를 둔다고 말했다. 웨슬리는 이러한 반회의 교제 가운데서는 "사슬이 끊어졌고… 그리고 죄가 더 이상 그들을 지배하지 못했다."31)고 설명했다.

반회는 상호 고백의 훈련을 통해서 서로의 영혼을 철저히 감독하는 돌봄과 영적 교제를 위해서 만들어진 기구다. 반회는 5~10명 정도로 구성되고, 나이와 성별 그리고 기혼자와 미혼자로 구분되어 상호 고백이 가능한 성격의 모임으로 만들어졌다. 그들은 매주 수요일 저녁에 반장의 인도하에 모였다. 이와 같이 반회의 핵심은 고백적 영성훈련(confessional

---

29) 'A Plain Account', WJW.,8, p.257~258.
30) D. L. Watson, 같은 책, p.118~119.
31) 'A plain Account', WJW.,8, p.259.

spiritual discipline)이었다. 반회의 목적은 "서로를 책임질 수 있는 제자직"(accountable discipleship)의 훈련을 통한 그리스도인의 완전의 추구였다.32) 왓슨은 속회와 반회의 쇠퇴 원인을 이러한 영적인 상호 책임성(accountability)을 상실하고 단순한 사교와 복음전도와 개인주의적 경건의 수단으로 변질된 데서 찾고 있다.33)

반회에는 속회보다 훨씬 더 엄격한 자기성찰과 고백의 규칙(rules)이 있었다. 첫째는 다음과 같은 5가지 중요한 규칙이 있었다.
① 최소한 일주일에 1회 모이라(일반적으로 매주 수요일 저녁).
② 약속된 시간을 반드시 지키라.
③ 찬송과 기도로 시작하라.
④ 각자가 차례대로 자유롭게 솔직하게 말하되 지난 모임 이후에 마음과 말과 행동으로 지은 죄와 느낀 유혹에 대하여 말하라.
⑤ 회원 중에 한 사람이 먼저 자신의 영혼의 상태에 대한 말을 하고 다음 다른 사람에게 그들의 상태와 죄와 유혹에 대해 질문하라.34)

그리고 반회에 입회하는 사람에게는 다음과 같은 질문을 하였다.
① 당신은 죄 용서를 받았는가?
② 당신은 예수 그리스도를 통하여 하나님과 평화를 소유했나?
③ 당신은 당신이 하나님의 자녀라는 사실을 당신의 영과 함께 증거

---

32) David L. Watson, 같은 책, p.116.
33) David L. Watson, 같은 책, p.116.
34) WJW.,8, p.257.

하는 성령의 증거를 소유했나?

④ 하나님의 사랑이 당신의 마음속에 부어졌나?

⑤ 당신을 점령하고 있는 내적인 죄나 외적인 죄가 있나?

⑥ 당신은 당신의 모든 잘못을 말하겠는가?

⑦ 당신은 당신의 마음속에 있는 어떤 것이라도 언제든지 우리가 말해 주기를 바라는가?

⑧ 당신은 당신의 마음을 철저히 조사하기를 바라는가?

⑨ 당신은 마음속의 모든 사실을 예외 없이, 숨김 없이, 지체 없이 말하기를 원하는가?[35]

반회는 약속된 장소에서 약속된 시간을 엄수하여 모여서 찬송과 기도로 시작하고, 반장으로부터 시작하여 차례로 지난 모임 이후 자신의 죄와 시험과 유혹 등 자신의 영적 싸움과 그 결과에 대하여, 즉 자신의 영적 상태에 대하여 숨김 없이 말하고, 반장은 각 회원들의 고백에 적절하게 위로와 용서와 책망과 권면과 충고의 말로 치료하는 응답을 주었다. 그리고 성령이 인도하는 대로 한 사람씩 서로를 위해, 특별히 완전 성결을 얻기 위한 중보기도를 뜨겁고 간절하게 한 후 서로를 축복하는 기도로 모임을 끝맺었다. 시간은 약 1시간 반에서 2시간 가량 지속되었다. 각 회원은 일어서서 고백하고 그가 앉기 전에는 아무도 다른 말을 해서는 안 되었고 이 모임에서 이야기된 말은 밖에 나가서는 절대로 말하지 않아야 했다. 출석은 엄격히 관리되고 결석할 경우는 사전에 예고되어야 했다.

반회의 모임에 대하여는 1) 성경에는 없는 제도이며, 2) 카톨릭적이

---

35) WJW.,8, p.257~258.

라는 이유를 들어 반대와 오해도 따랐다. 이에 대해서 웨슬리는 성경에는 일반 원칙만 제시되어 있기 때문에 특수한 경우에는 상식에 맞게 은혜의 방편을 두는 것이 중요하다고 했고, 카톨릭적이라는 비판에 대해서는 카톨릭에서는 개인이 사제에게 일방적으로 고백하지만 반회에서는 신자들이 상호 고백하기 때문에 다르다고 설명했다.[36] 웨슬리는 반회에서 평신도가 평신도에게 서로 고백하고 고백을 듣고 위로와 용서와 치료를 주는 평신도의 만인 사제직(priesthood of all believers)을 실천했고 이 점에서 그는 카톨릭과 개신교의 중간 길(Via Media)을 갔다고 볼 수 있다.[37]

웨슬리는 1744년 12월 25일에 반회 신도회(Band-Society)[38]에 다음과 같은 규칙(directions)을 주었다. 이 규칙은 연합 신도회에 준 총칙과 유사한 것으로서 반회원들에게 더욱 모범적으로 메도디스트 규칙을 지킬 것을 명하기 위해 주어진 것이라고 판단된다. 그리고 이 규칙은 얼마 후에 연합 신도회 총칙과 구분 없이 모든 신도회에 널리 사용되었으며, 총칙과 함께 메도디스트 규칙으로 세상에 잘 알려졌다. 그 규칙은 다음과 같다.

"당신은 세상을 극복할 수 있는 믿음을 가져야 한다. 그러므로 이 규칙들은 후회스런 것들이 아니다."

〔Ⅰ〕조심하여 모든 종류의 악을 피하라

① 주의 날에 아무 것도 사거나 팔지 말라.

② 의사의 처방 없이 어떤 종류의 술도 마시지 말라.

③ 물건을 팔고 살 때 한마디 말만 하라(물건 매매에서 정직한 말만 하

---

36) WJW., p.259.
37) 이러한 견해는 1988년 필자가 영국 브리스톨에 있는 웨슬리대학의 Raymond George 교수와의 대화에서 직접 들은 것이다.
38) 이러한 명칭은 반회(Band-Meeting)와 같은 의미로 사용되었다.

고 물건값을 깎지 말라-필자 주).

④ 생명을 구하기 위한 목적이 아니고는 아무 것도 저당 잡지 말라.
⑤ 등 뒤에서 아무런 험담도 하지 말고, 험담하는 사람을 못하게 하라.
⑥ 반지, 귀걸이, 목걸이 등 사치스런 장신구 지니는 것을 금하라.
⑦ 의사의 처방 없이 담배와 같은 자기 탐닉을 피하라.

> (또 다른 곳에서는 이런 것들이 포함된다. 지방 행정관이나 성직자를 비난하는 것, 호화로운 의복, 하나님의 지식이나 사랑이 없는 노래를 부르거나 책을 읽는 것, 땅 위에 보물 쌓기, 갚을 가능성이 없이 빌리는 것, 밀수, 고리대금 등)

〔Ⅱ〕열심으로 모든 선을 행하라

① 최선을 다하여 이웃의 몸을 위하여(doing good to men's bodies) : 곤궁한 사람들, 가난한 사람들, 병든 사람들, 갇힌 사람들을 먹이고, 입히고, 방문하라. 사업에서 동료 메도디스트들을 우선 고용하고 도우라.

② 이웃의 영혼을 위하여(doing good to men's souls) : 사랑과 온유로 죄짓는 자들을 책망하라.

③ 근면하고, 검소하며, 자기를 부정하라. 매일 십자가를 지는 생활을 하라. 세상의 모든 핍박을 극복하고 사랑과 자비를 행하라.

〔Ⅲ〕지속적으로 하나님의 모든 예법을 지키라

① 매 주일예배에 참여하고 성만찬을 받으며, 모든 신도회와 속회에 참여하라.

② 매일 새벽 말씀의 예배(preaching service)에 참여하라.

③ 매일 개인기도와 가족기도회를 지키라.

④ 수시로 가능한 때에 성경을 읽고 묵상하라.

⑤ 매주 금요일에 금식하고 절제하라.39)

4. 선발 신도회(Select Society)

웨슬리는 반회보다 더 제한된 모임인 선발 신도회를 만들었다. 이 모임은 '그리스도인의 완전'의 교리가 메도디스트들의 삶에서 확실히 증명되는 경험을 목적으로 운영되었다. 이 모임의 회원들은 반회원들 중에서도 하나님의 빛 가운데 살고 진실한 믿음 안에 온전한 순종의 증거를 보이는 자들이었다. "하나님의 빛 가운데 산다"는 것은 곧 완전을 의미하는 것으로 판단된다. 또한 이 모임의 목적은 "완전으로 정진하는 방법을 가르치고, 그들이 모든 은사를 발휘하여 서로를 더욱 사랑하고 더욱더 세심하게 감독하고 돌보게 할 뿐 아니라, 어떤 경우에도 숨김없이 고백할 수 있고 모든 형제들에게 사랑과 성결과 선행의 본이 되도록 만드는 것"이라고 설명한다.40) 이 모임은 그리스도인의 완전 성화에 가장 가까이 도달한 신도들의 '선별 모임'과 같은 것이었다. 이 기구가 언제 시작되었는지 확실하지 않지만, 가장 초기의 기록에 의하면 1744년 파운더리에 77명의 선발 신도회 회원이 있었고, 1740년 12월 킹스우드에 선발 신도반(Select Band)이라는 것이 있었다. 웨슬리는 선발 신도회를 '위대한 구원'(the great salvation), 즉 완전을 공유하는 자들의 모임으로, 신도반은 그것을 열망하며 추구하는 자들의 모임으로 분명히 구분하였다. 그래서 선발 신도회는 자신들만의 특별한 회원표를 사용하였다.41) 이 모임은 1744년부터 시작

---
39) 'Directions given to the Band Society, Dec. 25. 1744.', WJW.,8, p.273.
40) 'A Plain Account', WJW.,8, p.260.
41) Henry D. Rack, Reasonable Enthusiast (Epworth, 1989), p.240.

하여 매주 월요일에 모였다. 여기는 어떤 지도자도 임명되지 않았다.

그리고 이 모임에는 특별히 따로 마련한 규칙이 없었다. 웨슬리는 "그들의 마음속에 가장 훌륭한 규칙을 이미 갖고 있기 때문에 다른 규칙이 필요 없다."고 말했다. 이 모임에는 세 가지 기본 지침이 주어졌다.

① 이 모임에서 했던 어떤 말도 다시 말하지 말라.
② 모든 회원은 사소한 일에서도 목회자에게 복종해야 한다.
③ 모든 회원은 매주 1회 정해진 헌금을 가져온다.[42]

5. 참회자반(Penitents)

웨슬리는 시간이 지남에 따라 신도회 안에서 처음에는 은혜 안에서 믿음의 증거를 나타내다가 서서히 유혹에 빠져 태만해지고 범죄하는 낙심자 또는 낙오자들을 발견했다. 웨슬리는 이들이 믿음에 파선을 일으킨 (made shipwreck of the faith) 자들이기 때문에 '참회자들'로 따로 모인다고 설명했다. 그는 이들이 진정으로 참회하고, 다시 주께로 돌아오도록 하기 위해 매 주일 저녁에 따로 신앙훈련을 시켰다. 웨슬리는 그들이 회개하고 돌아와 훨씬 더 강한 믿음을 갖고 전보다 더욱 조심하고 온유하고 겸손하게 되는 것을 보았다고 했다.[43]

---

42) Henry D. Rack, 같은 책, p.261.
43) Henry D. Rack, 같은 책, p.260.

6. 맺는 말

초기 메도디스트 조직은 각 지역의 '신도회'들이 '연합 신도회'로 결속되어 있었고, 각 신도회 안에는 모든 회원이 '속회'나 '반회'에 소속되었으며, 그중에 소수가 '선발 신도회' 또는 '참회자반'에 선별 소속되었다. 초기 메도디스트 신앙공동체들은 모든 사람들의 마음과 생활방식과 도덕을 개혁하고, 마음과 생활의 성결을 이루고, 신도들을 완전한 성화에 이르게 하기 위한 목적으로 만들어지고 활용되었다. 반회의 규율이 너무나 엄격하기 때문에 속회에는 모든 신도들이 회원이었던 반면 반회에는 약 20%만이 회원이었다. 속회는 메도디스트 역사에 지속적으로 살아 있어 메도디스트들의 보편적이고 핵심적 신앙생활 훈련기구가 되었지만 그 외 반회와 선발 신도회와 참회자반은 웨슬리 사후에 사라지고 말았다. 반회의 규칙과 영성훈련은 중세기 수도원의 이상적 영적 생활을 본뜬 것으로 초기 메도디스트들은 세속 속에서 수도원 생활(secular monasticism)을 하는 성자들이었다. 그들은 그리스도의 명령에 완전히 복종하고 그리스도의 마음을 얻고 그가 걸으셨던 대로 걸으면서 하나님과 이웃을 완전히 사랑(perfect love of God and neighbor)하는 데 바쳐진 성자들(saints)이었다. 반회의 훈련 목표는 완전 성화였다. 웨슬리는 메도디스트 설교자들과 평신도 보조자들과 속장들에게 그리스도인 생활의 비전으로서 '그리스도인의 완전'(Christian perfection)을 가르치고 설교하도록 강조하였다. 그는 또 모든 메도디스트들에게 '완전을 향하여 전진하라'(Go on to perfection!)고 독려하였다. 웨슬리가 다른 시대에 살았다면 새로운 수도회의 창설자(founder of a monastic order)가 되었을 것이다.[44] 그러나 반회와 선발 신도회 또는 선발 신도반의 의도가 실제적으로 얼마나 성취되었는지에 대한 역사적이고 구체적인 증거를 찾기 어려운 것이 유감이다.

속회와 반회는 웨슬리의 이상적 교회론을 실천하는 은혜의 방편으로 사용되었다. 진정한 기독교(true Christianity)를 세속에서 실현하고 순결한 교회(pure church)를 추구하는 '교회 속의 교회'(ecclesiola in ecclesia)였다. 교회 속의 교회로서의 메도디스트 신도회, 속회, 반회들은 그 안에서 개인과 교회와 사회와 민족과 인류를 성화하는 데 사용되는 하나님의 성별하신 거룩한 기구들(divine instruments)이었다.

◆ 참고 1 : 메도디스트 연합 신도회 구성

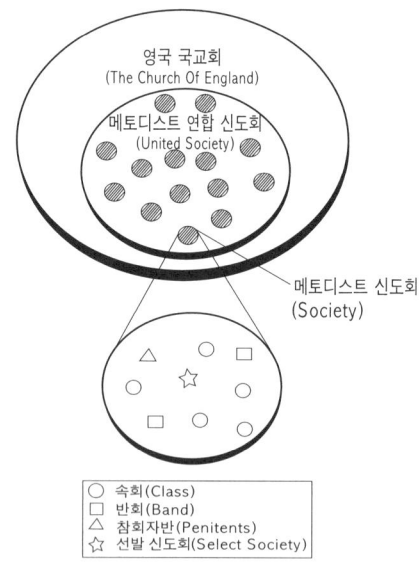

---

[44] Rupert Davies and Gordon Rupp ed., A History of the Methodist Church in Great Britain vol. I (Epworth, 1965), p.185.

◆ 참고 2 : 메도디스트 연합 신도회 조직

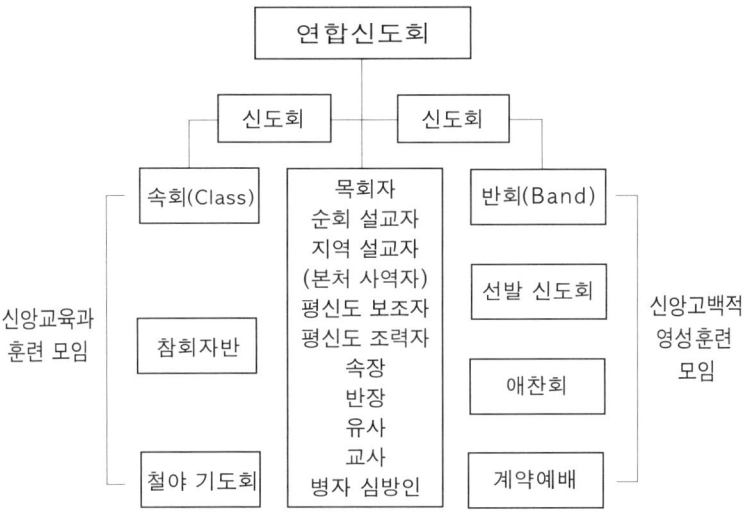

◆ 참고 3 : 초기 메도디스트 속회에 관한 찬송과 시

1) 찰스 웨슬리의 속회 찬송
(찰스 웨슬리는 수십 개의 속회 찬송을 지었는데, 이것은 그중의 하나다.)

우리를 구원하시는 주님을 찬양하라
그는 그의 은총으로 우리를 연합하게 하시며
각각이 서로 회복되어
함께 그의 얼굴을 찾도록 우리를 명하시네

그는 우리에게 서로를 세우라고 명하시니
하나로 함께 모여서

우리의 높은 소명의 영광스러운 희망을 향하여

우리는 손에 손을 잡고 나아가네

그가 한 사람에게 베푸시는 은사를

우리는 모두 기뻐하니

지극히 순결한 사랑의 시냇물에서

모든 그릇에 은총이 흘러 넘치네

이제 우리는 같은 것을 생각하고 같이 말하며

조화를 이루고 일치하니

모두가 예수의 이름으로

완전한 조화를 이루어 연합하였네

우리는 모두 한 가지 기쁨에 동참하며

공동의 평화를 느끼네

그 평화는 육신의 마음에 넘치는 것이요

그 기쁨은 말로 형언할 수 없는 것이네

이 땅에서 우리의 교제가

예수 안에서 그렇게 달콤한 것일진대

우리가 그의 보좌 옆에서 만날 때에

우리가 누리게 될 기쁨은 어떠하리요!

2) 속회는 사랑의 띠

"우리로 하여금 우리 모두 한 주님을 모시게 하시며,

주님의 쉬운 멍에를 메게 하소서.

사랑의 띠는 세 겹의 줄로 되어 있어 결코 끊어질 수 없나니

우리로 하여금 하나의 정신으로 마시게 만드시며,

사랑의 눈으로만 보게 하시며,

주님의 이름으로 사랑 안에서 진리를 말하게 하시며,

우리로 하여금 항상 따뜻한 생각을 하게 하시며,

그것을 부드럽게 말하게 하소서."

3) 존 폴록의 속회 찬송

만남의 장소들, 선택된 거룩한 시간들,

모든 영혼에게 전해진 사랑의 말들,

이 지상의 것이 아닌 초월적인 사랑으로 빛나는 얼굴들,

슬픔은 한숨짓는 슬픔과 더불어,

희망은 기뻐 뛰는 희망과 더불어,

마음은 온전한 마음을 감싸 안고,

친근한 깃을 가진 새들이 서로

친구들이 나는 것을 도우니,

그들은 하늘로 높이 날아올라

구름과 땅을 그들의 발 아래 둔다.

모든 힘겨운 발걸음의 염려들과 함께,

그리고 하늘의 이야기를 나누며,

하늘의 음식을 먹는다.

4) 서로 돌보는 속회

주여! 우리가 서로를 도울 수 있도록 우리를 도우소서.
서로의 십자가를 질 수 있도록,
우리 모두 따뜻한 사랑으로 서로를 돕게 하시며
우리 서로 형제의 짐을 함께 지게 하소서.

5) 나의 속장님(My Class Leader)
(이것은 19세기 초에 살았던 어느 메도디스트가 자신의 속장을 기억하여 지은 시다. 이 시는 1841년 영국 웨슬리안 감리교회의 잡지에 실린 것으로서, 초기 메도디스트 속회가 어떠했는지, 그 안에서 무슨 일이 일어났으며, 또 속장의 역할과 위치가 어떠했는가에 대하여 생생한 설명을 주고 있다.)

내가 속회에 처음 들어갔을 때
누가 친절하게 내 손을 잡아주고
내가 든든한 믿음에 서도록 기도해 주었는가요?
나의 속장님!

누가 나에게 사탄의 계략을 피하고 유혹의 미소들을 멀리하여
나의 영혼을 은혜 안에서 보존토록 훈계하였는가요?
나의 속장님!

내 영혼이 평화와 사랑으로 가득 차고
거룩한 승리가 내 가슴에 벅차 오를 때

이토록 복 받은 나를 보고 기뻐하신 분,
나의 속장님!

무서운 시험이 닥쳐오고,
먹구름과 어두움이 나를 둘러 덮을 때
하나님의 능력을 의지하도록 명하신 분,
나의 속장님!

세상의 고통이 내 마음 찌르고,
근심과 슬픔으로 내 마음 상할 때
위로와 용기를 전해 주신 분,
나의 속장님!

세상의 허영과 염려에 내 마음 들떠 요동칠 때,
누가 이 헛된 욕망의 무서운 결과에 대해 경고했나요?
나의 속장님!

내가 참된 지혜를 버리고 축복의 길을 떠나
길 잃고 방황할 때
누가 나 위해 눈물 흘리며 기도했나요?
나의 속장님!

이토록 넘치는 사랑과 축복을 받았으니
내 마음은 뜨거운 감사로 넘치옵니다.

나의 속장님!

내 영혼에 가득 찬 이 행복을
표현할 말 세상엔 없어라.
오, 하나님 축복하소서.
나의 속장님!

우리가 당신과 기도의 손잡고 속회에 함께 있는 한,
이 세상 사는 날들은 조용한 평화와 즐거움이 흐르고
모든 슬픔, 고통, 두려움에서 자유하리.
나의 속장님!
우리가 당신과 기도의 손잡고 이 속회에 사는 동안,
예수의 영광 우리를 둘러싸 빛나고,
한 가닥 먹구름도 이 빛을 뚫지 못하리.
나의 속장님!

내 생의 꿈이 끝날지라도
나는 울지도 않고 한숨도 짓지 않으리.
그때 우리는 하늘나라 가나안 땅에서 만나리.
나의 속장님이여!

제 6 장
메도디스트들의 세 가지 독특한 집회

초기 메도디스트들이 애찬회에서 사용하던 사랑의 컵(loving cup)

메도디스트들의 세 가지 독특한 집회

1. 철야 기도회(Watch-Night Service)

웨슬리는 1738년에 독일 모라비안 지역을 방문해서 체류하는 동안 그들의 철야 기도회에 함께 참여해 본 적이 있었다. 그러나 초기 메도디스트들의 철야 기도회는 1742년 킹스우드 학교에서 광부들에 의해서 시작되었다. 웨슬리는 '메도디스트들에 대한 평이한 해설'에서 철야 기도회의 발생과 발전에 대하여 설명하고 있다. 그는 킹스우드에서 몇몇 교인들이 자주 모여 기도와 찬양과 감사로 밤을 새우곤 한다는 얘기를 들었다. 어떤 사람들이 웨슬리에게 이것을 금지시켜야 한다고 충고했으나, 그는 그것을 철저히 알아보고 초대 교회의 관습과 비교해 본 다음 금지시킬 이유가 없으며 오히려 이 좋은 것을 발전시키고 보편화시켜야겠다고 말했다. 그리고 그는 그들과 함께 만월(滿月) 가까운 금요일 밤에 철야 기도회에 참여하여 설교로 지원하겠다고 광고했으며 수많은 교인들이 모여 기도와 찬양과 간증으로 함께 밤을 지새웠다. 웨슬리는 곧 이것을 매월 1회 실시하도록 지원했고, 브리스톨, 런던, 뉴캐슬 등 다른 지역으로 퍼져나갔다. 철야 기도회를 통해서 교인들은 개방되고 자유로운 환경에서 마음껏 개인기도, 중보기도, 협력기도를 할 수 있었고 자발적으로 기쁨이 넘치는 찬양을 하고 자유로운 간증으로 서로의 영적 경험을 나눌 수 있었다. 메도디스트들은 이 모임에서 넘치는 축복을 경험한다고 웨슬리는 설명했다.[1] 찰스 웨슬리는 철야 기도회를 위해서 11개의 찬송을 지어 부르게 했는데, 이 찬송은 이 모임의 처음 상황을 잘 표현하고 있다.

> "장엄한 목소리를 들으라
> 경이로운 밤중의 울부짖음을
> 기다리는 영혼들이 기뻐하고
> 가까이 오시는 신랑을 환영하도다."[2]

웨슬리는 철야 기도회의 기원이 초대 교회가 기도와 찬송으로 온 밤을 새우던 관습으로서 초대 교회 시대에는 어디서나 실행되었다고 말했다. 또 철야 기도회는 개인기도와 협력기도를 자유롭게 하게 함으로써 영적 체험과 나눔을 극대화 할 수 있는 은혜의 방편이라고 역설했다.[3] 1744년에 웨슬리는 이 모임을 매월 1회 실시해야 한다고 권면했으나 웨슬리 생애 끝에 가서는 점점 빈도가 줄었고, 웨슬리 사후에는 매년 1회 새해 전날 밤에 이 모임을 갖는 것으로 정착되었다. 그리고 영국의 다른 독립교회들이 이 모임을 배워 독립교회들의 전통이 되었으나 20세기 후반에는 이 관습이 자취를 감추었다. 레슬리 처치(Leslie F. Church)는 다음과 같이 말했다.

---

1) LJW.,2, p.300.
2) JJW.,2, p.536.
3) LJW.,3, p.287.

"철야 기도회는… 인생의 순례길을 걷는 그리스도인들이 기도와 찬양과 감사로 지난해를 마감하고 새해를 맞이하는 필수적인 경건의 실천이다."4)

이 모임은 마치 한국의 송구영신예배와 같은 관습으로 실행되었다고 볼 수 있다.

2. 애찬회(Love Feast)

"애찬회"는 초대 교회의 사랑의 공동 식사(agape)를 대신하는 용어다. A.D. 407년에 죽은 존 크리소스톰은 아가페는 성도의 친교 식사(fellowship meal)로서 '기독교인들의 가장 아름답고 가장 축복된 의식'이며, 어디서나 아가페는 사랑의 증진이요 가난의 위로요 그리고 겸손의 훈련(a supporter of love, a solace of poverty, and a discipline of humility)이라고 소개했다.5)

친젠도르프는 헤른후트(Hernhut)에서 모라비아 신앙공동체의 성도의 훈련과 친교를 위하여 초대 교회의 아가페를 본뜬 일종의 공동식사를 실시하였는데, 이것이 발전하여 모라비아교 경건생활의 중요한 전통이 되었다. 존 웨슬리는 1737년 조지아 사반나에서 독일 모라비아교도들과 함께 애찬회에 처음 참여하였다. 그는 1738년 6월부터 약 3개월 간 헤른후트에 있는 모라비아 공동체에서 유학하는 동안 애찬회에 많은 감명을

---

4) Leslie F. Church, More About the Early Methodist People (Epworth, London, 1949), p.245.
5) Frank Baker, Methodism and The Love Feast (Epworth, London, 1957), p.9~10.

받고 돌아와, 1738년 5월 1일에 시작한 페터레인 신도회(Fetterlane Society)에서 처음으로 애찬회를 가졌다. 이때 신성회 회원 6명과 다른 신도 60여 명이 참석한 애찬회는 다음날 새벽 3시까지 계속되었고, 이들은 계속해서 열심히 기도하는 중에 강력하고 신비한 성령의 임재를 체험하였다.

"새벽 3시쯤 우리가 계속 기도하고 있었을 때, 하나님의 능력이 우리 위에 강하게 임하였고, 많은 사람이 기쁨에 넘쳐서 소리를 질렀고, 또 많은 사람이 바닥에 넘쳐졌다. 우리가 조금 회복되었을 때, 하나님의 위대하신 임재를 체험한 우리는 모두 한 목소리로 '우리는 당신을 찬양합니다. 오 하나님, 당신이 우리의 주님이심을 인정합니다.' 라고 외쳤다."[6]

사실상 이때부터 애찬회는 영국에서 메도디스트 부흥운동의 특징적 전통으로 자리잡게 되었다. 처음에 애찬회는 모라비안 식으로 매월 1회 저녁에 모였는데, 첫 달에는 남자들만 다음달에는 여자들만 그리고 셋째 달에는 함께 모였다. 또 기혼자들과 미혼자들을 분리하기도 했으나 일반적이지는 않았다. 음식은 호밀빵이나 과자 그리고 물이 전부였다.

1748년에 웨슬리는 메도디스트들의 애찬회를 공식적으로 소개했다. 웨슬리의 설명에서는 애찬회가 반회(Band meeting)의 친밀한 교제의 연장으로 나타났다. 처음 애찬회의 규칙은 반회의 규칙과 똑같았고, 애찬회 참석자들은 반회원들로만 구성되었다. 사실상 처음의 애찬회는 반회의 연장이었으나, 후에는 충실한 속회원에게만 참석 자격을 주었다. 그러나

---

6) JJW., 1738년 12월 31일

지역에 따라서 점점 전체 신도회가 참여하는 것으로 변화해 갔다. 웨슬리는 처음 애찬회를 다음과 같이 설명했다.

> "그들 안에서 하나님의 사랑에 대한 감사를 증진하기 위해서 첫 달 하루 저녁에 기혼 또 미혼 남자들이 모이고, 다음달에는 기혼 또는 미혼 여자들이 모이고, 그 다음달에는 다 함께 모이도록 구성하였다. 우리는 초대 교회의 전통을 따라 기쁨과 순전한 마음으로 빵을 함께 먹었다. 우리의 음식은 호밀 과자와 물이 전부였다. 그러나 우리 모두는 언제나 만족히 먹었다. 영생하는 양식을 만족히 먹었다."[7]

웨슬리 형제가 1740년 페터레인(Fetterlane) 신도회에서 정적주의(stillness) 논쟁 사건으로 말미암아 탈퇴하고 모라비안들과 결별한 이후에는 메도디스트 방식의 애찬회가 발전하였다.[8] 메도디스트 신도회의 애찬회에는 찬송이 도입되었다. 특별히 찰스 웨슬리는 애찬회를 위한 찬송을 만들어 사용하였다. 1740년에 첫 번째로 지은 애찬회 찬송의 첫 절은 메도디스트 애찬회의 모습을 잘 보여준다.

오라, 기쁨으로 연합하여

---

[7] 'A Plain Account', WJW.,8, p.258~259.
[8] 웨슬리 형제와 모라비아교도들과의 논쟁의 요점은 정적주의 문제였다. 모든 은혜의 방편과 모든 선행이 '단순한 믿음'(simple faith) 즉 '오직 믿음'의 대용품이 될까봐 기피해 버리는 문제였다. 이 논쟁으로 인해 웨슬리 형제가 페터레인에서 그들의 지지자들과 함께 탈퇴하고 모라비아교와 결별하였다. 이때 거기에 남은 회원들은 영국 최초의 영국인 모라비아교도들이 될 것이다. 모라비안들은 이 사건으로 큰 타격을 입었다. 피터 뵐러는 이 상처를 치유하려고 노력했으나 재결합은 불가능할 만큼 간격이 크게 벌어져 더 이상 메도디스트들과의 협력은 있을 수 없게 되었다.
Clifford W. Towlson, Moravian and Methodist (Epworth, London, 1957), p.79~173.

거룩한 노래로 주님을 찬양하세.

한 마음 한 몸으로 우리 주님께 영광

손을 잡고 마음과 목소리 높여

옛 성도들처럼 노래합시다.

하늘의 기쁨을 미리 누리며

사랑의 향연을 축하합시다.

(Antedate the joys above,

Celebrate the feast of love.)

오직 여기에 천국의 사랑이 내려왔으니

주여 우리는 다른 천국을 바라지 않아요.

(Only Love to us be given,

 Lord, we ask no other Heaven.)[9]

존 웨슬리는 찰스가 지은 '초대 기독교'(Primitive Christianity)라는 애찬회 찬송을 자신이 1743년에 쓴 '이성적이고 종교적인 사람들에 대한 진지한 호소'라는 에세이(essay) 끝에 덧붙여 실었다. 다음의 가사는 그 찬송의 일부다.

처음으로 믿는 영혼들은 행복하여라.

예수께 연합하여 모두 서로 결합되었네.

위로부터 기름 부어 연합되었고

신비한 사랑의 친교 속에 하나 되었네!

---

9) Hymns and Psalms(영국 메토디스트 찬송가), 756장 (Methodist Publishing House, London, 1983).

(Join'd by the unction from above,

In mystic fellowship of love!)10)

처음 메도디스트 애찬회의 특징은 다음과 같이 정리될 수 있다.
① 찬송이 가미되어 분위기를 찬양과 기쁨으로 가득 채웠다.
② 빵을 먹은 다음에 가난한 사람들을 위해 헌금을 하였다.
③ 끝나기 전에 각자 자유로운 기도를 하게 하였다.
④ 순서와 의식을 행하는 방식과 내용에서 참여자들은 성만찬적 은혜를 체험했다.
⑤ 자유로운 간증(testimony)이 가장 많은 시간을 차지했다.
⑥ 마음 뜨거운 사랑의 교제를 나누며 평등과 자유와 소박함을 깊이 체험하였다.

위의 6가지 특징 중에도 메도디스트 애찬회의 핵심은 신도간의 마음 뜨거운 사랑의 교제(warm-hearted fellowship)와 자유로운 간증이었다. 또한 이런 교제와 간증을 통해서, 그리고 자유로운 기도를 통해서 회심을 체험하는 사람들도 많이 나타났다. 빵을 먹고 물을 마심은 다만 자유로운 간증과 영적인 교제를 위한 상징적 전주곡일 뿐이었다. 메도디스트 애찬회는 신도들에게 친밀하고 따뜻한 사랑의 친교의 장을 마련해 주고 모두가 자유롭고 자발적으로 자신의 영적 경험을 말로써 표현하며 함께 나누게 하는 도구로 사용된 것이다. 존 웨슬리는 메도디스트 애찬회에 대한 자신의 경험을 여러 번 기록하였다.

---

10) WJW.,8, p.27.

"나는 애찬회에서 많은 사람들이 솔직하고 순전하게 말하는 것을 보고 놀랐습니다. 이처럼 순박한 사람들을 본 적이 없습니다. 사랑이 그들의 모든 부족을 덮어 온전하게 했습니다. 교사가 없이도 사랑 홀로 모든 사람을 거룩하고 온전하게 양육합니다."[11]

웨슬리는 1769년 맨체스터에서 설교 후에 애찬회를 가졌는데, 거기서 한 사람이 일어나 자신의 회심과 기쁨을 간증하는 것을 들었다.

"나는 더러운 죄인으로 반세기를 살아왔습니다. 그러나 메도디스트 신도회에서 나의 죄와 비참한 인생을 생각하고 처음으로 눈물을 흘리며 예수께로 손들고 나갔습니다. '주여, 내가 믿습니다. 나를 도우소서.' 라고 간구했습니다. 나는 믿음으로 구원을 얻었고, 하나님의 사랑이 내 마음속에 부어져 가득 찼습니다. 나는 마루에 쓰러져 손뼉을 치며, 일어나 기쁨에 넘쳐 춤을 추었습니다. … 나는 지금 하나님의 빛 가운데 걷고 있으며, 예수가 그의 피로 모든 죄에서 나를 정결케 하심을 느끼고 있습니다."[12]

이와 같은 간증을 들은 웨슬리는 일어나서 이렇게 말했습니다.

"우리는 여기에서 바로 초대 교회의 경건과 축복의 본보기를 보고 있습니다. 맨체스터 메도디스트들이여, 이런 본보기를 닮기를 바랍니다."[13]

---

11) JJW.,6, p.292.
12) F. Baker, 같은 책, p.26
13) F. Baker, 같은 책, p.26.

애찬회의 횟수는 초기에는 매월 실시되기도 했으나 지역과 신도회의 환경에 따라서 다양하였다. 1780년대부터는 주로 1년에 4회, 2회 또는 1회 실시하는 경우가 많아지게 되었다. 그러나 열심 있는 교회들은 1년에 4회 애찬회를 철저히 지키기도 하였다. 애찬회는 저녁 7시부터 10시까지 진행되는 것이 보통이었으나, 환경에 따라 다양하였다.

초기 메도디즘에서 애찬회는 이미 언급한 대로 메도디스들이 성만찬을 실행할 수 없는 상황에서 성만찬을 대신하는 반 성례전(semi-sacrament)적 의식으로 행해졌다.14) 웨슬리 사후 메도디즘이 영국 국교회에서 완전히 독립하여 성만찬을 자유롭게 행하게 되었을 때부터는 애찬회에서 하던 성만찬적 요소와 경험은 성만찬에 흡수되었고 신도들은 그것의 은혜를 성만찬에서 직접 받게 되었다. 19세기 초부터 애찬회는 성만찬과 깊이 연결되어 실제로 성만찬 후에 실시되었다. 그래서 처음에는 애찬회가 성만찬 대신이었으나 후에는 성만찬의 보충이 되었다. 초기 메도디스트 애찬회의 순서는 다음과 같았다.

① 찬송 : 745장 '모두 주를 찬양하라'
② 성경낭독 : 요한복음 6장 26~35절
③ 연결 기도 또는 지도자의 기도 그리고 주의 기도
④ 찬송 : 720장 '모든 축복의 근원 그리스도'
⑤ 지도자의 말(address)
⑥ 빵이나 과자를 분배, 가난한 사람들을 위한 헌금
⑦ 감사의 찬송(빵에 대한 감사의 말 또는 노래)

---

14) F. Baker, 같은 책, p.64.

⑧ 함께 빵을 먹는 교제(침묵 가운데)
⑨ 사랑의 컵(loving cup)을 돌려 물을 마심
⑩ 찬송 : 748장 '오라 기쁨으로 연합하자'
⑪ 자유로운 간증
⑫ 자발적인 기도
⑬ 찬송 : 712장 '연합하는 사랑의 축복'
⑭ 축도(삼위일체 하나님의 이름으로 서로가 서로에게 축복을 말해줌)[15]

초기 메도디스트 애찬회는 충분히 성례전적 기능을 하였고, 신도들은 성례전적 은혜를 경험하였다. 애찬회에서 애찬회 접시와 애찬회 컵(loving cup)을 사용한 것도 성만찬을 닮았다. 신도들은 자유와 평등과 친밀한 형제애를 경험했고, 이로써 모두 다 영적인 배고픔과 갈증을 만족시켰고, 영혼의 기쁨을 나누었다. 애찬회의 가장 중요한 특징은 친밀하고 따뜻한 사랑의 친교와 자유로운 간증으로서 초기 메도디즘의 경건의 성격을 가장 잘 나타내는 은혜의 방편이었다. 애찬회는 19세기 말까지 영국의 모든 메도디스트 신도회에 퍼졌고 모든 메도디스트 선교지에서 메도디스트 신앙의 특징으로서 실행되고 있었다. 20세기 초부터 서서히 영국과 미국에서 자취를 감추게 되었고, 영국에서는 1940년 이전에 완전히 사라졌다.[16]

---

15) F. Baker, 같은 책, p.15, 73~74.
16) Gordon Wakefield, Methodist Devotion (Epworth, London, 1966), p.89~108.

3. 계약예배(Covenant Service)

웨슬리는 1755년부터 계약예배를 시작하여 1778년에 가서는 모든 메도디스트들에게 해마다 신년 첫 주일에 하나님과 계약을 갱신하도록 촉구하였다. 이것은 웨슬리가 청교도 신학자 조셉 알렌과 리처드 알렌의 계약신학에서 직접 영향을 받아 만든 것이다. 이 예배의 순서는 찬송과 기도로 시작하여 성경 낭독과 리처드 알렌의 계약신앙에 관한 지침 낭독, 그리고 조셉 알렌의 계약기도문을 낭독한 다음 성만찬을 행한다. 그리고 회중이 일어서거나 두 손을 높이 들어 계약하고 헌신하는 표를 한 다음 찬송과 기도로 끝맺었다. 1936년 영국 감리교회가 만들어 낸 계약예배 순서에는 리처드 알렌의 계약지침이 삭제되었고, 계약찬송과 순결의 기도, 주기도, 성경 낭독과 계약지침의 낭독, 자기 성찰, 고백의 기도, 찬양과 감사로 구분되는 순서가 진행되었다. 그 다음에는 가장 중요한 순서인 계약 맺기로 이어지는데, 신도들은 그리스도의 멍에를 메도록 초청 받고 하나님께 자신들을 기꺼이 묶어 매는 순명(順命)의 계약을 맺는다. 이어서 목사와 회중은 함께 계약기도문에 따라 계약을 맺는다. 그 다음에는 성만찬이 따랐다. 웨슬리가 1780년에 발표한 계약예배 지침은 다음과 같다.

1. 세 가지 원칙을 명심하라.
① 영원한 것이 현세적인 것보다 훨씬 더 중요하다.
② 보이지 않는 것이 보이는 것보다 더 확실하다.
③ 현재 선택하는 것이 영원한 운명을 결정한다.
2. 그리스도와 함께 출발한다.
그리스도와 함께 모험을 결단하고 그의 의로우심에 자신을 맡기라.

죄인이 그리스도 앞에 나올 때는,
> ① 자신의 죄와 불행에 대한 깊은 자각과
> ② 그리스도를 제외한 모든 것과 자신에 대한 전적인 절망감을 가지고 나와야 한다.
> 3. 엄숙한 언약으로서 이 모든 것을 확증하고 완성하라.
> 자신을 주님의 종으로 바치고 언약의 종으로 삼으라.17)

계약예배는 개인적 계약인 동시에 공동체적 계약의 성격을 띠었다. 계약예배는 '거룩한 삶과 거룩한 죽음'(holy living and holy dying), 즉 그리스도인의 완전 성화를 추구하는 메도디스트 영성생활의 특징을 가장 잘 보여주는 은혜의 방편으로 사용되었다.18) 계약예배는 모든 메도디스트들이 해마다 신년 첫 주일에 새로운 일년을 그리고 일평생을 거룩한 마음과 거룩한 생활로 하나님을 완전히 사랑하고 섬기며 보내기로 하나님과 헌신의 계약을 맺는 의식이다. 영국 감리교회는 계약예배를 초기 메도디즘의 전통을 따라 아직까지 실천하고 있다.

4. 맺는 말

철야 기도회, 애찬회, 계약예배는 웨슬리가 만들어낸 대중적이고 단

---

17) 「Wesley's Covenant Service, Directions for Renewing Our Covenant with God, 1780」 (Frank Whaling ed., John and Charles Wesley, Grand Rapids, 1984), p.134~144.
18) 웨슬리와 계약예배에 관하여 가장 좋은 연구서로 David Tripp의 「The Renewal of the Covenant in The Methodist Tradition」 (Epworth, 1969)을 참고할 것.

순하며, 자발적이고 진지하며, 마음 뜨거운 메도디스트 예배와 경건생활의 독특한 은혜의 방편이었다. 모든 면에서 경험과 실천을 중요시하는 웨슬리는 신자들의 영적인 성장와 축복된 신앙생활을 위하여 다양하고 유익한 은혜의 방편을 만들어 사용하였다. 바로 이런 것이 메도디스트 목회의 은사이며 능력이다. 웨슬리의 부흥운동은 이러한 다양하고도 효력있는 은혜의 방편을 사용했기 때문에 성공할 수 있었다.

웨슬리에게 교회는 신자들을 성화에로 양육(nourishing)하고, 돌보고(caring), 훈련하는(disciplining) 어머니로서의 기능을 가진 거룩한 기구(divine instrument)였다. 그는 "하나님을 아버지로 모시는 신자들에게 교회는 어머니와 같다. 교회를 어머니로 모시지 않는 신자는 하나님을 아버지로 모실 수 없다."고 가르친 고대 교부 시프리안(St. Cyprian)과 어거스틴(St. Augustine)의 교회론을 따르고 실천했다.

메도디즘은 하나의 삶의 양식이다(Methodism is a way of life). 웨슬리에게 교회는 '성결한 마음과 성결한 생활'(holiness of heart and life)을 훈련하는 성도의 교제(fellowship of the faithful)이고, 이것을 전파하는 복음적 기구(evangelical order 혹은 evangelical instrument)요, 성화의 장(locus of sanctification)이었다. 이와 같은 방식으로 웨슬리는 진정한 교회, 순결한 교회, 거룩한 교회, 완전한 교회를 추구하였고, 그의 교회론(ecclesiology)을 실행하였다.

◆ 참고 : 웨슬리의 계약 예배 (현대적 적용을 위해 수정된 예배문)

준 비 (환영의 인사, 초대, 예배 해설)

1. 찬송

2. 기도
- 목사 : 기도합시다.
  전능하신 하나님, 당신은 우리의 마음과 소원을 다 아시오니 우리가 아무 것도 숨길 수 없사옵니다. 성령으로 우리의 마음의 생각을 씻어주시어 우리가 당신을 완전히 사랑하고 당신의 거룩한 이름을 높이게 하소서. 그리스도 우리 주의 이름으로-.
- 회중 : 아멘.
- 목사와 회중 : 주의 기도

3. 계약에로의 초대
- 목사 : 친애하는 성도여, 옛날부터 부름 받은 하나님의 사람들이 율법과 약속, 즉 다가올 미래의 더 좋은 것들을 바라는 소망을 가지고 계약을 맺음으로써 자신들을 하나님께 바쳤습니다. 우리는 그리스도를 따라 살도록 부름 받았습니다. 우리는 그리스도 안에서 죄로부터 하나님께 성별되었고, 주님이 제정하시고 그의 피로써 인증하신 사랑의 새 계약에 초대받았습니다. 이 계약은 그리스도 안에서 하나님의 은혜로운 약속입니다. 그리스도는 어제나 오늘이나 영원토록 동일하신 하나님 안에서 선포하신 모든 것을 우

리 안에서, 우리를 위하여, 우리를 통하여 이루실 것입니다. …

우리 편에서 이 계약은 우리가 더 이상 우리 자신을 위해 살지 않고 우리를 사랑하시고 우리 위해 자신의 생명을 주신 주를 위해 살도록 우리 자신을 주님께 묶어 놓는 것입니다.

"그러므로 나는 당신들이 당신들의 몸을 하나님께 거룩하고 받으실 만한 산 제물로 드리기를 하나님의 자비로 촉구합니다."

… 우리는 지난날 이 계약에서 우리의 몫을 이루지 못한 것을 인정합니다. 우리는 어리석고 연약하며 자주 교만하여 고의로 하나님을 배반하였습니다. 그러나 하나님은 우리에게 영원하신 자비로 오래 참으셨습니다. …

여러분, 주님의 자비를 기억하고 감사한 맘으로, 또한 성령의 빛으로 우리가 어디서 범죄하고 무엇이 부족한지 우리 자신을 조사함으로 하나님께 나아오십시오. 그리고 우리의 부르심의 소망이 무엇인지를 생각하고 우리 자신을 하나님께 새로이 바칩시다.

4. 찬양

(모두 무릎을 꿇는다.)

- 목사 : 우리를 창조하신 하나님 아버지를 경배합니다. 그분은 우리를 매순간 보존하시고 힘을 주십니다. 그분은 영원히 우리를 사랑하시고, 예수 그리스도의 얼굴에 나타난 그의 영광의 지식과 빛을 주시었습니다.
- 회중 : 우리는 당신을 찬양합니다. 오, 하나님 우리는 당신이 우리의 주님이심을 인정합니다.
- 목사 : 예수 그리스도 우리 주님의 이름을 기뻐합시다. 주님은 부

요하시나 우리를 위하여 가난하게 되셨습니다. 주님은 우리처럼 유혹을 받으셨으나 죄가 없으십니다. 주님은 십자가에 죽기까지 순종하셨습니다. 주님은 죽으셨으나 영원히 살아 계십니다. 주님은 모든 믿는 자들에게 천국을 열어주십니다. 주님은 우리를 새롭게 만드십니다.

- 회중 : 영광과 권세를 주님께만 영원히 돌리나이다.
- 목사 : 성령의 교제 속에서 기뻐합시다. 우리는 생명을 주는 성령 안에서 하나님의 가족이 되고 그리스도의 몸의 지체가 되고 주님과 하나가 됩니다. 성령의 증거는 우리의 믿음을 굳게 하고, 성령의 지혜는 우리를 가르치고, 성령의 능력은 우리로 할 수 있게 만들고, 성령은 우리가 구하고 생각하는 것보다 더욱 넘치는 것으로 주시옵니다.
- 회중 : 거룩하신 성령이시여, 당신은 우리의 마음속에 살아 숨쉬고 계십니다.

5. 감사

(모두 일어선다.)

- 목사 : 우리에게 풍성한 자비를 베푸시는 하나님께 감사합니다. 모든 선의 근원이신 우리 하나님은 지난해에도 우리에게 은혜로우셨으며, 또한 우리 삶의 모든 여정 동안 은혜로 인도하실 것입니다. 우리의 날들을 친절한 사랑으로 가득 채우시고 오늘 여기까지 인도하신 주님의 친절한 사랑에 감사를 드립니다.
- 회중 : 우리는 당신의 거룩한 이름을 찬양합니다.
- 목사 : 당신은 우리에게 생명을 주시어 당신의 아름다움으로 빛나

는 세상에 살게 하심을 감사합니다. 당신은 우리에게 가족과 동무들을 주시어 사랑 받게 하시고, 그들의 손과 마음을 통하여 도움 받게 하시니 감사합니다.
- 회중 : 우리는 당신의 거룩한 이름을 찬양합니다.
- 목사 : 당신은 우리에게 당신을 갈망하는 마음과 당신의 평화를 주셨습니다. 당신은 우리를 구속하셨고 예수 안에서 부르시어 거룩한 사명을 주셨습니다. 당신은 성령의 교제와 당신의 교회의 증거에 우리를 동참케 하셨습니다.
- 회중 : 우리는 당신의 거룩한 이름을 찬양합니다.
- 목사 : 당신은 어두운 데 있는 우리에게 빛이 되셨으며, 역경과 유혹의 때에 힘과 반석이 되셨으며, 우리가 기뻐할 때 기쁨의 영으로 함께 하셨고, 우리의 모든 수고에 만족한 보상을 주셨습니다.
- 회중 : 우리는 당신의 거룩한 이름을 찬양합니다.
- 목사 : 당신은 우리가 당신을 잊었을 때에도 우리를 기억하시고, 우리가 당신으로부터 도망칠지라도 우리를 따라오시며, 우리가 당신을 배반했을 때에도 용서하셨습니다. 당신은 우리 모두에게 오래 참으시고 풍성한 은혜로 대하셨습니다.
- 회중 : 우리는 당신의 거룩한 이름을 찬양합니다.
- 목사 : 이 모든 일들 그리고 알려지고 알려지지 않은, 기억나거나 혹은 잊어버린 모든 당신의 은혜에 감사 드립니다.
- 회중 : 우리는 당신의 거룩한 이름을 찬양합니다.

6. 참회

- 목사 : 이제 하나님 앞에서 우리 자신을 조사합시다. 그의 약속하

신 용서를 구하면서 우리가 하나님의 현존 앞에 우리 자신을 숨기지 않도록 우리 마음을 살피면서 겸손히 우리 죄를 고백하고 회개합시다.

(모두 무릎을 꿇는다.)

우리를 위해 당신의 아들의 생명까지 내어주신 우리 하나님! 우리가 당신을 알기에 게을렀고, 당신을 따르기에 주저했던 죄를 부끄러운 마음으로 고백합니다. 언제나 주님은 말씀하시고 부르셨으나, 우리는 들으려 하지 않았습니다. 당신의 아름다움은 빛을 발하였으나, 우리들은 눈이 멀어 보지 못하였습니다. 당신은 우리의 이웃들을 통해서 당신의 손길을 우리에게 내미셨으나, 우리는 그 손을 외면하였습니다. 우리는 큰 축복을 받고도 감사할 줄 몰랐사오니 우리는 당신의 변함없는 사랑에 합당하지 못한 자들입니다.

- 회중 : 우리를 불쌍히 여기시고 용서하소서. 오, 주님.
- 목사 : 주께 구하오니, 우리를 용서하소서. 우리의 메마른 예배와 형식적이고 이기적인 기도와, 변덕스럽고 적은 믿음과 동료에 무관심한 것과, 그리스도를 증거하는 일에 부끄러워함과, 우리의 거짓된 허세와 당신의 길을 고의로 모른 체한 것을 용서하소서.
- 회중 : 우리를 불쌍히 여기시고 용서하소서. 오, 주님.
- 목사 : 우리의 시간을 낭비하고 우리의 재능을 남용한 죄를 용서하소서. 우리가 우리의 악행에 너그럽고 우리의 책임을 회피한 것을 용서하소서. 선으로 악을 이기려고 애쓰지 않은 것을 용서하시고 십자가를 멀리하려 한 죄도 용서하옵소서.
- 회중 : 우리를 불쌍히 여기시고 용서하소서. 오, 주님.
- 목사 : 당신의 사랑을 사람들에게 전하지 못한 것을 용서하소서.

우리는 너무 쉽게 잘못을 저지르고 고통을 만들어냈습니다. 우리는 생각 없이 판단을 했고, 정죄하는 데 성급했으며, 용서 대신에 원한을 품었습니다.

- 회중 : 우리가 다른 이들을 용서하였듯이 우리를 용서하옵소서. 오, 주님.
- 목사 : 가장 거룩하신 아버지, 우리의 죄악을 십자가에 못박으소서. 십자가의 큰 은혜 없이는 우리가 당신 앞에 설 수가 없습니다.
- 회중 : 빈손 들고 앞에 가 오로지 십자가를 붙드나이다.
- 목사와 회중 : 오, 하나님. 당신의 사랑과 자비를 따라 긍휼을 베푸소서. 당신의 온유하시고 풍성한 자비에 따라 나의 죄과를 사하소서. 오, 하나님. 정한 마음을 창조하시고 정직한 영을 내 안에 새롭게 하소서.
- 목사 : 하늘이 땅 위에 높은 것처럼, 주를 경외하는 이들을 향한 그의 자비가 크시옵니다. 동이 서에서 먼 것처럼, 주께서 우리 죄를 우리에게서 멀리 하셨습니다. 하나님은 빛이시니 그 안에는 어둠이 전혀 없습니다. 그가 빛 안에 있듯이 우리가 빛 가운데 걷는다면, 우리는 주님과 친밀히 교제하는 것이며, 예수의 피가 우리를 우리 죄에서 씻으신 것입니다. 우리가 죄 없다 하면 우리는 우리 자신을 속이는 것이요 진리가 우리 안에 없습니다. 우리가 우리의 죄를 자백하면 그는 미쁘시고 의로우사 우리의 죄를 용서하시고 모든 불의에서 우리를 깨끗케 하시나이다.
- 회중 : 아멘.

[모두 일어서서 찬송가 743장(영국 메도디스트 찬송가)을 부른다.]

나의 구주, 당신의 이름을 찬양합니다.

내 어찌 그 크신 은혜를 갚으리요.
내 가진 모든 것과 내 모든 존재가
끊임없이 당신의 영광을 드러내게 하소서.

모든 것을 드려도 부족하여라.
주 위해서라면 무엇이든 하리라.
당신의 사랑과 당신의 슬픔까지
내 마음에 영원히 새겨졌도다.

7. 계약

- 목사 : 이제 사랑하는 이여, 우리의 계약의 하나님과 우리 자신을 자원하는 띠로 묶으십시다. 그리고 그리스도의 멍에를 멥시다. 멍에를 메는 것은 주님이 우리에게 명하시는 일과 일터에 진심으로 만족하고 주님만이 우리의 보상이 되심에 만족한다는 것을 의미합니다. 그리스도께서 맡기시는 일들은 다양합니다. 어떤 일은 쉽고, 또 어떤 것은 더 어려우며, 어떤 일은 명예를 주고, 또 어떤 일은 비난을 가져다줍니다. 어떤 일은 우리의 본성에도 맞고 일시적인 이익도 주지만 어떤 일은 이 두 가지 모두에 맞지 않습니다. 어떤 일은 우리가 그리스도를 기쁘게 하면서 동시에 우리 자신도 기쁘게 하나, 어떤 일은 우리 자신을 부인해야만 그리스도를 기쁘게 해드릴 수가 있는 것입니다. 그러나 이 일을 할 수 있는 힘이 그리스도 안에서 주어집니다. 우리에게 능력 주시는 자 안에서 우리가 이 모든 것을 할 수 있는 것입니다. 그러므로 당신이 당신 자신의 순결하고 정직한 헌신을 하나님께 이제 드릴 수 있는지 당신의 마음을 살

펴보십시오. 하나님의 언약이 당신 자신의 것이 되게 하십시오. 당신 자신을 그분께 묶어 매십시오. 신실하기로 결단하십시오. 당신 자신의 힘이나 당신의 결단의 힘으로가 아니라 주님의 능력을 믿고 당신의 온 마음을 바치십시오. 결코 되돌아가지 마십시오. 조용한 기도 가운데서 하나님과 교통하시기 바랍니다.

8. 침묵의 기도

(목사가 모두를 대표하여 말한다.)

오, 주 하나님, 거룩하신 아버지,
당신은 그리스도를 통하여
이 은혜로운 계약에 동참하는 자로 우리를 부르셨나이다.
우리는 기쁨으로 순종의 멍에를 메고,
당신의 사랑을 위해 우리 자신을 드려
당신의 온전한 뜻을 구하고 행하나이다.
길이요 진리요 생명이신 우리 주님이 가시는 곳 어디든지 따르겠나이다.
우리는 더 이상 우리의 것이 아니요 당신의 것이옵니다.

9. 계약

(여기서 모든 회중이 목사와 함께 이 계약의 기도를 드린다.)

"나는 더 이상 나의 것이 아니요 주님의 것이옵니다.
주님이 원하는 것을 나로 행하게 하소서.
나에게 주님의 일을 맡기시고, 주님 위해 고난도 당하게 하소서.
주님을 위해 사용되게 하시고, 주님을 위해 복을 받게 하소서.

주님을 위해 낮아지게도 하시고, 주님을 위해 높아지게도 하소서.
주님 안에서 다 비워주시고, 또한 주님 안에서 가득 채워주소서.
주님 안에서 모든 것을 버리게 하시고, 주님 안에서 모든 것을 얻게 하소서.
나는 정성을 다하여 주님을 섬기며 기쁨으로 내 삶의 모든 것을 주님께 맡기오며, 주의 영광을 위하여 내 모든 것을 영원히 드리나이다.
이제부터 영원토록, 주님은 나의 모든 것 되시고 나는 주님의 것입니다.
우리가 땅 위에서 맺은 계약이 하늘나라에서 확증되게 하소서."

(여기서 찬송과 가난한 이들을 위한 헌금과 성만찬식이 따른다.)

10. 축도

- 목사 : 여러분을 죄악에서 지키시고 넘치는 기쁨으로 그의 영광의 존전에 흠 없이 서게 하실 주 하나님께, 유일하신 지혜의 하나님 우리 구세주께 영광과 위엄과 나라와 권세가 이제로부터 영원히 있기를 구하나이다.
- 회중 : 아멘.
- 목사 : 우리 주 예수 그리스도의 은혜와 하나님의 사랑과 성령의 교통하심이 여러분 모두에게 있기를 축원하옵나이다.
- 회중 : 아멘.[19]

---

19) Frank Whaling, John and Charles Wesley (Paulist Press, Grand Rapids, 1981), p.377~387. 이 예배문은 웨슬리의 것을 현대적으로 적용하여 만들어 놓은 것이다. ; cf. The Covenant Service D9~D10, 「The Methodist Service Book」 (Methodist Publishing House, 1975).

제 7 장
웨슬리와 메도디스트 예배

런던의 웨슬리 기념예배당(Wesley's Chapel) 내부 강단

웨슬리와 메도디스트 예배

1. 영국 국교회의 공동 기도서(The Book of Common Prayer)와 존 웨슬리

영국의 국왕 헨리 8세가 1533년에 로마 교회와 관계를 단절하고 독립을 선언함으로써 영국인의 교회(Anglican Church), 즉 영국 국교회(The Church of England)가 탄생하였다. 이어서 1552년 에드워드 6세가 첫 번째로 공동 기도서(The Book of Common Prayer)를 만들고, '기도 방식 통일령'(The Act of Uniformity)을 선포하였다. 그러나 열렬한 로마 교도(Romanist)인 메리 여왕이 1553년 즉위하여 5년간 개신교를 박해하고 카톨릭 부흥을 일으킴으로써 '공동 기도서'의 사용이 빛을 보지 못하였다.

영국의 종교개혁은 엘리자베스 여왕에 의해서 실질적으로 이루어졌다. 그녀는 1559년에 즉위하자마자, 곧 두 번째 '공동 기도서'를 만들어서 모든 영국 내 교회에 그것의 사용을 의무화하는 두 번째 '기도 방식 통일령'을 선포하였다. 이로써 영국 교회의 예배 개혁이 실질적으로 이루어지게 되었다. '공동 기도서'는 영국 교회의 공식적인 표준 예배 형태로 정착하기 시작하였다. 이러한 예배의 개혁은 본래 성격상 카톨릭과 개신교의 중간 길(Via Media)을 가는 것으로서 모든 영국 교회를 만족시키려는 것이었으나, 소수의 카톨릭 신자들과 소수의 극단적 개신교 신자들은 이에 완강하게 반대하고 공동 기도서 사용을 거부하였다.

엘리자베스 여왕의 이러한 종교 정책은 예배와 기도 형태를 통일하여 실질적으로 하나로 통합된 국교회를 설립하려는 것이었다. 여왕의 종교 정책은 대단히 엄격하고 지속적으로 추진되었다. 그녀는 모든 영국인의 신앙과 예배와 기도를 오직 한 가지 형태와 한 가지 색깔(uniformity)로 만들려는 단호한 결심으로 공동 기도서 사용을 거부하는 사람에게 극심한 박해를 가했다. 엘리자베스 여왕을 수장으로 하는 영국 국교회의 국교통합주의는 예배 형태의 자유와 다양성을 허락지 않았다.

이러한 통합된 국교주의 정책에 순응하고 공동 기도서를 사용하는 사람들을 국교도(conformist 또는 Anglican)라 부르고 반대로 저항하는 사람들을 비국교도(nonconformist) 또는 분리주의자(dissenter)라고 불렀으며, 국교도들의 교회를 국교회(Established Church 또는 Anglican Church)라 하고 비국교도의 교회를 독립교회(Free Church)라 불렀다. 국교도와 비국교도는 영국 교회의 리터지인 공동 기도서를 사용하느냐 안 하느냐에 따라 구분되었다. 영국 교회의 리터지 사용을 극단적으로 거부하고 저항한 세력은 소수의 카톨릭 교회와 극단적 개신교도들인 청교도들이었다.

이렇게 하여 영국 종교개혁의 가장 중요한 문제는 신학적인 것보다는 예배 방식에 집중되었다. 영국 국교회에 소속된 교회지만 엘리자베스 시대 이후 지금까지도 국교회의 리터지를 충성스럽게 사용하고 카톨릭 전통의 리터지와 성례전을 높이 평가하는 교회가 있는데, 이들을 고교회

(High Church) 또는 영국적 카톨릭 교회(Anglo-Catholic Church)라 하고, 반면에 국교회 리터지보다는 개신교 전통의 자유로운 형태의 예배 방식을 높이 평가하는 교회를 저교회(Low Church) 또는 복음주의적 교회(Evangelical Church)라고 부른다.

존 웨슬리는 일생 고교회주의자(high churchman)로 살았다. 그리고 올더스게이트에서 복음적 회심을 체험하고 전도자가 된 이후로는 본래의 고교회주의 정신(high churchmanship)을 지키면서 동시에 예배와 기도와 설교에 있어서 복음주의 요소를 결합시켜 실천하게 된 것이다. 웨슬리에게서는 고교회주의와 복음주의 그리고 카톨릭적 경건과 개신교 경건 그리고 예전 중심의(liturgical) 예배와 비예전적(nonliturgical) 예배 방식이 불편 없이 효과적인 조화가 이루어졌다고 할 수 있다. 웨슬리의 조부와 외조부까지는 엄격한 청교도들이었으나 부모 사무엘 웨슬리와 수산나는 젊은 시절에 이미 국교도가 되었다. 그래서 웨슬리 형제는 어머니로부터 청교도적 경건훈련을 받으며 성장했으나 예배에 있어서는 고교회 정신을 배웠고 고교회의 리터지(liturgy)와 성례전(sacrament)에 깊은 영향을 받으며 자랐다. 웨슬리 형제가 일생 동안 고교회 성례전주의자(high sacramentarian)로서 살게 되었던 것은 순전히 부친의 영향이라 할 수 있다. 존 웨슬리는 국교회의 공동 기도서를 사랑하고 극찬했으며, 일생 국교회의 리터지를 애용했다. 1788년 자신의 국교회에 대한 관계에 대하여 이렇게 썼다.

"고대로부터 현대에 이르기까지 세계에서 이와 같이 훌륭한 리터지는 없으며, 이것은 빈틈이 없이 온전하고 성서적이고, 이성적 경건으로 가득 찼고, 200년이 지난 오늘까지도 가장 순결하고 견고하고 아름다운 언어로 만들어졌다."1)

이렇게 주장한 웨슬리는 "자신은 모든 위험을 감수하고라도 평생 영국 국교도로 살고 죽을 것"(I live and die a member of the Church of England)이라고 선언하였다.2) 그는 1786년에 다시 한번 국교회의 리터지를 극찬하였다.

"나는 우리 영국 교회가 초대 교회 이후로 세계에서 가장 성서적인 교회라고 믿는다. 나는 국교회의 모든 교리에 동의하고 리터지의 모든 규칙을 지킨다."3)

2 존 웨슬리의 축약개정판 '공동 기도서'(Wesley's Revision of the Book of Common Prayer)와 메도디스트 예배 전통

존 웨슬리는 1755년 즈음에 와서 이미 그의 설교자들에게 메도디스트 집회소에서 영국 국교회로부터 독립된 메도디스트 주일예배와 메도디스트 성례전을 행할 권리를 달라는 강한 요구를 받았다. 이럴 때마다 웨슬리는 "메도디스트 신도회(Methodist Societies)는 정식 교회가 아니며, 우

---

1) John Wesley, The Sunday Service of the Methodists in North America with other Occasional Services (London, 1784) p.2 참조. James White 박사는 자신이 쓴 개론과 함께 1984년에 The United Methodist Publishing House를 통해 웨슬리의 개정판 Sunday Service 원본을 복사 출판하였음.
2) WJW.,8, p.272.
3) JWCE., p.320.

리의 모임은 국교회의 예배에 대한 보충적인(supplementary) 것"이라고 주장하며 자신들이 속한 교구교회(parish church)의 주일예배에 충실하고 국교회의 모든 규율을 지킬 것을 강조했다.4)

1780년에 메도디스트 설교당(Methodist preaching house)이 건립되자 국교회의 성직자들은 메도디스트에게 성찬을 거부하는 문제까지 발생하였다. 이러한 영국의 상황과 때맞추어 북아메리카에서는 메도디스트 신도회가 급속히 성장하고 있었으며 세례와 성만찬을 집행할 안수 받은 성직자를 보내줄 것을 웨슬리에게 집요하게 요구하고 있었다. 1784년 9월 2일 웨슬리는 국교회의 장로목사(elder)인 토마스 코크 박사(Dr. T. Coke)를 감리사(superintendent)로 안수하여 북아메리카에 보냈다. 이때 웨슬리는 자신의 편지와 24개 조항의 교리(39개 교리를 축소한 것)와 함께 국교회 공동 기도서를 축약하여 메도디스트들을 위한 예배서로 만들어 코크 박사의 손에 들려 보냈다.5)

이 축약한 예배서의 제목은 '북아메리카에 있는 메도디스트들의 주일예배 : 그밖의 예배 형태를 포함하여'('The Sunday Service of the Methodists in North America, with other occasional services', London : printed in the year 1784)라고 되어 있다. 북아메리카의 메도디스트들은 1784년 볼티모어에서 열린 크리스마스 연회에서 이 예배서를 새로이 탄생하는 북아메리카의 메도디스트 교회의 예배서로 채택하였다. 웨슬리는 그의 편지에서 '메도디스트 예배는 세계에서 가장 잘 구성된 교회인 영국 교회의 리터지를 조금 다르게 고쳐서 만든 것' 이라고 말하면서 자신의 개

---

4) Raymond George, 'The Sunday Service 1784', What hath God Wrought, Ronald C. Gibbin ed. (Wesley's Chapel, London, 1982), p.20~21.
5) John Wesley, The Sunday Service, ⅰ-ⅱ.

정판 예배서에 대한 의견과 함께 다음과 같은 사용지침을 주었다.

① 모든 순회설교자들은 매 주일 회중예배에 이것을 사용하라.
② 매 수요일과 금요일에만 연도(litany)를 사용하라.
③ 그리고 주간의 다른 날에는 즉흥기도(extempore prayer)를 하라.
④ 모든 장로들(elders)은 매 주일 주의 만찬(The Lord's Supper)을 실행하라.6)

1786년에 웨슬리는 이 예배서를 영국의 메도디스트들을 위해서도 출판했는데, 그 서문에서 조금의 수정이 가해졌다고 말하고 그 수정 내용을 다음과 같이 정리하였다.

① 대부분의 성축일들(Holy Days)은 오늘날 중요한 의미가 없으므로 생략되었다.
② 주일예배의 시간이 너무 길다고 불평되어온 만큼 상당히 짧아졌다.
③ 세례식과 장례식에서 어떤 부분은 생략되었다.
④ 많은 시편송들, 즉 회중이 따라하기에 부적절한 것들을 제거했다.
⑤ 성만찬식 예문은 상당한 부분이 수정되었고 철저히 단순화되었다.7)

그러나 웨슬리의 개정은 이보다 더 광범위하였다. 웨슬리는 약간의 개정이라고 말하지만 실제로는 그 길이에 있어서 절반 가까이 축약된 것이다. 당시 국교회 예배에서 회중이 이해하지도 못하는 긴 리터지의 기도와 권면과 성구와 시편들은 거의 다 제거되었다. 당시 회중 가운데는 상당

---

6) John Wesley, 같은 책, para ii ; cf. F. Baker, JWCE., p.120.
7) John Wesley, 같은 책, p.2.

수가 문맹이었고, 그저 성직자가 읊어대는 소리를 들을 뿐이었다.[8] 이와 같은 수준의 수정과 축약은 웨슬리가 카톨릭 예배 전통의 사제 중심에서 철저히 개신교 전통의 회중 중심으로 예배의 개혁을 이룬 것이라고 볼 수 있다. 또한 웨슬리는 청교도 신학 전통에 비추어서 비성서적인 로마 카톨릭적 요소들을 생략하였다. 예를 들면 외경에 관련된 것들을 삭제하고, '사제'를 '목사'로 바꾸고, '사죄 선언'을 '용서를 위한 기도'로 대치했다. 시편에서 1/3을 생략하고 유아세례에서 세례의 중생에 관한 부분을 삭제했다. 출산예배, 국가예배, 선상예배가 삭제되었다. 그러나 환자를 위한 성찬예배는 그대로 두었다. 그리고 감독(bishop), 사제(priests), 집사(deacon)를 감리사(superintendent), 장로(elder), 집사로 대치하였다.

웨슬리의 개정판은 다음과 같은 범위와 기준과 방식에 따라서 만들어졌다.

① 메도디스트를 위한 예배로서 간결성과 단순성에 초점을 맞추었다.
② 메도디스트들이 이해하고 따를 수 있도록 쉬운 문체로 개정했다.
③ 메도디즘의 교리적 입장과 메도디스트 경건을 표현하기 위해 수정이 이루어졌다.
④ 북미와 영국의 실제 상황을 고려해서 수정이 이루어졌다.[9]

또 다른 특별한 수정으로는 회중찬송을 더한 것과 자유로운 즉흥기도(informal extempore prayer)와 형식 있는 기도(formal prayer)를 병행토록 한 것이다. 성만찬 후에 즉흥기도를 넣었는데, 이것은 당시 상황으로

---

[8] Raymond George, 같은 책, p.22~23.
[9] John C. Bowmer, 'Wesley's Revision of the Communion Service in the Service of the Methodists' (LQR, January 1959), 230 ; Raymond George, 같은 책, p.24~25.

볼 때 대단히 큰 수정이었다. 회중찬송과 즉흥기도를 첨가한 것은 초기 메도디즘의 예배 갱신에 있어서 대단히 중요한 특징이고 메도디즘의 공헌이라 할 수 있다.

더욱이 중요한 것은 예배에서 설교와 성만찬을 결합시켜 말씀과 성례전의 균형을 이루었고 이로써 예배에서 개신교주의와 카톨릭주의의 조화를 이루어낸 것이다. 웨슬리는 성례전을 소홀히 하는 설교 위주의 기형적 예배(deformed worship)나 말씀의 설교를 소홀히 하는 성례전 위주의 기형 예배를 피하고 진정으로 초대 교회 전통의 온전한 예배를 실천하려고 하였다.

웨슬리가 개정한 메도디스트 예배는 훌륭한 작품이며 이상적인 것이었지만, 웨슬리가 기대한 만큼 사용되지는 못했다. 다만 주일예배(성만찬 포함된 예배)의 후반부 순서만이 설교예배(preaching service)의 마감 순서로 사용되었을 뿐이다. 그리고 안수식, 세례식, 결혼식, 장례식 등의 예배문은 그대로 사용되었다. 웨슬리의 개정판 주일예배(Revised Sunday Service)가 실제로 사용되지 않은 이유는 다음과 같다.

① 대부분의 메도디스트가 예배서의 고상한 문체를 이해하지 못하고 매력을 느끼지도 못했다. 왜냐하면 초기의 메도디스트들은 주로 농부, 노동자, 즉 배우지 못한 사람들이었기 때문이다.

② 많은 메도디스트들에게 그 리터지는 국교회나 카톨릭 전통으로 돌아가는 인상을 주었다.

③ 가장 큰 이유는 예배 장소가 주로 야외 마당, 산, 밭 또는 초라한 예배당이기 때문에 리터지 사용의 예배가 오히려 불편하고 해롭게까지 느껴졌기 때문이다.

④ 특히 북미에서는 루터교회와 성공회를 제외한 개신교회는 청교도

예배에 너무 깊은 영향을 받았기 때문에 리터지에 대한 부정적 인식이 강했고 자연히 설교 중심의 예배와 즉흥기도가 강조되었다.
⑤ 리터지 사용의 예배를 인도할 안수 받은 목사의 수가 절대 부족하였다.
⑥ 또한 초기 메도디즘 주일예배는 부흥의 열기로 가득 찬 분위기여서 리터지 예배와 마음 뜨거운 예배(warm-hearted worship)를 조화시키지 못했다.[10]

영국의 상황은 북미 상황보다는 좀 나았다. 웨슬리의 개정판 주일예배가 상당수의 메도디스트 예배당(methodist chapel)에서 계속 사용되어 왔으며, 1975년 메도디스트 예배서(Methodist Service Book)에 선택용(Alternative Order)으로 포함되기도 했다. 그러나 웨슬리 사후 안수 받은 설교자의 부족과 교회 제도의 문제로 인해서 매 주일 성찬(weekly eucharist)은 결코 실현되지 못했다. 이러한 역사적인 상황의 변화에도 웨슬리의 개정판 예배의 세가지 원칙적 요소가 영국 감리교회 예배에 지금도 남아 있다.
① 주일예배와 그밖의 예배(occasional offices)에서 기본적으로 영국 국교회의 전통을 계승했다.
② 인쇄된 형태의 예배를 버리지 않고 오히려 채택하고 있다.
③ 즉흥기도를 할 수 있도록 만든 붉은 글씨의 예배 지침들(rubrics)의 장점을 인쇄된 형태의 기도에 대하여 선택적 사용으로 보유하

---

10) John Bishop, Methodist Worship in relation to Free Church (Scholars Studies Press, Princeton, 1975), 73~74 ; cf. Paul Sanders, The Sacraments in American Methodism (Church History, XXVI, No.4, Dec., 1957), p.43~45.

고 있다.11)

웨슬리는 이미 18세기에 리터지의 장점과 자유로운 기도(free prayer)의 유익을 결합시킨 독특한 인물이었다. 그는 회심 전까지는 즉흥기도가 사적인 집회에는 적절하지만 공중집회에는 적절치 않다고 생각했었으나, 차츰 자신이 문체화된 기도에만 너무 제한되어 있다는 반성을 하게 된다. 그는 국교회의 공동 기도서를 사랑했지만 모든 메도디스트들에게 그것이 완전한 것이며 그것만을 따라야 한다고 설득하지는 않았다. 1755년에 그는 공동 기도서가 역사상 가장 훌륭한 작품 중에 하나라고 주장하면서도 동시에 자신은 기도를 그런 방식에만 국한시키지는 않는다고 말했다. 사무엘 트루로에게 보낸 편지에서 웨슬리는 오직 성경적 원칙에 적절한 기도 방식만을 선택하는 비국교도에 대한 공감을 표현했다.

"나는 교회에서나 어디에서도 문체화된 기도 방식만을 고집하지 않습니다. 나는 모든 방식의 기도를 사용합니다. 나는 설교 전이나 후에 자주 즉흥기도를 첨가합니다."12)

그런가 하면 그는 1786년에 그의 설교자들에게 다음과 같이 권면하기도 했다.

"즉흥기도에만 익숙한 채로 리터지의 기도에 반대하는 편견을 갖고 있는 사

---

11) Raymond George, 'The Lord's Supper', The Doctrine of the Church, ed. Dow Kirkpatric (Abingdon, 1964) p.25.
12) LJW.,3, p.144~147.

람들에게 국교회의 리터지에 애정을 가질 수 있도록 주일예배에서 설교할 때에 시편과 리터지의 기도를 읽으라."13)

이와 같이 웨슬리는 즉흥기도를 공중예배에 사용하는 것을 조심스럽게 허락하게 된 것이다. 웨슬리는 본래부터 실용주의적인 지도자로서 문체화된 기도(set prayer)와 자유로운 기도(free prayer)의 장점을 모두 이용하였다. 전자의 이점이 일치(unity)와 보편성(catholicity)이라면 후자의 이점은 단순성과 자발성이다. 웨슬리는 실로 형태 있는 기도와 자유로운 기도의 결합을 특징으로 하는 이상적 예배 형태를 메도디스트 예배의 전통적 유산으로 남겨준 것이다. 레이몬드 조지(Raymond George)는 이러한 공중예배에서의 메도디스트 전통은 영국 국교회적 요소와 비영국 교회적 요소의 종합이며, 이것은 메도디스트 예배를 가장 풍요하게 하는 전통이라고 말했다.14) 라튼베리(E. J. Rattenbury)는 웨슬리가 개정판 리터지를 사용한 사실은 그의 고교회 정신(high churchmanship)을 보여주는 것이며, 그의 개정의 스타일과 범위는 그의 복음주의 정신을 보여주는 것이라고 말했다.15) 즉 웨슬리는 예배에서 전통과 자유의 합리적이고도 바람직한 조화와 균형을 이루었다고 볼 수 있다. 이와 같이 웨슬리가 고교회주의자로서 리터지와 성례전의 가치에 대한 인식에다 자유로운 설교와 자유로운 기도와 회중찬송을 결합시켰다는 것은 18세기 이후 세계 교회의 예배 갱신에 있어서 가장 중요한 공헌으로 인정되어야 한다.

1791년 웨슬리가 죽었을 때 메도디즘은 두 개의 상반된 그룹으로 의

---

13) Luke Tyerman, Life and Times of John Wesley, vol. Ⅲ (London, 1878), p.478.
14) Raymond George, A History of the Methodist Church in G. B. (Epworth, 1965), p.260.
15) E. J. Rattenbury, Wesley's Legacy to the World (Epworth, 1952), p.56.

견이 나뉘었다. 하나는 웨슬리의 고교회 정신에 충성된 보수적인 사람들인데, 그중에 가장 영향력 있는 지도자는 야베츠 번팅(Jabetz Bunting)으로 그는 오랫동안 메도디스트 총회의 의장(President of the Conference)을 지냈다. 또 하나의 그룹은 독특한 메도디스트 경건생활과 예배를 높이 평가하는 사람들이었는데, 이들은 국교회의 리터지를 싫어했고 국교회 성직자들로부터 냉대를 받았다. 많은 메도디스트 지도자들이 전자에 속했고, 일반 메도디스트들은 대부분 후자에 속했다. 웨슬리 사후 두 그룹 사이의 힘겨룸과 갈등관계가 점점 심해져 갔다. 대부분의 설교자들과 신도들은 더 이상 국교회 예배에 가는 것을 원치 않았고, 자신들의 설교자들이 성례전을 직접 행할 것과 메도디스트 방식의 예배를 실천할 것을 요구했다. 이때 국교회에 충성된 보수주의자들과 독립된 예배를 원하는 일반 신도들을 모두 만족시키려는 의도에서 타협점을 만들어낸 계획이 나왔다. 그것이 1795년 맨체스터 총회에서 발표된 '화해 계획'(Plan of Pacification)인데 이 명칭의 단어 자체부터 매우 조심스런 입장을 보여주는 것이다. 이 계획에 포함된 주일예배에 관한 내용은 다음과 같다.

"(9) 매 주일 주의 만찬(The Lord's Supper)은 영국의 어디서나 항상 국교회의 예배 형태에 따라 실행되어야 한다. 그러나 집례자는 회중찬송과 즉흥기도와 권면의 말씀을 사용할 자유를 가져야 한다.

(10) 주일예배에서 설교자는 국교회 리터지와 우리의 존경하는 선조의 축약판 예배 중에 하나를 선택하여 사용해도 된다."[16]

---

16) Minutes of Conference of the Methodist Church 1795 (London, Methodist Publishing House, 1795), p.323.

이와 같이 대부분의 메도디스들의 열성적인 비국교도적 반 리터지 성향에도 불구하고 영국에서 감리교회가 영국 국교회의 리터지를 사용하는 전통을 갖게 된 것은 역사적으로 웨슬리를 계승한 메도디스트 지도자들의 정력적인 노력에 의해서 형성된 것이다. 웨슬리 사후 웨슬리를 계승했던 야베츠 번팅과 아담 클라크(Adam Clarke)는 감리교회에 웨슬리의 축약판보다는 오히려 공동 기도서의 사용을 추천할 정도로 웨슬리의 고교회 정신에 충성된 지도자들이었다.17) 그런가 하면 즉흥기도를 사용하는 교회들 중에도 상당수의 교회들이 국교회 리터지의 가치를 잘 인식하고 있었다. 19세기 가장 위대한 메도디스트 신학자인 리처드 왓슨(Richard Watson)은 리터지를 사용하는 것과 리터지로부터 자유로운 예배 중 어느 극단적 입장을 원치 않았다. 그는 한 가지 예배 방식만을 고집하는 극단주의는 가장 건전치 못한 것이 될 수 있으므로 두 가지 형태의 이로운 점을 신중하게 결합시킬 때 공중예배는 가장 이상적인 구성이 된다고 주장하였다. 더 나아가서 그는 실제에 있어서 교회들은 서로의 의견 차이를 존중하고 심지어 어떤 편향에 대해서도 존중할 줄 알아야 하며, 이것은 성경이 우리에게 선택의 자유를 허락한다는 근거에서 그러하다고 말했다.18)

대다수 메도디스트들의 자유롭고 단순한 예배를 지키려는 열심은 리터지를 선호하는 보수주의 목사들에 의해서 쉽게 다스려지지 않았다. 국교회 리터지의 고전적이고 정적인 언어는 보통사람들에게 너무나 낯설고 난해하였으며 공동 기도서의 기도를 읽는 것은 너무 단조롭고 형식적으

---

17) T. P. Bunting, The Life of Jabetz Bunting (Epworth, 1930), p.386.
18) Horton Davies, Worship and Theology in England vol.Ⅳ (Princeton Uni. Press, 1961), p.248.

로 느껴지기도 했다. 대부분이 가난한 보통사람들인 메도디스트들은 기쁨에 넘치는 찬송과 즉흥기도, 그리고 원고 없는 설교를 더 좋아했고, "아멘!", "주님을 찬양합니다.", "할렐루야!"라고 외칠 수 있는 자유를 선택했던 것이다. 그러나 메도디스트들은 지도자들에 의해서 예전적 예배(liturgical worship)와 복음주의적 예배(evangelical worship)가 결합되어 균형과 조화를 이룬 예배를 배우면서 예배 갱신의 주체가 되었다.

초기부터 메도디스트 예배가 양극단으로 치우친 적은 없었다. 웨슬리 사후 메도디스트 지도자들은 메도디즘의 가장 이상적 예배로서 자유로운 예배(informal-free service)와 의식 중심의 예배(formal service), 즉 예전적 예배와 비예전적 예배가 균형과 조화를 이룬 예배를 실천했다. 이것은 메도디스트 예배의 전통적 유산이고 신학적 특징으로서 현대 교회의 예배 갱신과 교회 일치운동에 실질적으로 기여한 위대한 모범과 공헌이라고 평가된다.

3. 청교도의 영향과 모라비아교의 영향

메도디스트들은 국교회의 예전 중심의 예배에 참여하는 것만으로는 그들의 영성생활을 영위하는 데 만족할 수 없었다. 그래서 그들은 존 웨슬리의 강력한 권면에 따라서 그들이 속한 교구교회의 주일예배에 충실히 참여하면서 동시에 보충적인 예배 모임을 가졌다. 날이 갈수록 국교회의 성직자들은 메도디스트들을 차별하고 불친절하게 대하게 되었으며, 메도디스트들은 국교회 예배의 형식주의와 권위주의와 냉랭함을 받아들일 수가 없었다. 메도디스트 예배는 친밀한 애정과 따뜻함과 자발성과 신실성과 단순성을 특징으로 점점 더 성숙해 가면서 발전되고 정착되어 갔다.

존 웨슬리는 메도디스들의 보조적인 예배 모임들을 주로 비국교도들과 모라비안 교도들에게서 본보기를 배워 만들었다. 초기 메도디즘은 청교도의 실천신학과 윤리와 목회방법론과 교회론에 있어서 깊은 영향을 받았다. 특별히 존 웨슬리는 리처드 박스터(R. Baxter)와 리처드 알레인(R. Allein)에게 많은 빚을 지고 있으며, 찰스 웨슬리는 매튜 헨리에게 빚을 지고 있다.

존 웨슬리가 청교도주의에서 빌려온 대표적인 요소는 즉흥기도(기도문 없는 기도)와 즉흥설교(원고 없는 설교)와 계약예배라고 할 수 있다. 그 다음으로는 웨슬리가 제임스 칼라미(James Calamy)의 책「리처드 박스터의 생애와 시대 요약」이라는 책을 읽은 후에 '공동 기도서'(The Book of Common Prayer)를 축약 개정하기로 결심하고 장로교인들이 1661년 사보이 총회(Savoy Conference)에서 1661년에 개정한 것을 기초로 하여 메도디스트를 위한 리터지로 축약 개정판을 내게 되었다는 사실이다. 또 아이작 왓츠(Issac Watts)의 찬송을 배운 것과 복음주의적 회중찬송을 사용한 것도 청교도주의의 큰 영향이라고 할 수 있다. 웨슬리 형제가 찬송을 통해서 '시적인 기독교' 또는 '시적인 신앙'을 창출하고 찬송으로 '실천신학 체계'를 만들어 전파할 수 있었던 것도 부분적으로 청교도주의의 영향이라고 볼 수 있다.[19] 초기 메도디즘은 청교도 예배의 장점인 자발성(spontaneity)과 신실성(sincerity)과 단순성(simplicity)과 자유(freedom)를 배웠다.

모라비아교의 영향은 웨슬리의 예배 방식에도 깊이 작용하였다. 웨

---

19) Horton Davies, 같은 책, p.188.

슬리는 독일 모라비아교의 본거지(Unitas Fratrum)를 방문했을 때, 모라비아교로부터 단순한 신앙의 신실성과 그리스도인 생활의 기쁨과 친밀한 애정의 교제 그리고 소그룹 공동체 중심의 경건훈련과 생활에 깊은 감명을 받은 후 그런 요소들을 메도디스트의 예배와 영성생활에 사용하였다. 웨슬리는 또한 모라비안들과의 지속적인 교제를 통해서 경험적 종교(experimental religion)의 중요성과 유익을 배웠고 이것을 메도디스트 예배생활에 적용시키게 되었으며, 메도디스트 신도회(Methodist Society)를 속회(Class)와 반회(Band)로 나누어 소공동체 예배생활을 실천하여 예배와 경건생활에 혁명적인 변화를 추구하였다. 이런 형태 안에서 메도디스트들은 평신도들 스스로 주체가 되어 자유로운 설교와 자유로운 기도와 찬송, 고백과 간증, 권면과 교제를 실행함으로 국교회의 리터지에서 얻을 수 없는 영적 자유와 평등과 기쁨과 성장을 체험하였다.

    모라비안의 찬송 또한 메도디스트 예배에 상당한 영향을 주었다. 무엇보다도 메도디스트 예배와 생활에 끼친 가장 두드러진 모라비안들의 영향은 메도디스트들의 애찬회(Love Feast)와 철야 기도회(Watch Night Service)에 있다고 볼 수 있고, 이 두 가지는 초기 메도디스트 예배와 경건의 특징으로 정착하게 되었다. 청교도적 요소와 모라비안적 요소는 메도디스트 예배를 '마음 뜨거운 예배'(warm-hearted worship)가 되게 하는데 중요한 역할을 하였다.[20]

---

20) Horton Davies, 같은 책, p.189.

4. 맺는 말 : 예배 갱신에 대한 메도디즘의 공헌

오늘날 세계의 교회들은 교회 일치운동과 영성생활의 개혁을 위한 구체적인 노력을 지속적이고 활발하게 추구하고 있다. 예배 갱신은 이 두 가지 목적을 실현하는 데 가장 기본적이고 중요한 통로와 실천 방식이다. 웨슬리가 실행하였던 초기 메도디스트 예배의 유산은 현대 교회의 예배 갱신운동에 영구한 공헌을 해 왔고, 앞으로도 그럴 것이라는 인식에서 메도디스트 예배의 공헌과 특징적 전통을 다음과 같이 정리한다.

① 매 주일예배에서 주의 만찬을 필수적인 것으로 여겨 예배의 중심 위치에 놓았다.

② 카톨릭이 강조하는 성례전과 개신교가 강조하는 설교를 결합시켜 예배에서 말씀과 성례전의 균형과 조화를 이루어냈다.

③ 기존의 리터지를 개정하고 현실에 적용하여 교회의 예배를 통한 신앙생활의 개혁을 추구하였다.

④ 1년 1회 계약예배를 가짐으로써 신자들의 신앙과 헌신을 갱신하였다. 이것은 일반 신자들에게는 세례의 서약을 갱신하는 것과 같은 의미를 가진다.

⑤ 예배를 은혜의 방편(means of grace)으로 사용하고 창조적으로 수정하고 적용하여 신자들의 영적 성장을 지원하였다.

⑥ 리터지에 즉흥기도(기도문 없는 기도)와 즉흥설교(원고 없는 설교)를 사용하여 예배에서 자유와 자발성과 단순성, 그리고 친밀성을 보유했고 여기에다 리터지 예배의 위엄과 형식과 합리적 요소를 결합시켜 조화와 균형을 이루어냈다.

⑦ 교회의 형식적 리터지 중심의 예배를 벗어나서 성서연구와 기도와 찬송과 친밀한 교제의 욕구를 자유로운 예배 형태를 통해 충족할 수 있도록 했다.

⑧ 예배에서 평신도의 역할을 중요시하였다. 특히 평신도 설교자와 속회 지도자의 역할은 예배 갱신에서 혁명적인 것이었다.

⑨ 회중찬송을 예배에 사용함으로써 예배에서 회중의 참여와 영적 경험을 가능케 하고 표현하는 은혜의 방편으로 만들었다. 회중찬송을 공중예배에 필수적이고 중요한 구성요소로 만들었다.

⑩ 예전적 예배와 비예전적 예배, 그리고 의식 중심의 예배(formal service)와 자유로운 예배(informal-free service)를 종합하였다. 그는 실로 카톨릭 전통의 예배와 개신교 전통의 예배의 균형과 조화를 이루며 그 중간 길(Via Media)을 갔다고 할 수 있다.

⑪ 예배와 생활의 일치를 추구하였다. 웨슬리는 예배를 통해서 마음과 생활의 성결(holiness of heart and life)을 추구하여 예배를 선교의 지평으로 발전시켰다. 그리고 메도디스트 신도회는 예배와 선교의 일치라는 비전을 실현하는 예배 갱신운동의 본보기를 보여주었다. 예배와 선교의 일치는 웨슬리의 예배 갱신운동의 목표가 되었다. 에벌린 언더힐(Everlyn Underhill)이 말한 대로 메도디즘은 교리나 제도를 바꾸려는 시도로부터 발생하지 않았고, 영국 교회의 예배를 갱신하고 예배의 진실성을 추구하고 이를 통해 그리스도인의 생활을 개혁하려는 운동으로부터 발생하였다.[21]

---

21) Everlyn Underhill, Worship (Nisbet, London, 1936), p.304~305.

◆ 참고 : 메도디스트 전통의 주일예배

-영국 감리교회는 1785년에 존 웨슬리가 국교회의 리터지를 개정한 주일예배를 여러 번 개정하였다. 여기에 사용한 것은 1975년에 개정된 예배다. 필자는 웨슬리의 개정판과 영국 감리교회의 개정판 예배를 한국 감리교회의 사정에 맞추어 다시 만들었다.-

※ 일러두기 1) 순서 중에 보통 글씨는 목사가 읽고,
2) 굵은 글씨는 전체 회중이 읽는다.
3) 흐린 글씨는 예배 규정에 대한 해설이다.

〔1〕 **주의 만찬을 겸한 주일예배(Sunday Service)**

• 준비

1. 평화의 인사

(목사와 회중이 다음과 같이 평화의 인사를 나눈다.)
주님의 평화가 여러분과 함께
또한 목사님과 함께

2. 초대

(목사는 예배에 나온 회중을 초대하는 환영하는 말을 하되 특별히 새로 나온 사람들과 교회를 방문한 사람들과 초청 설교자가 있으면 그들을 환영하는 말을 한다. 그리고 모든 예배자들을 축복하는 말을 한다.)

3. 교회력 소개와 예배 해설(당 주일과 당 주간의 교회력을 짧게 해설하고, 그리고 당 주일예배의 특별한 의미가 있을 경우에는 짧게 설명한다.)

4. 찬송

5. 마음을 여는 기도

(기도합시다.)

전능하신 하나님
우리 마음을 주께 엽니다.
우리의 모든 것을 아시는 주 앞에서
우리가 아무 것도 숨길 수 없습니다.
당신의 성령의 감동으로
우리 마음의 생각을 깨끗하게 하시고
우리가 당신을 온전히 사랑하게 하소서.
주의 거룩한 이름을 높이나이다.
예수님의 이름으로. 아멘.

(또는 다음의 기도를 할 수 있다)

온 세상을 창조하시고 사랑으로 돌보시는 전능하신 하나님!
오늘 우리에게 거룩한 주일을 허락하시고 하나님의 집에 나아와
당신을 예배하게 하시니 감사합니다.
이 시간 우리의 몸과 마음과 정성을 다하여
거룩하고 온전한 예배를 드리기 원하오니
우리의 마음을 성령으로 감동하시며 당신께로 가까이 이끌어주옵소서.

우리의 교만한 마음을 다스려주시고 겸손한 마음을 주시어
주님을 온전히 경외하게 하옵소서.
또한 우리의 연약한 심령을 붙들어주시고 우리가 세상에 붙은 헛된 욕심을 다 버리고 주님의 형상을 뵈옵게 하소서.
거룩하신 주님이시여!
이제 우리 자신을 온전히 주께 맡기오니
우리 모두가 그리스도 안에 연합하여 거룩한 신앙의 공동체를 이루도록 우리의 예배에 복을 내려주옵소서.
예수님의 이름으로. **아멘!**

6. **계명들** 읽어야 될 때 (① 주 예수의 가장 큰 두 가지 계명 ② 십계명)

7. **참회의 기도**
하나님께 우리의 죄를 고백합시다.
전능하신 하나님, 하늘에 계신 우리 아버지시여
우리는 당신과 우리의 이웃에게 죄를 지었습니다.
생각으로, 말로, 행동으로,
우리가 악을 행함으로,
우리가 선을 행하지 않음으로,
무지함으로, 연약함으로
고의로 죄를 지었나이다.
우리가 진심으로 우리의 모든 죄를 회개하오니
우리를 위해 죽으신 당신의 아들 예수 그리스도의 이름으로
과거의 모든 죄를 용서하소서:

새로운 삶으로 당신을 섬기어 당신의 이름의 영광을 나타내게 하소서. 아멘.

(또는 다음의 기도를 할 수 있다.)

거룩하신 하나님
우리들은 당신의 뜻을 다 이해하지도 못하고
실행하지도 못하는 죄인들이옵니다.
이 시간 십자가에 달리신 그리스도를 바라보면서
우리의 모든 부족함과 죄악을 참회하오니
우리를 용서하시고 새롭게 하시어
당신의 형상을 닮아가게 하옵소서.
또한 마음을 다하고 힘을 다하여 주님을 섬기고
이웃을 사랑하도록 도와주소서. 아멘!

8. 사죄의 선언 또는 사죄의 기도

그리스도 예수가 죄인들을 구하시려 세상에 오셨습니다.
여기 은혜의 말씀이 있습니다;
여러분의 죄가 용서되었습니다.
아멘, 하나님께 감사를 돌립니다.

(여기서 목사는 사죄선언 대신에 다음과 같은 사죄의 기도를 할 수 있다.)

사랑의 하나님!
진정으로 자신의 죄를 회개하는 모든 사람들을 용서하시는 아버지시여,
우리에게 자비를 베푸시어 우리의 모든 죄를 사하시고
우리를 세상의 죄악에서 구원하사 영원한 길로 인도하소서.

예수께서 십자가에 흘리신 피로서
우리의 몸과 마음을 씻어주시며
우리를 온갖 세상의 고통에서 구하여 주옵소서.
또한 오늘 우리가 당신 안에서 참 평안을 얻고 우리 영혼이 쉬게 하시며 새로운 소망 가운데 주님을 찬양하게 하소서.
이 시간 우리의 모든 상처와 연약함을 보혈의 능력으로 치유하시어 강건하고 온전한 삶으로 주님을 섬기게 하소서.
또한 우리의 믿음을 굳게 하시고
우리의 영혼을 강건하고 성결하게 하소서.
이 시간 주님과 화목한 주의 자녀들은
주 안에서 새 생명의 은총을 충만히 누리게 하소서.
예수님의 이름으로. **아멘!**

9. 오늘의 기도 혹은 그밖의 다른 기도

(여기서는 목사가 교회력에 따른 기도와 그 주일의 예배를 위한 기도나 신자들이 하나님과의 화목과 성령의 평화를 위해 기도드린다. 또한 생략할 수도 있다.)

10. '높은 곳에 계신 하나님께 영광' (생략할 수도 있다.)

높은 곳에 계신 하나님께 영광
세상의 모든 사람들에게 평화
주 하나님, 하늘의 왕
전능하신 하나님 아버지

우리는 당신을 예배하며 감사드립니다.
당신의 영광을 위해 당신을 찬양합니다.

주 예수 그리스도, 성부의 독생자,
주 하나님, 하나님의 어린양.
주님은 이 세상의 죄악을 담당하셨나이다.
우리를 긍휼히 여기소서.
아버지의 보좌 우편에 앉으셨사옵니다.
우리의 기도를 받으소서.

당신만이 거룩하시며
당신만이 주님이시고
당신만이 가장 높으신 분이십니다.
예수 그리스도와 성령과
하나님 아버지의 영광으로. 아멘.

11. 찬송

- 말씀의 사역(The Ministry of the Word)

12. 구약의 본문 혹은 서신 혹은 둘 다 봉독 (성경이 선포될 때 회중이 응답한다.)

주님께 영광

13. 신약 봉독 (성경이 선포될 때 회중이 응답한다.)
주님께 감사

14. 성가대 찬양

15. 설교

16. 중보의 기도

(여기서는 먼저는 회중을 위하여 다음으로는 온 교회와 사회와 국가와 세계를 위하여 중보의 기도를 드린다. 특별히 이 시간에는 병자들과 가난한 사람들과 여러 가지 이유로 소외된 사람들을 위하여 중보의 기도를 한다.)

(기도합시다.)
하나님, 우리 아버지시여
우리가 모든 사람들의 구원을 위하여 기도할 때에
당신의 성령의 도움을 허락하소서.
온 세상의 교회를 위해 기도합니다.
이 교회와 모든 성도들을 위해(…을 위해) 기도하오니
우리가 믿음으로 일치하여 선교와 봉사에 헌신하게 하시고
성령으로 항상 새롭게 하소서.

목사 : 당신의 자비하심으로(목사가 한 가지 분야의 기도를 다하면 이렇게 말한다. 그리고 회중은 다음과 같이 화답하여 목사와 회중이 함께 마음을 합하여 기도에 동참한다.)
회중 : 우리의 기도를 들으소서.

우리는 세상 모든 사람들과 지도자들(…들)이 정의와 자유와 평화를 위해 일하도록 기도합시다.(구체적인 중보기도의 내용은 기도자가 미리 준비하여야 한다.)

당신의 자비하심으로
우리의 기도를 들으소서.

우리는 이 나라와 모든 통치자들과 지도자들이 지혜와 정직과 사랑으로 백성들을 섬기도록 기도합니다.

당신의 자비하심으로
우리의 기도를 들으소서.

우리는 우리와 함께 살고 함께 일하는 이웃을 위해서
우리가 당신의 은사들을 바르게 사용함으로
그들이 고된 일과 궁핍함에서 자유케 되고
당신의 창조 안에서 함께 기쁨을 찾을 수 있도록 기도합니다.

당신의 자비하심으로
우리의 기도를 들으소서.

슬픔, 궁핍, 불안, 질병 가운데 있는 모든 이들을 위해 기도합니다. 외롭고 박해받는 이들을 위해 그리고 학대와 부정과 소외로 고통당하는 모든 이들을 위해 기도하오니 그들이 약함 중에도 당신의 능력을 의지하여 낙심 중에서도 희망을 찾도록 도우소서.

당신의 자비하심으로
우리의 기도를 들으소서.

아버지여 당신 안에서 우리는
땅 위 하늘 아래 사는 한 가족입니다.

주님, 죽은 이들을 기억합니다.
특히 우리에게 그리스도 안에 있는
당신의 은혜를 알게 해준 이들을 인하여
감사합니다.

빛 가운데서 주님의 성도들의 모본을 따르도록 도우시고, 그들과 함께 당신의 영원하고도 충만한 기쁨 가운데로 우리를 이끄소서. 예수님의 이름으로. **아멘.**

17. 주의 기도 (목사가 먼저 '하늘에 계신'이라고 말하면 회중이 따라서 '하늘에 계신'이라고 말함으로 주기도를 시작한다.)

하늘에 계신……

18. 찬송

• 성만찬(The Lord's Supper)

19. 평화의 인사 (목사와 회중이 평화의 인사를 나눈다.)

주님의 평화가 여러분과 함께

또한 목사님과 함께!

20. 다음의 말로 모든 회중은 서로에게 평화의 인사를 나눈다.

주님의 평화가 당신과 함께! (Peace be with you!)

21. 니케아신경(목사가 먼저 '우리들의 아버지시요'라고 말하면 회중이 따라서 '우리들의 아버지시요'라고 말함으로 시작한다.)

우리들의 아버지시요 전능자시요 천지창조자시요 만물의 전체시요 보이시며 보이지 아니하시는 한 분이신 하나님을 믿습니다.

우리들은 독생자이시요 아버지 하나님으로부터 보내심을 입은 분, 또한 하나님께로부터 하나님으로 오신, 빛에서 빛으로 오신, 참 신에서 참 신으로 오신,

보내심을 입은 피조물이 아닌 아버지와 같으신 존재이신 한 분이신 예수 그리스도를 믿습니다. 그를 통하여 모든 만물이 창조되었고, 그분이 하늘에서부터 오심으로써 우리들 인간은 구원을 얻었고, 성령의 능력으로 동정녀 마리아에게서 성육신 하셨으며 인간이 되셨음을 믿습니다.

우리 죄로 말미암아 본디오 빌라도 아래에서 십자가형을 선고 받으셨으며 고난을 받으신 후 죽으시고 매장되셨습니다.

그는 제3일에 성경대로 죽음 가운데서 다시 살아나셨고 하늘에 오르사 하나님 아버지 우편에 앉아 계시며 영광 가운데에서 죽은 자와 산 자를 심판하러 재림하실 주님이심을 믿습니다.

하나님 나라는 영원한 나라입니다.

우리들은 주님이시요, 생명의 원천이시며, 아버지와 아들을 일치시키시는 성령을 믿습니다. 아버지와 아들은 경배를 받으시옵고 영광을 받으시옵소서. 그는 예언자들을 통해 선포되셨습니다.

우리들은 하나의 거룩한 보편교회와 사도교회를 믿습니다. 우리들은 죄를 사해 주시는 세례를 깨닫고 있으며 우리는 죽음을 이기는 부활을 갈망하며 성령께서 세계에 생명이 되어서 오실 것을 믿습니다. 아멘.

- **만찬 준비**

22. 떡과 포도주가 목사에게 전달되거나 이미 탁자 위에 놓여 있다. 성찬보를 걷어낸다.

23. 목사가 떡과 포도주를 취하여 차려놓는다.

- **감사(성별의 기도)**

24. 모두 일어선다.
    목사가 감사기도를 드린다.
    여러분의 마음을 높이 드십시오.
    우리가 주님을 향해 마음을 듭니다.

    주 우리 하나님께 감사를 드립시다.

그에게 감사와 찬양을 돌림이 마땅합니다.

전능하시고 영원히 살아계신 아버지 하나님은
진실로 정의로우십니다.
예수 그리스도 당신의 아들 우리의 주님을 통하여
항상 어디서나 당신께 감사와 찬양을 돌리오니, 이것이 우리의 기쁨이고 우리의 구원입니다.
당신은 만물을 지으셨고 당신의 형상을 따라 우리를 지으셨습니다.
우리가 죄에 빠졌을 때, 당신은 독생자를 보내시어 우리의 구주가 되게 하셨습니다.
그는 우리 인간의 본성을 지니셨으며, 십자가에서 죽으셨습니다.
당신은 그를 죽은 자 가운데서 일으키셨고, 당신의 오른손으로 영광 중에 그를 높이셨습니다. 거기서 그는 영원히 살아계시며 우리를 위하여 기도하십니다.
그분을 통하여 당신은 당신의 거룩하고 생명을 주시는 영을 보내셨고, 우리로 당신의 백성이 되게 하시며 왕 같은 제사장이 되게 하십니다. 당신 앞에 서게 하시어 당신의 영광을 선포하게 하시고, 당신의 권능의 행동들을 찬양하게 하십니다.
그리고 모든 하늘의 천군 천사와 함께 끝없는 찬미의 노래를 부르게 하십니다.

거룩, 거룩, 거룩하신 주
능력과 권능의 하나님
하늘과 땅이 당신의 영광으로 충만하나이다.

높은 곳에서 호산나.
주의 이름으로 오시는 이가 복되도다.
높은 곳에서 호산나.

우리는 당신을 찬양합니다. 주 하나님, 온 우주의 왕,
우리 주 예수 그리스도를 통하여,
그는 배반당하시던 날 밤에
떡을 드사 축사하시고, 떡을 떼어 그의 제자들에게 주시며 이르시기를
"이것을 받아 먹으라. 이것은 너희에게 주는 나의 몸이다.
나를 기억하여 이것을 행하라."
또 이와 같이 저녁식사 후에
그는 잔을 드사 축사하시고, 그것을 그들에게 주시며 이르시기를
"너희는 모두 이것을 마셔라. 이것은 너희들과 많은 사람들의 죄를 용서하기 위하여 쏟는 나의 새 언약의 피니라. 이것을 마실 때마다, 나를 기억하여 이를 행하라."

그리스도께서 죽으셨고,
그리스도께서 살아나셨고,
그리스도께서 다시 오실 것입니다.

그러므로, 아버지여 주께서 우리에게 명하신 대로,
우리는 주님을 기념하여 이를 행하오니,
우리의 찬양과 감사의 제사를 받아주소서.

성령의 능력으로 이 떡과 포도주의 은사를 받음으로 우리가 능히
그리스도의 몸과 피를 먹고 마시게 하소서.
주님과 함께 하나가 되게 하소서.

우리 자신을 산 제물로 드리오니 받으시고,
모든 피조물과 함께 당신의 하늘의 왕국으로 우리를 인도하소서.

당신의 아들, 주 예수 그리스도의 이름으로 구하나이다.

그를 통하여, 그와 함께, 그 안에서
성령의 일치 속에서
땅 위에 거하거나 하늘에 거하는 이들
모든 세대 속에 거한 이들이
모든 존귀와 영광을 전능한 주 하나님께 돌리옵니다. **아멘.**

- **떡을 뗌**

25. 목사는 사람들이 보는 앞에서 조용히 혹은 다음과 같이 말하며 떡을 뗀다.

이렇게 :
우리가 떼는 떡은 그리스도의 몸을 나누는 것입니다.
우리가 비록 여럿이나 우리는 한 몸입니다.
우리가 한 떡을 나누기 때문입니다.

혹은 :
하나님의 거룩한 백성들을 위한 하나님의 선물

예수 그리스도는 거룩하십니다. 예수 그리스도는 주님이십니다. 하나님 아버지께 영광을 돌리나이다.

혹은 : (부활주일부터 성령강림주일까지)
할렐루야, 그리스도 우리의 유월절이 되신 분이 우리를 위하여 희생을 당하셨다.

그러므로 우리가 축복의 절기를 지킵시다. 할렐루야

26. 침묵 (모두 앉거나 혹은 무릎을 꿇는다 ; 묵상기도)

• **떡과 포도주 분급** (이 책의 제8장 제8절, '초기 메도디스트 성만찬 시행방식과 수찬방식'을 참고할 것)

27. 주님, 우리는 우리 자신의 선함이 아니라 당신의 자비를 신뢰하며 당신의 식탁 앞으로 나아옵니다. 우리는 당신의 식탁에서 떨어지는 부스러기조차 취할 자격이 없는 자들이지만, 죄인이라도 물리치지 않으시고 긍휼을 베풀어주시는 당신을 의지하여 나아갑니다.
당신의 아들 예수 그리스도의 살과 피로 우리를 먹여주소서. 그리하여 우리가 영원히 그분 안에서 살고 그분이 우리 안에서 사시도록 하옵소서. **아멘.**

28. 먼저 목사와 돕는 이들이 떡과 포도주를 받고 다음으로 사람들에게 분급한다.

목사는 아래와 같은 초청의 말을 하거나 혹은 이와 같은 종류의 다른 말을 할 수 있다:

믿음을 가지고 가까이 나아오십시오. 당신을 위해 주어지는 우리 주 예수 그리스도의 몸을 받으십시오. 당신을 위해 흘리신 그분의 피를 받으십시오. 감사함과 믿는 마음으로 그분을 의지하여 살아가십시오.

29. 떡과 포도주가 이런 말들과 함께 주어진다 : (이 책의 제8장 제8절 '초기 메도디스 성만찬의 시행방식과 수찬방식'을 참고할 것)

이것은 당신을 위하여 죽으신 그리스도의 몸입니다

아멘.

이것은 당신을 위하여 흘리신 그리스도의 피입니다.

아멘.

혹은 이런 말들로 :

당신에게 주시는 우리 주 예수 그리스도의 몸은 당신에게 영원한 생명을 주십니다.

그리스도께서 당신을 위하여 죽으신 것을 기억하고 이것을 받아 먹으십시오.

그리고 감사함과 믿는 마음으로 그분을 의지하여 사십시오.

아멘.

당신을 위해서 흘리신 우리 주 예수 그리스도의 보혈은 당신에게 영원한 생명을 줍니다.

그리스도의 보혈이 여러분을 위해서 흘려진 것을 기억하며 이것을 마시십시오.

그리고 감사하십시오.

아멘.

30. 목사는 흰색 천으로 남은 떡과 포도주를 덮는다.

- 흩어짐

31. **묵상**

32. **기도합시다**

주여

이 성찬으로 우리를 먹이신 당신께 감사합니다.

우리는 그리스도와 연합하여

모든 성도를 위하여 예비된 하늘의 잔치를 미리 맛보게 되었사옵니다.

아멘.

33. **찬송**

34. **헌금과 헌금을 위한 기도**

35. 평화의 인사

(목사는 회중에게 처음과 같이 평화의 인사를 하고, 회중은 목사에게 응답한 다음에 서로에게 평화의 인사를 나눈다.)

36. (이어서 회중은 다음과 같은 말로서 서로에게 인사한다.)
주님의 평화가 당신과 함께!(Peace be with you!)

37. 성도의 교제(광고)

38. 찬송

39. 축도

하나님 아버지, 아들, 성령의 은총이 여러분에게 항상 있기를 원합니다. 아멘.

40. 파송

하나님을 찬미하며 그분의 영광을 위해 일하며 살아가십시오.
성령의 능력 안에서 평안히 가십시오.
주님께 감사.

41. 흩어짐

* 모든 찬송은 온 회중이 일어나서 부른다.

⑵ **주의 만찬을 겸하지 않은 주일예배**

(The Sunday Service without the Lord's Supper)

• 준비

1. **평화의 인사**(목사와 회중이 다음과 같이 평화의 인사를 나눈다.)
   주님의 평화가 여러분과 함께
   또한 목사님과 함께

2. **초대**
   (목사는 예배에 나온 회중을 초대하는 환영하는 말을 하되 특별히 새로 나온 사람들과 교회를 방문한 사람들과 초청 설교자가 있으면 그들을 환영하는 말을 한다. 그리고 모든 예배자들을 축복하는 말을 한다.)

3. **교회력 소개와 예배 해설**(당 주일과 당 주간의 교회력을 짧게 해설하고, 당 주일예배의 특별한 의미가 있을 때에는 짧게 설명한다.)

4. **찬송**

5. **마음을 여는 기도**
   (기도합시다.)
   전능하신 하나님
   우리 마음을 주께 엽니다.
   우리의 모든 것을 아시는 주 앞에서

우리가 아무 것도 숨길 수 없습니다.
당신의 성령의 감동으로
우리 마음의 생각을 깨끗하게 하시고
우리가 당신을 온전히 사랑하게 하소서.
주의 거룩한 이름을 높이나이다.
예수님의 이름으로. **아멘.**

(또는 다음의 기도를 할 수 있다)

온 세상을 창조하시고 사랑으로 돌보시는 전능하신 하나님!
오늘 우리에게 거룩한 주일을 허락하시고 하나님의 집에 나아와 당신을 예배하게 하시니 감사합니다.
이 시간 우리의 몸과 마음과 정성을 다하여
거룩하고 온전한 예배를 드리기 원하오니
우리의 마음을 성령으로 감동하시며 당신께로 가까이 이끌어주옵소서.
우리의 교만한 마음을 다스려주시고 겸손한 마음을 주시어
주님을 온전히 경외하게 하옵소서.
또한 우리의 연약한 심령을 붙들어주시고 우리가 세상에 붙은 헛된 욕심을 다 버리고 주님의 형상을 뵈옵게 하소서.
거룩하신 주님이시여!
이제 우리 자신을 온전히 주께 맡기오니
우리 모두가 그리스도 안에 연합하여 거룩한 신앙의 공동체를 이루도록 우리의 예배에 복을 내려주옵소서.
예수님의 이름으로. **아멘!**

6. **계명들** 읽어야 될 때 (① 주 예수의 가장 큰 두 가지 계명 ② 십계명)

7. **참회의 기도**

   하나님께 우리의 죄를 고백합시다.
   전능하신 하나님, 하늘에 계신 우리 아버지시여
   우리는 당신과 우리의 이웃에게 죄를 지었습니다.
   생각으로, 말로, 행동으로,
   우리가 악을 행함으로,
   우리가 선을 행하지 않음으로,
   무지함으로, 연약함으로
   고의로 죄를 지었나이다.
   우리가 진심으로 우리의 모든 죄를 회개하오니
   우리를 위해 죽으신 당신의 아들 예수 그리스도의 이름으로
   과거의 모든 죄를 용서하소서:
   새로운 삶으로 당신을 섬기어 당신의 이름의 영광을 나타내게 하소서. 아멘.

   (또는 다음의 기도를 할 수 있다.)

   거룩하신 하나님
   우리들은 당신의 뜻을 다 이해하지도 못하고
   실행하지도 못하는 죄인들이옵니다.
   이 시간 십자가에 달리신 그리스도를 바라보면서
   우리의 모든 부족함과 죄악을 참회하오니
   우리를 용서하시고 새롭게 하시어
   당신의 형상을 닮아가게 하옵소서.

또한 마음을 다하고 힘을 다하여 주님을 섬기고
이웃을 사랑하도록 도와주소서. 아멘!

8. 사죄의 선언 또는 사죄의 기도

그리스도 예수가 죄인들을 구하시려 세상에 오셨습니다.
여기 은혜의 말씀이 있습니다;
여러분의 죄가 용서되었습니다.
아멘, 하나님께 감사를 돌립니다.

(여기서 목사는 사죄선언 대신에 다음과 같은 사죄의 기도를 할 수 있다.)

사랑의 하나님!
진정으로 자신의 죄를 회개하는 모든 사람들을 용서하시는 아버지시여,
우리에게 자비를 베푸시어 우리의 모든 죄를 사하시고
우리를 세상의 죄악에서 구원하사 영원한 길로 인도하소서.
예수께서 십자가에 흘리신 피로서
우리의 몸과 마음을 씻어주시며
우리를 온갖 세상의 고통에서 구하여 주옵소서.
또한 오늘 우리가 당신 안에서 참 평안을 얻고 우리 영혼이 쉬게 하시며
새로운 소망 가운데 주님을 찬양하게 하소서.
이 시간 우리의 모든 상처와 연약함을 보혈의 능력으로 치유하시어
강건하고 온전한 삶으로 주님을 섬기게 하소서.
또한 우리의 믿음을 굳게 하시고
우리의 영혼을 강건하고 성결하게 하소서.

이 시간 주님과 화목한 주의 자녀들은
주 안에서 새 생명의 은총을 충만히 누리게 하소서.
예수님의 이름으로. **아멘!**

9. 오늘의 기도 혹은 그 밖의 다른 기도
(여기서는 목사가 교회력에 따른 기도 외에 그 주일의 예배를 위한 기도나 신자들이 하나님과의 화목과 성령의 평화를 위해 기도드린다. 또는 생략할 수도 있다.)

10. 사도신경으로 신앙고백(목사가 먼저 '전능하사' 라고 말하면 회중이 따라서 '전능하사' 라고 말함으로써 시작한다.)

11. '높은 곳에 계신 하나님께 영광' (생략할 수도 있다)

높은 곳에 계신 하나님께 영광
세상의 모든 사람들에게 평화

주 하나님, 하늘의 왕
전능하신 하나님 아버지

우리는 당신을 예배하며 감사드립니다.
당신의 영광을 위해 당신을 찬양합니다.

주 예수 그리스도, 성부의 독생자,

주 하나님, 하나님의 어린양.
주님은 이 세상의 죄악을 담당하셨나이다.
우리를 긍휼히 여기소서.
아버지의 보좌 우편에 앉으셨사옵니다.
우리의 기도를 받으소서.

당신만이 거룩하시며
당신만이 주님이시고
당신만이 가장 높으신 분이십니다.
예수 그리스도와 성령과
하나님 아버지의 영광으로. 아멘.

12. 찬송

• 말씀의 사역(The Ministry of the Word)

13. 구약의 본문 혹은 서신 혹은 둘 다 봉독 (성경이 선포될 때 회중이 응답한다.)

주님께 영광

14. 신약 봉독 (성경이 선포될 때 회중이 응답한다.)

주님께 감사

15. 성가대 찬양

16. 설교

17. 중보의 기도

(여기서는 먼저는 회중을 위하여 다음으로는 온 교회와 사회와 국가와 세계를 위하여 중보의 기도를 드린다. 특별히 이 시간에는 병자들과 가난한 사람들과 여러 가지 이유로 소외된 사람들을 위하여 중보의 기도를 한다.)
(기도합시다.)
하나님, 우리 아버지시여
우리가 모든 사람들의 구원을 위하여 기도할 때에
당신의 성령의 도움을 허락하소서.

온 세상의 교회를 위해 기도합니다.
이 교회와 모든 성도들을 위해(…을 위해) 기도하오니
우리가 믿음으로 일치하여 선교와 봉사에 헌신하게 하시고
성령으로 항상 새롭게 하소서.

목사 : 당신의 자비하심으로(목사가 한 가지 분야의 기도를 다하면 이렇게 말한다. 그리고 회중은 다음과 같이 화답하여 목사와 회중이 함께 마음을 합하여 기도에 동참하는 것이다.)
회중 : 우리의 기도를 들으소서.

우리는 세상 모든 사람들과 지도자들(…들)이 정의와 자유와 평화를 위해 일하도록 기도합시다.(구체적인 중보기도의 내용은 기도자가 미리 준비하여야 한다.)

당신의 자비하심으로
우리의 기도를 들으소서.

우리는 이 나라와 모든 통치자들과 지도자들이 지혜와 정직과 사랑으로 백성들을 섬기도록 기도합니다.

당신의 자비하심으로
우리의 기도를 들으소서.

우리는 우리와 함께 살고 함께 일하는 이웃을 위해서
우리가 당신의 은사들을 바르게 사용함으로
그들이 고된 일과 궁핍함에서 자유케 되고
당신의 창조 안에서 함께 기쁨을 찾을 수 있도록 기도합니다.

당신의 자비하심으로
우리의 기도를 들으소서.

슬픔, 궁핍, 불안, 질병 가운데 있는 모든 이들을 위해 기도합니다. 외롭고 박해받는 이들을 위해 그리고 학대와 부정과 소외로 고통당하는 모든 이들을 위해 기도하오니 그들이 약함 중에도 당신의 능력을 의지하여 낙심 중에서도 희망을 찾도록 도우소서.

당신의 자비하심으로
우리의 기도를 들으소서.

아버지여, 당신 안에서 우리는
땅 위 하늘 아래 사는 한가족입니다.

주님, 죽은 이들을 기억합니다.
특히 우리에게 그리스도 안에 있는
당신의 은혜를 알게 해준 이들에게
감사합니다.

빛 가운데서 주님의 성도들의 모본을 따르도록 도우시고, 그들과 함께 당신의 영원하고도 충만한 기쁨 가운데로 우리를 이끄소서. 우리 주 예수 그리스도의 이름으로. **아멘.**

18. 주의 기도 (목사가 먼저 '하늘에 계신' 이라고 말하면 회중이 따라서 '하늘에 계신' 이라고 말함으로 시작한다.)

하늘에 계신……

19. 찬송

20. 헌금과 헌금을 위한 기도

- 흩어짐

21. 평화의 인사

(목사는 회중에게 처음과 같이 평화의 인사를 하고, 회중은 목사에게 응답한다.)

주님의 평화가 여러분과 함께
또한 목사님과 함께

22. (이어서 회중은 다음과 같은 말로서 서로에게 평화의 인사를 나눈다.)
주님의 평화가 당신과 함께!(Peace be with you!)

23. 성도의 교제(광고)

24. 찬송

25. 축도
하나님 아버지, 아들, 성령의 은총이 여러분에게 항상 있기를 원합니다. 아멘.

26. 파송
하나님을 찬미하며 그분의 영광을 위해 일하며 살아가십시오.
성령의 능력 안에서 평안히 가십시오.
주님께 감사.

27. 흩어짐

  * 모든 찬송은 온 회중이 일어나서 부른다.

제 8 장
웨슬리와 메도디스트 성례전

브리스톨에 있는 세계 최초의 메도디스트 예배당 'New Room'의 내부(1739년 건립)

웨슬리와 메도디스트 성례전

1. 성례전(聖禮典)에 관한 기본 이해

존 웨슬리는 카톨릭 교회의 전통적인 일곱 가지 성사(聖事), 즉 성세(聖洗)성사(Baptism), 성체(聖體)성사(Eucharist), 견진(堅振)성사(Confirmation), 고백성사(Penance), 신품(神品)성사(Ordination), 결혼성사(Matrimony), 종부(終傅)성사(Extreme Unction) 중에 두 가지 성사(聖事)만을 성례전으로 받아들였다. 그 둘은 세례와 주의 만찬(the Lord's Supper)으로서 이것들을 성례전으로 인정한 근거는 성서이며 그리스도가 친히 명하시고 제정하신 것이라고 믿었기 때문이다.[1] 이러한 웨슬리의 입장은 그가 성례전 신학에 있어서 종교개혁자들과 기본적으로 일치한다는 것을 의미한다. 웨슬리는 루터와 칼빈같이 성례전(sacraments)은 '보이는 말씀'(the word made visible)이라고 이해했다. 성례전에서 나타나는 은혜는 복음의 은혜와 조금도 다르지 않으며 그리스도의 구원하는 은혜 이하도 이상도 아닌 동일한 것이다. 신자는 말씀의 설교를 통해서나 성례

---

1) On Baptism, WJW.,10, p.114.

전을 통해서나 동일한 복음의 은혜를 받을 뿐이다. 다만 은혜의 방편이 다를 뿐이다.

웨슬리의 성례전 이해는 '보이지 않는 실재의 보이는 표적'(a visible sign of invisible reality)이라는 어거스틴의 정의에 기초한 영국 국교회의 신조 내용과 일치한다. 웨슬리는 '성례전은 내적인 은혜의 외적인 표적'(a sacrament is an outward sign of inward spiritual grace)이고 신자는 성례전에서 외적인 표적을 통하여 내적인 은혜를 받으며 보이는 물질적 표적(visible material sign)을 통하여 보이지 않는 영적인 은혜(invisible spiritual grace)를 받는다고 정의했다.[2] 그리고 외적인 보이는 표적의 성례는 그리스도가 제정하신 것이기 때문에 신성한 권위와 능력이 있는 것이다. 또한 성례전 제정의 목적은 신비하고 영적이며 초월적인 것을 깨닫기에 한없이 연약한 인간의 연약함을 돕기 위한 것으로, 이는 위대한 '은혜의 방편'인 것이다.[3]

웨슬리는 표적(sign)이란 말 대신에 표시(token), 표식(badges), 보증(pledge), 인증(seal) 등의 용어를 사용하기도 했다. 하나님은 인간의 영적인 무지와 연약함에 맞추어 이러한 보이는 외적 표상과 방식으로 은혜 베풀기를 기뻐하셨다고 한다. 세례의 매체인 물의 '씻어 깨끗하게 하는' 효력은 유비적으로 그리스도의 피의 속죄와 성령의 내적 씻음(inward washing)을 상징한다. 또한 빵과 포도주가 우리의 몸을 보양하는 것처럼 주의 만찬을 받는 사람은 그리스도의 살과 피를 받아먹어 영적인 식사인 영생의 양식을 공급받는 것을 유비적으로 상징하는 것이다. 웨슬리는 성

---

2) Ole E. Borgen, John Wesley on the Sacraments (Abingdon, Nashville, 1972), p.49~50.
3) SS.,1, p.242 ; cf. SS.,2, p.237~238 ; Ole E. Borgen, John Wesley on the Sacraments, p.50.

례전을 선행(先行)하는 은혜(preventing grace)와 칭의하는 은혜(justifying grace)를 경험케 하고 신앙을 강화하며 신자를 성화하는 은혜(sanctifying grace)의 방편이요 복음적인 도구(evangelical instrument)로 사용하였다.4) 그러므로 웨슬리는 성례전 자체만이 아니라 성례전에서 나타나는 성령의 능력과 그리스도의 은총을 강조했다. 또 한 가지 웨슬리의 성례전 이해에서 특유한 장점은 성례전에서 신자의 완전한 헌신을 강조한 것이다. 신자는 성례전에서 자기 자신의 몸과 영혼을 하나님께 드리는 것이며, 이로써 성례전은 하나님께 대한 신자의 희생제사(sacrifice)를 의미하는 것이었다. 이로써 성례전은 신자의 마음과 생활의 완전 성화를 위한 은혜의 방편으로 사용된 것이다.

> "당신의 성례(聖禮)를 축복하시어 효력 있는 은혜의 방편이 되게 하소서. 그리고 나의 마음을 성화하소서. 오 나의 아버지시여, 이제 여기서 나는 나의 영혼을 당신께 드리옵니다. 당신이 나에게 당신의 아들을 주심같이…"5)

2. 세례에 관하여

웨슬리 활동 당시와 그 이후 오랫동안 웨슬리가 성서에 나타난 세례

---

4) John and Charles Wesley, "Hymns on the Lord's Supper with a Preface Concerning the Christian Sacrament and Sacrifice", extracted from Dr. Daniel Brevint (Bristol, 1745, Reprinted by The Methodist Sacramental Fellowship, 1951), p.16~21 ; J. E. Rattenbury, The Eucharistic Hymns of John and Charles Wesley (Epworth, 1948), p.179~180.
5) J. E. Rattenbury, The Evangelical Doctrines of John and Charles Wesley (Epworth, 1941), p.225

를 중요하게 생각하지 않았거나 또는 전통적으로 교회에서 실행되어 온 세례의 신학과 실천으로부터 이탈했다고 하는 의문 내지는 비판이 있어 왔다. 그 이유는 웨슬리가 은혜의 방편(means of grace)에 관한 목록을 작성할 때 세례를 포함시키지 않았다는 것과, 그가 올더스게이트에서 '이상하게 마음이 뜨거워지는'(my heart strangely warmed) 내적 은혜의 체험을 너무 중시하는 반면에 회심과 구원에 있어서 외적 의식인 세례의 중요성과 필수성을 충분히 강조하지 않았다는 데 있는 것으로 여겨진다. 그러므로 웨슬리의 세례에 관한 신학과 실천에 대한 분명한 이해를 통해서 메도디스트 전통의 세례관을 정리할 필요가 있다.

웨슬리는 세례에 관하여 두 개의 작은 논문을 남겨 놓았다. 하나는 로마 카톨릭교회의 교리문답에 관한 자신의 해석과 입장을 정리하는 논문으로서, 이 논문에서 "세례에 관하여"(On Baptism)[6]라는 제목으로 로마 교회의 세례의 교리에 대하여 자신의 해석과 입장을 밝혀 놓았다. 또 하나는 그가 1756년에 쓴 「세례에 관한 논문」(A Treatise on Baptism)이다.[7] 웨슬리는 이 논문에서 영국 고교회의 세례 신학을 별 이의 없이 그대로 수용하고 있다.

1) 세례에 대한 정의

(1) 은혜의 방편(means of grace)이다.

웨슬리는 세례란 그리스도가 제정하시고 모든 신자가 필수적으로 실

---

[6] WJW.,10, p.114~115.
[7] WJW.,10, p.188~120. 이 논문은 부친 사무엘 웨슬리가 1700년 영국 고교회의 세례신학을 정리한 「세례에 관한 간략한 강화」(The Short Discourse of Baptism)를 요약한 것이다.

행해야 하는 은혜의 방편이라고 말한다. 그가 세례를 은혜의 방편 목록에 포함시키지 않은 이유는 세례가 기도나 주의 만찬처럼 지속적으로 반복 실행해야 하는 것이 아니라 유일회적 사건이기 때문인 것으로 여겨진다. 신자는 세례를 통해서 하나님의 값없이 주신 은혜, 즉 그리스도의 대속적 죽음과 희생의 은혜를 받아 칭의에 이르게 되고 동시에 신생(新生, new birth)을 체험하는 것이다. 세례를 통하여 칭의(稱義)하는 은혜(justifying grace)를 받아 신생하면 성령의 능력 안에서 죄악을 이기며 하나님을 향하여 거룩한 삶을 시작하게 되는 것이다.

(2) 세례는 신자가 하나님과의 계약 속으로 들어가는 개시적(開始的) 성례전(initiatory sacrament)이다. 세례는 그리스도가 제정하신 합법적 성례전으로 마치 할례가 그러하듯 세례는 하나님과 신자 사이의 계약을 이루는 표적이요 보증이다. 세례는 그리스도께서 교회에 위임한 선교적 사명(마 28:18~20)으로서 그리스도의 교회가 세상 끝날까지 실행하여야 할 복음적 성례전이다.[8] 세례는 교회에 입교하기 위하여 그리스도가 명하신 수단이고, 정상적 경우에서 세례 외에는 교회와 하나님 나라에 들어가는 다른 수단이 없다.[9]

(3) 세례를 행하는 방식

웨슬리는 세례의 재료는 물이고, 물의 '씻어내는 자연력'이 죄를 씻는 상징에 적합하다고 보았다. 세례는 성부 성자 성령의 이름으로 물로 '씻거나'(washing), 물에 '담갔다 건지거나'(dipping), 물을 '뿌림'

---

[8] WJW.,10, p.188, 19 ; ENNT., Matt., 3:15~16.
[9] WJW.,10, p. 192.

(sprinkling)으로 행해진다. 이렇게 하여 수세자는 영원히 복되신 삼위일체 하나님께 드려진다. 웨슬리는 씻거나, 담그거나, 뿌리는 것 중에 어느 방법으로 해야 한다고 성경에 규정되어 있지 않으며 반드시 침례(baptism)의 방식으로 해야 한다는 어떤 증거도 없다고 보았다. 그는 사도들이 세례를 줄 때에 담갔다 건지기보다는 물로 씻거나 뿌리거나 부었다고 생각하고, 이것이 죄를 씻는 세례의 상징적 의미로 적합하고 충분하다고 보았다.10)

2) 세례의 유익

첫째 유익은 그리스도의 대속적 죽음의 공로를 적용하여 원죄와 원죄의 죄책이 씻겨지는 것이다. 우리 모두가 아담의 죄와 죄책과 그로 인한 형벌을 지고 태어나 영원한 저주 아래 놓였으나(롬 5:12, 14, 19) 한 사람 그리스도의 의로 말미암아 값없이 주시는 은혜(free grace)가 세례 받을 때에 우리에게 적용된다. 신자는 세례 안에서 성령으로 말미암아 씻겨지고 거룩하게 되어 하나님의 진노로부터 구원을 받고, 죄의 사면을 받고, 하늘의 씻김(heavenly washing)이라는 영원한 축복을 즐거워하게 되는 것이다. 웨슬리는 이러한 세례의 유익에 대한 자신의 견해는 고대 교부들의 사상과 일치하는 것이라고 주장했다.11)

둘째 유익은 세례를 받음으로 신자는 하나님과의 계약 속으로 들어간다. 이 계약은 주님이 명하신 영원한 계약이요, 영적인 이스라엘과 '그들에게 새 마음과 새 영을 주시기'로 약속하신 새로운 계약이다. 이것은

---

10) WJW.,10, p.188~190.
11) WJW.,10, p.190~191.

아브라함과 그의 후손에게 약속하신 대로 "나는 너희의 하나님이 되고 너희는 나의 백성이 되리라."는 언약인데, 이 언약이 이제는 세례를 통하여 "선한 양심이 하나님과 더불어 맺은 복음적 계약이 되는 것이다."[12]

셋째 유익은 세례를 받음으로 신자는 교회에 입교하게 되고, 그리스도의 몸인 교회의 지체가 되는 것이다. 세례를 받는 자는 그리스도로 옷 입고(갈 3:27), 신비적 은총의 역사를 통하여 그리스도와 연합하고(mystical union with Christ) 그리스도와 하나가 되어 그리스도의 몸인 교회를 이루는 것이다. 세례 안에서 신자는 그리스도와 영적으로 생명적 연합(spiritual, vital union with Christ)을 이루어 교회와 연합하고 그리스도가 교회에 주시는 모든 특권과 약속에 참여하고 거룩한 의무에 참여하게 되는 것이다.[13]

넷째 유익은 세례를 받음으로 신자는 '본질상 진노의 자식들'에서 하나님의 자녀로 신분이 변화되는 것이다. 이것은 교회에 입교하는 것 이상의 축복이다. 이 유익은 중생(regeneration)의 은혜를 의미한다. 우리는 그리스도의 몸이신 교회에 접붙임 되어, 양자 삼으심과 은혜로 말미암아 하나님의 자녀가 되는 중생의 역사를 체험한다. 이러한 세례에 의한 중생의 역사는 "물과 성령으로 거듭나지 않고서는 하나님 나라에 들어갈 수 없느니라"(요 3:5)라는 그리스도의 말씀에 근거한 것이다. 바울 사도는 이것을 '중생의 씻음'(the washing of regeneration, 딛 3:5)이라고 불렀다. 웨슬리는 다음과 같이 분명하게 말하고 있다.

"신자는 하나님의 은혜의 방편인 물로써, 즉 물세례를 받음으로써 중생한

---

12) WJW.,10, p.191.
13) WJW.,10, p.191.

다."(By water-the water of baptism, we are regenerated or born again.)14)

또한 그리스도의 교회는 세례의 성례전(sacrament of baptism)을 외적인 씻음(outward washing)으로만 여기지 않고 내적인 씻음(inward washing) 또는 내적인 은혜(inward grace)의 역사로 인정하였는데, 이 내적인 은혜가 세례를 성례전으로 만드는 요소라고 주장한다.15) 그러나 일부 웨슬리 학자들은 웨슬리가 세례에 의한 중생(baptismal regeneration)의 교리를 영국 교회 신조에 있는 그대로 믿지 않았다고 주장해 왔다. 이들은 웨슬리가 올더스게이트에서의 복음적 회심(evangelical conversion)을 체험한 이후 구원에 이르는 믿음(saving faith)과 산 믿음(living faith) 또는 내적인 은혜의 역사(works of inward grace)와 성령의 내적인 역사(operation of the Holy Spirit)를 새롭게 강조하면서부터 이전에 가졌던 고교회의 세례 교리로부터 이탈했다고 주장한다.16) 영국 감리교회의 유명한 웨슬리 신학자인 라튼베리(J. E. Rattenbury)는 역사적으로 세례에 관한 메도디스트 신앙은 언제나 다양했다고 말하면서 이러한 현상은 웨슬리 이후 웨슬리의 '마음이 뜨거워진 체험'(…my heart strangely warmed)에 과도하게 로맨틱한 강조점을 둔 결과라고 설명했다.17) 그러나 웨슬리가 1756년 메도디스트들에게 가르치고 자신의 세례신학을 표명하기 위해서 쓴 이 논문에서 '내적인 신생은 외적인 성례전의 씻음과 동시적인 것'

---

14) WJW.,10, p.192.
15) WJW.,10, p.192.
16) 조종남, 요한 웨슬리의 신학, p.186, 조종남 박사는 자신의 논문 「John Wesley's View on Baptism」에서 이 문제를 자세히 다루면서 웨슬리는 고교회의 세례에 의한 중생의 교리를 그대로 견지했다고 주장한다.(요한 웨슬리의 신학, p.265~281.)
17) J. E. Rattenbury, Wesley's Lagacy to the world (Epworth, 1920), p.193~194.

이라는 믿음을 갖고 있음을 볼 때에 우리는 그가 세례에 있어서 영국 교회의 교리를 그대로 견지하고 있다고 보아야 한다. 특히 그가 자신의 세례에 관하여 '성령의 씻음'을 받았다고 말하는 것을 신중히 관찰할 필요가 있다.[18] 다만 웨슬리가 전통적 고교회의 세례관을 설명하는 중에서 염려하고 경계하는 면을 볼 수 있는데, 그것은 고교회의 세례관이 단순히 의식을 통해서 기계적으로 은혜가 솟아 나온다고 믿는다(ex opere operato)는 점이었다.

그는 "은혜란 단순히 의식을 통해서 자동적으로(ex opere operato) 솟아 나오는 것이 아니다. … 오히려 하나님께서 받을 만한 자들에게 하신 약속을 따라 주시는 하나님의 축복으로부터 나온다."[19]라고 말함으로써, 우리가 세례 받을 때에 물로 말미암아 또는 의식 자체 때문에 구원받는 것이 아니라 물의 세례라는 의식과 방편을 통해서 성령의 내적 은혜의 역사하심으로 구원을 받는 것이라고 주장하고 있다. 즉 웨슬리는 물의 세례라는 의식과 방편으로부터 성령의 내적 은혜의 역사를 구별함으로써 로마 교회의 의식 위주의 위험을 경계하였던 것이다. 그러므로 웨슬리의 세례 이해에서는 "받을 만한 자들에게…"라는 말이 의미하는 것처럼 세례를 통한 중생의 구원은 의식의 기계적 작용이 아니라 하나님의 은혜와 인간의 믿음이 일치함으로 일어난다는 복음주의적 강조가 세례에 대한 새로운 해석으로서 돋보인다. 웨슬리는 세례를 구원에 필수적인 것으로 인정하지 않았다. 그는 세례의 특수한 양식이 구원에 필수적이라고 주장하는 편지를 그에게 보냈던 침례교 목사를 비판했다. 웨슬리는 그에게 다음과 같

---

18) JJW.,1, p.465 (May 24, 1938) ; cf. Luke Tyerman, The Life and Times of the Rev. John Wesley, Vol. II, p.265.
19) 'Popery Carmly Considered', WJW.,10, p.149.

이 답장하였다.

> "나는 당신이 담그거나 뿌리거나 하는 일이 아니라 더 좋은 일에 열심내기를 바랍니다. 나는 영국 국교도나 침례교도를 만들기 위해서가 아니라 그리스도인 즉 믿음과 사랑의 사람들을 만드는 일에 부름 받았습니다."[20]

웨슬리는 설교 중에 세례의 의식과 표적 자체에만 의존하여 단순히 세례 받음으로 중생했고 하늘나라의 상속자가 되었다고 생각하면서 회개하지 않는 사람들을 향하여 "저 부러진 갈대 지팡이를 더 이상 의지하지 마시오."라고 경고했다. 그는 중생의 생활이 없이 오로지 '저 부러진 갈대 지팡이' 만 의지하는 자들은 세례를 받았음에도 불구하고 '마귀의 자식들' 이라고 공격했다.[21]

웨슬리는 유아세례에 관해서는, 어린이가 믿거나 회개할 수 없을지라도, '의롭게 하고 중생하게 하는 성례' 라고 믿었다. 이러한 그의 생각은 찰스 웨슬리의 찬송에 잘 나타나 있다.

> 이 어둡고 말세적인 죄악의 시대에
> 아담의 저주와 범죄를 지고 태어난 아이,
> 자비의 팔로 안아주는 당신
> 모든 죄악의 짐을 풀어주시고
> 쇠에 새긴 자국들을 예수의 보혈로 지워주시네.
> 이제 이 은혜 받은 아이에게

---

20) WJW.,10, p.103.
21) WJW.,10, p.103.

용서와 성결과 천국을 주시나이다.²²⁾

그러나 웨슬리는 성인세례에 있어서는 세례 받았다고 해서 모두 중생한 것은 아니라고 생각했다. 그는 자기가 세례를 준 사람들 중에 오직 한 사람만이 진정한 의미에서 중생을 체험했다고 일기에 썼다. 즉 하나님의 사랑이 마음에 가득 부어져서 철저히 내적인 변화가 발생했고, 더러는 더 낮은 수준에서 중생했고, 어떤 이들은 명백하게 이것도 저것도 아니었다고 말한다. 이것은 웨슬리의 세례에 대한 견해를 대표하지는 못하지만 세례 의식이 진정한 중생을 보장하는 것은 아니며 세례 의식만을 의존하는 것의 무익함을 강조하는 증거가 된다.²³⁾ 이와 같은 웨슬리의 세례에 대한 전형적인 태도는 그가 주장하는 중생의 두 가지 의미에서 잘 나타난다. 첫째는 세례에서 일어나는 칭의에 해당하는 것이고, 둘째는 세례 이후에 일어나는 지속적인(복음적인) 회심(conversion) 또는 성화에 해당되는 것이다. 웨슬리가 말한 대로 "전자는 천국에 들어갈 자의 권리를 얻는 데 필수적이고, 후자는 천국 생활에 합당한 품격을 얻는 데 필수적"인 것을 의미한다고 볼 수 있다.²⁴⁾ 그리스도의 의 없이는 우리가 영광을 요구할 수 없고, 성결함이 없이 우리는 영광에 합당한 자가 될 수 없다(히 12:14). 이러한 사상은 찰스의 찬송에 잘 표현되어 있다.

약속된 내적 은혜가 표적을 나타내게 하소서
이 신생한 영혼 위에 거룩한 성품을 새겨주소서

---

22) WJW.,10, p.104.
23) WJW.,10, p.104.
24) WJW.,10, p.105.

아버지여, 당신의 이름이 모든 것을 드러내며
예수여, 당신의 이름이 모든 것을 베푸시네
거룩하신 성령이여, 그 마음속에서 새롭게 하시고
영원토록 거하소서[25]

이와 같이 웨슬리에게 있어서 세례는 중생의 사건이지만, 중생은 반드시 세례와 동시에 발생한다고 볼 수 없다. 중생은 성령을 통해서 역사하는 내적 은혜에 의해서 세례 이전에도 일어날 수 있고 또한 세례와 동시에도 가능하다. 그러나 성인들이 세례 받을 때에 반드시 동시에 거듭나는 것이 아님은 분명하며, 물로 난다고 해서 반드시 성령으로 나는 것은 아니다. 중생에 이르는 세례는 반드시 회개와 믿음이 따르는 신생의 사건이어야만 하는 것이다. 웨슬리에게 있어서 칭의는 반드시 신생을 동반해야 하는 것처럼 세례에 의한 중생은 반드시 성령을 통한 내적 은혜로 인하여 회개와 믿음과 은총을 동반하는 것이다. 즉 그는 물의 세례와 성령의 세례를 중생에 이르는 세례의 필수적 사건으로 동시에 강조한 것이다.

그래서 웨슬리는 세례의 중생을 주장하는 고교회의 카톨릭적 교리를 견지하면서 동시에 회개와 믿음에 의한 복음적 회심을 강조했다. 그렇다고 웨슬리가 세례에 대한 이해에서 모순된다고 볼 수는 없다. 다만 그는 단순히 세례 의식 즉 외적 표식에만 의존하여 내적 은혜의 역사와 세례의 외적 증거를 무시하는 의식주의와 세례의 미신화 같은 오류를 경계하면서 진정으로 성서적이고 복음인 세례, 즉 중생에 이르는 세례를 믿고 가르쳤다.

---

[25] WJW.,10, p.105.

다섯째 유익은 하나님의 자녀 된 결과로서 우리가 하늘나라의 상속자들이 되는 것이다(롬 8:17). 세례를 받음으로써 우리는 하늘왕국에 합당한 칭호를 얻고 증거를 받는다. 우리가 만일 세례를 받고 또한 회개하고 복음을 믿고 순종하여 세례에 합당한 자가 되면 세례가 지상교회에 입교시키듯이 우리를 내세의 영광으로 들어가게 한다.[26]

3) 유아세례에 관하여

웨슬리는 유아세례는 그리스도가 명령한 것이고, 초대 교회부터 사도들의 실천이요 교회의 오랜 전통으로 믿어졌으며, 성서로부터도 충분한 근거가 있다고 주장한다.[27] 웨슬리는 유아가 세례 받아야 할 이유를 다음과 같이 설명한다.

첫째, 어린이도 원죄와 죄책 가운데 있고 이 원죄를 씻기 전에는 구원받을 수 없다. 어린이도 원죄를 씻지 않는다면 영원한 진노와 저주의 자식이 되고 만다. 그러므로 어린이도 구원받기 위해서는 세례를 받아야만 한다.

둘째, 어린이도 하나님과의 계약, 복음적인 계약 관계에 들어갈 수 있다. 이것은 마치 아브라함의 자녀들이 어린 상속자라도 장차 소유할 재산의 권리를 가졌던 것과 같다. 그러므로 어린이도 언약에 들어갈 권리가 있고 세례는 그 언약의 인증이다. 어린이도 세례를 받아야 하고 하나님이 약속하신 복음적 세례에 참여하여 그 언약의 복을 누려야 한다.

셋째, 어린이가 그리스도께로 와야 한다는 것은 "어린이가 내게 오는 것을 금하지 말라. 하늘나라가 이런 자의 것이니라."(마 14:13~14)고 하

---

26) WJW., 10, p.192.
27) WJW., 10, p.193, 195.

신 그리스도의 말씀에 근거하는 것이다. 이 명령은 현재만 아니라 미래까지 내다본 것이다. 그러므로 어린이는 그리스도께 와서 환영받고 교회에 입교하고 하늘나라의 시민이 될 권리가 있다.[28] 그러므로 어린이는 세례의 합당한 대상이다.

넷째, 사도들이 어린이들에게도 세례를 주었다는 근거에서다. 사도들은 때로 온 가족에게나 한꺼번에 수천 명에게 세례를 베풀었는데 그중에는 어린이도 포함되었다고 믿기 때문이다.[29]

다섯째, 사도시대 이후 유아세례는 모든 장소와 모든 시대에 걸쳐 그리스도 교회의 일반적 실천임이 분명하고 이것이 그리스도의 믿음이었기 때문이다. 유아세례는 초대 교회로부터 사도적 전통이요 온 세계 교회의 오랜 전통으로서 그 정당성이 입증되었기 때문이다.[30]

그러므로 웨슬리는 유아세례가 부모를 위한 예식이라거나 부모가 어린이보다 더 중요하다고 생각하는 오류를 경계한다. 부모가 중요하다는 것은 그들이 어린이와 책임적인 관계에 있다는 것일 뿐, 유아세례에서 가장 중요한 사람은 세례 받는 어린이 자신이다. 유아세례에서 교회는 어린이에게 복음의 약속을 인증해 주고 어린이가 그 약속된 복을 일생 동안 누리도록 복음적 성례에 참여케 하는 것이다. 웨슬리에 있어서 유아세례는 원죄를 씻는 표시요 하나님의 가족이 되는 인증이고 중생의 표시이고 하나님의 영생을 부여받는 것이다.[31]

---

28) WJW.,10, p.195.
29) WJW.,10, p.196.
30) WJW.,10, p.197.
31) WJW.,10, p.110.

3. 성만찬 신학과 전통

1) 초대 교회에서의 성만찬 예배와 영성

초대 교회에서 예배는 그리스도인의 삶의 중심이었고, 삶은 예배의 연장이었다. 초대 교회에서 예배는 현대의 신자들이 상상할 수 없을 만큼 신비하고 거룩하고 중대한 것이었다. 초대 그리스도인들은 예배를 위해서 살았다. 예배하기 위해서 모든 박해와 고난을 받으며 모였고 생명을 희생하기까지 하였다.

그런데 이런 초대 교회 예배에서 성만찬은 예배의 중심이었다. 성만찬이 없는 예배는 성립될 수 없었다. 성만찬에서 신자들은 실제로 십자가에 달리고 부활하신 예수를 만나고 예수의 새 생명과 교제하고 경험하였다. 그리고 골고다에 올라가서 예수의 피와 살의 생명을 받아먹었으며, 예수와의 일치와 연합을 경험했다. 이런 성만찬의 신비한 은총이 세상을 이기는 믿음이고 능력이었다. 초대 교회에서는 말씀과 성만찬의 온전한 일치와 조화를 이루었다. 그리고 신자들은 성례전적 영성의 삶을 살았던 것이다. 성만찬은 신자들의 삶을 신비하고 거룩하게 하는 은혜의 사건이었다.

2) 종교개혁자들의 성만찬

개혁자들은 한 번도 성만찬을 반대하거나 경시한 적이 없다. 그들의 투쟁은 성만찬을 없애기 위함이 아니요 로마 카톨릭교회에 의해 오용되어 미신화되기까지 타락해 버린 성만찬을 본래 위치로 회복하기 위한 것이었다. 신약시대의 본래적 의미의 성만찬을 되찾기 위해 개혁자들은 예배의 개혁을 이루고 예배의 개혁을 통하여 교회의 개혁과 신앙의 개혁을 이루려는 목적을 가졌다. 개혁자들은 예배에서 말씀과 성만찬이 일치되고 조화된 예배를 실천했다. 그들에게 성만찬 없는 주일예배는 상상할 수도 없었다. 그들은 매 주일 성만찬(weekly sacrament)을 실행했다. 칼빈은 성찬을 일년에 특별한 절기에만 실시하거나 매 주일예배로부터 분리하는 쯔빙글리식 습관은 마귀의 발명이라고 비난했다. 더욱이 중요한 것은 개혁자들이 성만찬을 실제적 은혜의 수단으로 사용하였다는 것이다. 즉 그들은 성찬을 통해서 신자들의 믿음을 양육하고 강화시키고 경건생활의 성장을 돕는 영성훈련을 하였던 것이다. 개혁자들은 참 교회의 표지를 '복음의 말씀이 바르게 선포되고 성례전이 바르게 집행되는' 것으로 보았다. 칼빈은 교회는 성례전적 공동체(sacramental community)이며 기독교 예배는 본질상 성만찬적(eucharistic worship)이라고 했다. 개혁자들은 성례전적 영성훈련을 통하여 예배의 갱신과 교회의 개혁과 신자들의 가정생활과 사회도덕생활까지 개혁하고 성화(聖化)하는 성례전적 목회(sacramental ministry)를 실천했다.

3) 한국 개신교회의 성만찬

한국 개신교 초기의 미국 선교사들은 감리교든지 장로교든지 주로 부흥사에 가까운 복음주의자들(evangelicals)이었다. 이들은 미국의 강력한 청교도들의 신학과 영성에 깊은 영향을 받았으므로 설교 중심의 예배와 부흥회 식의 예배, 즉 단순한 방식의 예배를 한국에 전해 주었다. 그들은 성례전적 예배 의식(liturgy)을 잘 몰랐다. 마치 설교 중심의 기도회와 같은 예배를 갖고 온 것이다. 그래서 한국 개신교는 처음부터 성례전 신학과 예배 의식을 제대로 배워본 적이 없으므로 성만찬 없는 설교 중심의 단순한 예배와 리터지 없는 간단한 기도회식 주일예배가 정착되어 온 것이다. 청교도적 말씀 중심의 경건주의와 부흥회식 즉흥기도 중심의 복음주의는 성만찬 경시와 기도문과 리터지를 거부하는 전통을 가져왔다. 이리하여 한국 개신교는 말씀과 성만찬을 완전히 분리시켜 개혁된 예배(reformed worship)를 떠나 설교 중심의 기형적(畸形的) 예배(deformed worship)를 낳았다. 한국 기독교인들에게서 신앙과 생활이 철저히 격리되고 이원화된 데는 이러한 기형적 예배가 원인이 되었다는 지적이 있다.

4) 웨슬리 시대 영국 교회의 성만찬

웨슬리 당시의 비국교도 교회는 열심이 쇠퇴하고 지도력이 약화되고 신학적으로 빈곤한 상황에서 성례전적 경건(sacramental piety)도 상실하고 있었다. 다만 소수의 전통적인 보수파 청교도 교회만이 성례전에 관한 높은 견해(high view)를 갖고 있어서 매월 1회 또는 매년 5~6회 정도 실시하고 있었다. 대부분의 비국교도 교회들은 빈번한 성찬은 로마 카톨릭적이라는 극단적 칼빈주의(hyper-calvinism)에 깊이 빠져 있었다. 일반적으로 많은 교회에서는 1개월에 1회 성만찬을 실시했고, 또한 상당수의 교회들이 1년에 3, 4회 즉 크리스마스와 부활절 등과 같은 절기에만 실시했다. 그러나 고교회(High Church)에 속한 상당수의 교회들은 매 주일 성찬(weekly sacrament) 또는 매일 성찬(daily sacrament)을 실행하였다.

5) 웨슬리 선조들의 성만찬

웨슬리의 증조부와 조부는 모두 청교도 목사들로서 매 주일 성찬을 행했던 성례전적 경건주의자들이었다. 웨슬리의 부친도 고교회 성례전주의자였다. 특히 그는 당시 유행하던 이신론(理神論 ; deism)과 합리주의를 반대하고 성찬에서의 성령의 신비한 역사를 강조했으며 성만찬 신학에 관한 「바르게 준비된 성만찬」(The Pious Communion Rightly Prepared)이라는 책을 썼는데, 이 책이 존 웨슬리에게 깊은 영향을 주었다.

웨슬리의 어머니 수산나는 청교도적 성만찬 경건을 중요시하였으며 웨슬리에게 성만찬 신앙과 신학에 관한 깊은 영향을 주었다. 특별히 수산나는 아들에게 성찬에서 그리스도의 실제적 임재(real presence)의 신앙을 가르쳐주었다. 이와 같이 웨슬리는 부친의 고교회 성례전적 경건주의와 모친의 청교도적 성례전 경건주의를 동시에 배우며 성장했다. 웨슬리의 성만찬 신앙과 신학은 주로 그의 부모에게 어려서부터 직접 배우고 훈련받아 경험으로 형성된 것이라고 할 수 있다.

6) 열성적 성만찬 경건주의자 웨슬리

우리는 존 웨슬리가 위대한 설교가였던 것은 잘 알고 있지만, 동시에 그가 일생 동안 열성적인 성만찬주의자로 살았다는 것에 관하여는 일반적으로 모르고 있다. 웨슬리는 영국 국교회의 고교회 성직자로서 성만찬에 대한 신학적이고 목회적인 중요성을 강조하는 성례전주의자(high sacramentalist)였다.

웨슬리는 어려서부터 부모의 성만찬 경건주의 분위기 속에서 자라났고 성만찬 경건은 그의 영성을 형성(spiritual formation)하는 데 있어서 필수적인 요소였다. 그는 성만찬을 통해서 '진정한 기독교'(true Christianity)를 추구했다. 웨슬리는 8세 때부터 성찬상에 나갔고 그때부터 성만찬은 그에게 거룩한 습관(holy habit)이 되었으며 일생 동안 열성적인 성만찬 경건주의자로 살게 하였다.

옥스퍼드 신성회(神聖會 ; Holy Club at Oxford)의 규칙 중에 두 번째가 "모든 주어진 장소와 기회에 성만찬을 거룩한 의무로 받는다."는 것이었다. 신성회 회원들의 성만찬에 대한 열심 때문에 '성례전주의자'(sacramentarian)라는 별명도 생겨났다. 옥스퍼드의 신성회에서 실천한 성례전적 경건주의는 메도디스트들의 영성을 형성하는 데 가장 중요한 요소가 되었다. 1772년 그는 "나로 하여금 다시 옥스퍼드 메도디스트가 되게 하라."(Let me again be an Oxford Methodist)고 하며 옥스퍼드의 신성회에 대한 깊은 향수를 표현했다. 그는 신성회를 지도하는 기간에 영국 국교회의 '선서거부자들'(Nonjurors)의 영향을 깊이 받았다. 이들은 메리 여왕의 종교 정책에 반대하고 영국의 옛 카톨릭 교회의 예배 의식에다 전통적 권위를 두고 실행하는 성직자들이었다. 웨슬리는 이들과의 만남을 통해서 기독교회가 영구적으로 본받아야 할 초대 교회의 예배와 생활은 성만찬 중심이어야 하고 이것이 진정으로 사도적 교회의 전통이요 실행이라는 것을 더욱 확신하게 되었다. 이와 더불어 웨슬리는 초대 교회 교부들에 대한 역사적 연구를 통해서 '선서거부자들'의 사상이 교회사적으로 보아 정당하다는 신념을 얻게 되었다.[32] 이리하여 웨슬리

---

[32] 이 때문에 웨슬리는 1662년 공동 기도서를 엄격하게 실천했고, 성례전의 엄격한 규칙을 철저히 지켰다. 이 분야에 관하여는 괄호 안의 자료를 참고할 것(R. George, 'Means of Grace' in A History of the Methodist Church in Great Britain Ⅰ, p. 263.).

는 신성회의 회원들과 함께 사도적, 초대 교회적, 카톨릭적 경건생활을 자신들과 영국 교회에 회복하려는 생각으로 성만찬 경건운동을 실행하게 된 것이다.

웨슬리의 이러한 경력 때문에 웨슬리가 19세기 초에 일어난 뉴만(John Henry Newman)의 옥스퍼드 운동(Oxford Movement)의 선구자였다고 주장하는 영국 고교회 신학자들이 있었다. 옥스퍼드 운동은 뉴만이 옥스퍼드 대학을 중심으로 일으킨 영국 교회의 카톨릭 복귀운동으로서, 영국 교회 안의 카톨릭 복귀주의자들(English Catholics)이 웨슬리를 이 운동의 선구자로 발견하고 영국 교회 안에 카톨릭 전통을 회복한 전형적 모델로 부상시켰던 것이다. 이들은 그렇게 할 수 있는 근거로서 웨슬리의 고성례전주의(high sacramentarianism)와 선서거부자들의 영향을 들었다.[33] 후에 영국의 카톨릭 복귀주의자들은 완전한 카톨릭 교도가 되거나 또는 영국 국교회에 남아서 영국적 카톨릭 교도(Anglo-Catholics)가 되었다.

웨슬리는 회심 전 1733년에 "빈번한 성찬의 의무"(The duty of frequent communion)라는 설교를 썼다. 회심 후 1788년(죽기 3년 전)에 내용의 변경 없이 이 설교를 다시 출판했는데, 그는 다만 제목에서 부친이 사용한 '빈번한'(frequent)이라는 말 대신에 '지속적'(constant)이라는 말로 바꾸어 사용했다. 그는 이에 대해, '빈번한' 이란 용어가 성찬의 중요성을 표현하기에는 부족하기 때문에 더 강한 의미를 지닌 말을 사용했다고 설명했다.

웨슬리의 성만찬 경건주의는 오히려 회심 후에 더 강화되었다. 이 설

---

33) Luke Tyerman, The Oxford Methodists (Epworth, 1936), p.32~34. 19세기 옥스퍼드 카톨릭 복귀 운동가들(Oxford tractarians)은 이 사실을 입증하려는 노력의 한 가지로 하나의 책을 내놓았다.(Holden. H. W, John Wesley in company with the High Churchmen, London, 1871)

교에서 웨슬리는 "성찬은 모든 신자의 거룩한 의무이므로 모든 가능한 기회에 지속적으로 성찬을 받아야 한다."고 하면서 지속적으로 성찬을 받지 않고서는 아무도 기독교인의 참된 경건을 소유할 수 없다고 말하였다.

또한 "왜 의무인가?"라는 질문에 대하여 첫째로는 그리스도의 명령이기 때문이고, 둘째는 이것을 행함으로 얻는 은사가 너무도 크기 때문이라고 했다.

신자는 성찬을 통하여 죄의 용서를 얻고 영혼의 강건케 함을 얻으며 완전한 성결에 이르게 된다고 웨슬리는 가르친다. 그러므로 성만찬을 하나의 위대한 은혜의 방편(a great channel of grace 또는 a chief means of grace)이라고 부른다.

웨슬리는 조지아 선교를 향해 가던 선상에서 개인 또는 공동으로 매일 성찬을 행하였으며, 선교지에서 매 주일 성찬을 하는 동시에 환자와 임종하는 사람들에게 성찬을 주었다. 그러나 조지아에서 웨슬리는 선서거부자들의 엄격한 성례전 규칙을 그대로 적용하는 목회를 하였다. 그 규칙은 다음과 같다.

① 영국 교회의 성직자에게 세례를 받지 않은 사람에게는 성찬을 주지 않는다.
② 성찬을 받기 원하는 자는 미리 예고해야만 한다.
③ 한번 성찬에 적합치 않은 자로 인정된 후로는 회개, 고행, 금식, 고백, 기도회 출석 등을 통하여 훈련 받은 후에 성찬을 받게 한다. 그리고 이런 훈련의 증거가 없으면 성찬을 거절한다.[34]

---

34) JJW.,1, p.386.

웨슬리는 너무나 엄격한 성찬 규칙을 식민지 상황에 적용한 것이 문제가 되어 법정에 고발당하고 결국 귀국하게 되었다. 웨슬리의 조지아 선교 실패는 연애사건이 발단이 되었지만 성만찬 거부사건이 직접적인 동기가 된 것이다. 웨슬리는 회심 후에 자신이 너무 철저한 성찬 규칙을 적용한 것이 바람직하지 못했다는 것을 인정하고 후회했다.35)

1738년 회심 후에도 그의 성만찬 경건과 신학은 변하지 않았고 더욱 강화되었음을 볼 수 있다. 회심 후에 그는 분주한 여행 전도자임에도 매주일과 모든 기회에 성찬을 받았다. 회심 후 일생 동안 평균 4일에 1회 성찬을 받은 셈이다. 회심 2년 후인 1740년 98회, 1782년에는 2일에 1회, 노년의 마지막 몇 년간은 3일에 1회, 1791년 죽기 전 6주 동안은 15회 성찬을 받았다. 그는 가끔은 집에서나 채플에서 개인 성찬을 행했다. 그는 일생 고교회(高敎會) 성례전주의자(high church sacramentarian)로 살았다.36)

회심 전에는 의식(儀式) 중심의(ritualistic) 성례전주의자였으나 회심 후 복음적 성례전주의자(evangelical sacramentarian)가 되었다. 그러므로 이제는 성만찬 수찬 자격에서 엄격한 규율을 버리게 되었고 성만찬이 하나의 복음적인 은혜의 방편(a evangelical means of grace)이 된 것이다. 회심 후 웨슬리에게는 성례전적 경건과 복음적 열심이 조화로운 결합을

---

35) 웨슬리는 자기가 연모했던 소피 홉키가 다른 남자와 결혼하자 그녀와 그녀의 남편 윌리엄슨 씨(Mr. Williamson)에게 성찬을 거부했는데, 이유는 예고가 없었고 도덕적으로 부당함에도 훈련의 증거가 없다고 생각했기 때문이었다. 결국 웨슬리는 이 성만찬 거부 사건이 문제가 되어 고발당하고 귀국하게 되었다. 당시 법정에서의 고발 내용은 "성찬의 은사를 제한적으로 선택된 수에만 주고 철저한 회개와 고행의 증거가 없으면 거절한다는 원칙을 식민지의 교양 없고 훈련이 안된 사람들에게 적용하는 것이 부당하다."는 것이었다.
36) John C. Bowmer는 그의 책 The Lord's Supper in Early Methodism (Dacra Press, London, 1951)에서 웨슬리의 성찬 횟수를 자세히 설명하고 있다. 위의 책 p.49~61을 참고할 것.

이루었다. 웨슬리는 카톨릭의 의식주의적 성례전을 복음화했던 것이다. 즉 복음주의적 영성을 성례전에 결합시켰다. 웨슬리의 일기에는 수백 명 또는 천여 명에게 성찬을 주었다는 기록이 반복해서 나오고 있다. 최장 시간으로는 5시간 동안 성찬이 진행되기도 했고 때로는 지쳐 쓰러질 정도까지 되었다고 한다. 실제로 18세기 감리교 부흥은 설교를 통한 복음운동(evangelical movement)과 동시에 성만찬 부흥운동(sacramental movement)이라고 할 수 있다. 이것은 라튼베리(J. E. Rattenbury), 보머(J. C. Bowmer), 보겐(O. E. Borgen), 조지(R. George) 등에 의해서 잘 연구되어 왔다.

7) 초기 메도디스트 성만찬 신학

초기 메도디스트 신도회(Methodist Society)의 회원들은 지속적으로 하나님의 말씀을 들어야만 살 수 있었던 것과 동시에 지속적으로 성만찬을 받아야만 영적으로 만족할 수 있었다. 그러나 메도디스트들은 이러한 성만찬에 대한 열심 때문에 딜레마에 빠졌는데, 교구교회의 성직자들이 메도디스트들에게는 성찬을 거부했기 때문이다. 그리하여 그들은 웨슬리에게 메도디스트 평신도 설교자들에게 성례전 권한을 주어서 그들의 손에서 성찬을 받을 수 있게 해달라고 간청하였다. 이 요청은 웨슬리가 죽은 후까지 계속되다가 결국 메도디스트 신도회가 영국 국교회에서 완전 분리되어 감리교회(Methodist Church)가 탄생하는 중요한 요인이요 직접적인 동기가 되었다.

웨슬리는 1784년 영국 교회의 '공동 기도서'(The Book of Common Prayer)를 '북아메리카의 메도디스트를 위한 예배서'(The Sunday Service of the Methodists in North America, with the Occasional Services)라는 제목으로 축소 개정하였는데, 여기서도 그는 매 주일예배에 성찬을 행할 것을 가르치면서, 설교와 성찬이 함께 있는 예배가 초대 교회와 사도 교회의 전통이며 참된 기독교 예배라고 강조했다. 그리고 이 예배서에 '병자를 위한 성만찬' 예식을 포함시켰다.

또 1795년 영국에서 메도디즘이 하나의 독립교회로 출발할 때 메도디스트 예배에는 성찬을 매주 행하고 국교회의 예배서나 웨슬리의 개정판 중에 하나를 사용하도록 규정했다. 웨슬리의 지속적이고 열성적인 노력에도 불구하고 영국과 특히 미국에서 웨슬리의 매 주일 성찬(weekly sacrament)이 그의 뜻대로 실천되지 않았는데 그 이유는 다음과 같다.

① 초기부터 안수 받은 성직자가 별로 없었다.
② 초기 메도디스트들이 교육받지 못한 사람들이어서 리터지 사용이 어려웠다.
③ 천막 부흥운동이 메도디스트 예배에 지배적 영향을 주는 분위기에서, 처음 메도디스트 예배는 '복음적인 마음 뜨거운 예배' (evangelical warm-hearted worship)였기 때문에 리터지나 성만찬보다는 '자유로운 방식의 예배' (free-informal type of worship)로 기울게 되었다.
④ 강력한 청교도주의의 설교 위주 예배가 확립되고 있었다.
⑤ 빈번한 성찬은 카톨릭적으로 복귀하는 위험이 있다고 생각했다.
⑥ 빈번한 성찬은 복음적이지 않고 미신적인 습관이라고 오해했다.[37]

---

37) 웨슬리가 메토디스트 운동에 영향을 준 것이 위대하지만, 그러나 반대로 메토디스트 부흥운동이 웨슬리에게 영향을 준 것도 크다. ① 처음 야외전도운동과 메토디스트 신

1745년에 존 웨슬리와 찰스 웨슬리는 「성만찬 찬송집」(Hymns on the Lord's Supper)을 출판하였다.38) 이 책은 긴 서문과 함께 166곡의 성만찬 찬송이 실려 있는데, 이것은 초기 메도디즘이 얼마나 성만찬을 중요시했는가를 말해 준다. 이 책의 서문에는 웨슬리의 성만찬 신학 사상이 잘 정리되어 있다.

첫째, 성만찬은 그리스도의 고난과 죽으심의 기념이다. 성만찬은 그리스도의 고난과 죽으심을 기념하는 표적(sign)과 인증(seal)이다. 성만찬의 거룩한 행사에서 그리스도의 고난과 십자가에서 죽으심이 언제나 현재적으로 기념된다. 즉 과거의 사건이 현재적 사건으로 일어나는 것이다. 성찬상 앞에서 신자는 실제로 십자가에 달리신 그리스도의 발 밑에 서며 자신의 모든 죄를 진정으로 슬퍼하며 회개한다. 신자는 그리스도의 손과 발을 만지며 옆구리에 손을 넣는다. 그리고 십자가상에서 흐르는 땀과 물과 피를 만지며 그의 절규하는 음성을 듣는다.39)

둘째, 성만찬은 그리스도의 대속적 희생의 표적과 인증이다. 웨슬리의 성만찬 신학에서는 그리스도의 대속과 희생이 강조된다. 그의 성만찬

도회 증가에 따른 예기치 못한 상황은 웨슬리의 본래 의도가 아니다. 메토디스트 부흥운동의 회중과 분위기는 오히려 웨슬리를 끌고 갔다. ② 감리교 평신도의 성직 안수도 웨슬리의 의도대로 되지 않고 오히려 그가 메토디스트들에게 상황에 따라 끌려갔다. ③ 사회운동도 웨슬리의 본래 의도가 아니라 자연적 발전이요 결과이고 웨슬리는 당시 사회 상황과 가난한 사람들에게 끌려갔다. ④ 성찬문제도 웨슬리의 본래 의도대로 되지 않은 중요한 문제였다. 그의 단호한 의지에도 불구하고 그는 신자들과 상황에 끌려갔고 그의 사후는 더욱 그랬다. 그의 매주 성찬과 예배 방식은 실패라고 볼 수 있다. ⑤ 영국 교회로부터의 독립은 그의 의도와는 정반대였다.
이 점에 관해서는 Raymond George, 'The Lord's Supper' (The Doctrine of the Church, Dow Kirkpatrick), p.142를 참조할 것
38) 이 책에는 메토디스트 성만찬 신학을 표명하는 서문과 찰스 웨슬리의 성만찬 찬송 166개가 실려 있다. 총 44쪽의 긴 서문은 17세기 영국 국교회 신학자로서 옥스퍼드대학의 교수였던 Daniel Brevint(1616~1695)의 명저 On the Christian Sacrament and Sacrifice(1680년)에서 발췌 요약한 것이다.
39) J. E. Rattenbury, 같은 책, p.176~179.

찬송시는 그리스도의 십자가 희생과 대속의 은총을 표상하고 선포하는 내용들로 가득 차 있다. 수찬자는 성찬에서 그리스도의 대속적 희생을 경험한다.

셋째, 성만찬은 십자가에서 죽으시고 부활하신 그리스도의 실제적인 임재의(the real presence of Christ) 사건이다. 성만찬은 단순히 기념이나 상징이 아니다. 바르게 행해지고 수찬자가 참 믿음으로 받을 때 그리스도가 실제로 임재하고 현존하는 사건이 된다. 성찬에는 그리스도의 몸이 실제로 임재하고 수찬자는 실제로 그리스도의 몸과 피를 먹고 마시는 것이다. 그러나 이것은 카톨릭의 화체설이나 루터의 공재설 같은 것이 아니다. 그리스도의 몸은 교회의 성만찬에서 영적인 방식에 있어서 실제로 임재한다(real presence in spiritual way). 존 웨슬리의 예배와 성례전 연구에서 가장 권위있는 학자로 알려진 레이몬드 조지(R. George)는 웨슬리가 주장하는 '실제적 임재'란 신자가 진정한 믿음을 가지고 받을 때 가능한 것이고 영적인 의미에서 이해되는 것이기 때문에 '진정한 임재'(true presence)라고 부르는 것이 적절하다고 설명한다. 즉 수찬자가 진정한 믿음을 가지고 받을 때에 성찬은 수찬자가 실제로 임재하는 그리스도를 체험하는 '진정한 임재'의 사건이 된다는 것이다.40) 성만찬이 그리스도의 실제적 임재의 사건이 되게 하는 성령의 신비한 역사를 설명할 때에 카톨릭 교회는 성례전을 집행하는 사제의 행위, 즉 성만찬 의식 자체를 중시하는 것이라면 메도디즘은 그것과 함께 수찬자의 믿음을 더욱 중시하는 것이라고 할 수 있다. 이러한 웨슬리의 성찬 이해는 존 칼빈이 말하는 '영적인 임재'(spiritual presence)와 같

---

40) 이 점에 관하여는 특별히 Raymond George의 글 'The Lord's Supper'(The Doctrine of the Church) 참고.

은 것이라고 할 수 있다. 이러한 그리스도의 임재는 성령의 신비한 은혜다. 웨슬리는 어머니 수산나의 성찬에 대한 신학적 확신에 전적으로 동의했다. 1732년 수산나는 아들에게 보낸 편지에서 다음과 같이 말했다.

"성찬에서 그리스도가 실제로 임재한다는 것은 올바른 견해다. 그리스도의 신성과 구속의 은혜는 성령의 역사로 성찬에서 명백히 현재한다. 우리는 성찬에서 표식(sign)만이 아니라 실제로 그리스도의 몸과 피를 받는다. 그리고 이 은혜의 역사는 우리에게 신비로 가득하다."[41]

웨슬리는 이 편지에 대하여 이렇게 답장을 보냈다.

"성찬에서 그분의 신성이 우리와 연합합니다. 이때 우리가 참다운 수찬자가 되는 것이 중요합니다. 나는 성찬에서 그리스도가 실제로 임재하는 것을 확실히 믿습니다. 또 성찬에서 우리와 그리스도와의 연합은 아주 신비로운 것입니다."[42]

또한 찰스 웨슬리의 찬송에도 이런 생각이 잘 나타나 있다.

"우리는 주님을 만나러 하늘에 올라갈 필요가 없도다
이미 모든 사람을 초대하시고
지금 당신의 성찬에 와 계시니
믿는 자를 만나시리로다

---

41) LJW.,1, p.118~119.(1732년 2월 28일)
42) WJW.,7, p.13~14.

당신의 진정한 임재(Thy real presence)를 보이시네"

(성만찬 찬송가 116장 5절)

넷째, 성만찬은 실제적인 은혜의 방편(a real means of grace)이 된다. 이렇게 성찬이 그리스도의 몸과 피를 받는 생생한 영적 체험 사건이 되므로 성찬은 '그리스도의 몸과 피를 영적으로 먹고 마시는'(spiritual feeding 또는 spiritual nourishment) 복음의 잔치(gospel feast)가 되는 것이다. 웨슬리의 '성만찬 찬송집' 서문에는 메도디스트들의 성만찬 신앙이 아름답게 표현되어 있는데, 이것은 주로 성찬에서 그리스도의 실제적 임재와 영적 양식을 받는 것에 대한 신앙고백이다.

"성찬은 가장 위대한 신성의 표현과 신비 중에 하나다. 기독교의 가장 거룩한 복음의 잔치다. 이 거룩한 상에서 성도들은 하나님을 예배하고 하나님은 그의 백성을 축복하신다. 이런 특별한 방식으로 우리는 우리의 몸과 영혼을 그리고 모든 것을 하나님께 드린다. 하나님은 우리에게 그의 아들과 몸과 피를 주시고, 우리에게 필요한 모든 영적 복을 주신다. 그러므로 이 신비한 예식은 성례전(sacrament)이다. 동시에 희생 제사(sacrifice)이다. 또한 우리의 의무이고 축복이다. 성찬은 하나님의 거룩한 현존의 상징이요 능력이다. 이것은 마치 모세에게 나타났던 떨기나무에 붙은 불과 구름과 광야의 만나와 같으며 그의 손의 지팡이와 같다. 또한 예수의 옷자락과 그림자와도 같다."[43]

---

43) J. E. Rattenbury, 같은 책, p.179.

빵과 포도주는 단순한 물질이지만 하나님이 이런 단순한 물질과 예식에 실제로 임재하시어 우리에게 구원의 양식과 영혼의 힘을 주신다고 웨슬리는 설명하고 있다. 성찬은 은혜를 받는 위대한 통로(a grand channel of grace)다.[44]

"주의 만찬은 선행하는 은혜(preventing grace)와 칭의하는 은혜(justifying grace), 그리고 성화하는 은혜(sanctifying grace)를 전달하는 하나님이 성별하신 방편(方便)이다."[45]

웨슬리의 성만찬론에서 독특하고 중요한 것은 성찬이 신앙을 확인하고 강화(强化)하는 성례(a confirming ordinance)인 동시에 회심(回心)하게 하는 성례(a converting ordinance)라는 것을 강조한 것이다. 그는 성만찬을 행했을 때에도 설교했을 때와 동일하게 "내가 그리스도를 주었다."(I offered Christ)라고 그의 일기에 자주 기록했다. 그리고 많은 사람이 성만찬을 통해서 성령을 체험했고 회심하여 하나님께 돌아왔다고 기록했다. "우리는 성만찬에서 영광스런 기회를 가졌습니다. 바위들이 조각조각 부서졌습니다.", "한 사람이 말씀을 통해 구원받았고, 한 사람이 성찬을 통해 구원받았습니다." 그러므로 수찬자의 믿음이 진정한 성찬을 만드는 중요한 요소로 요구된다.

다섯째, 성만찬은 희생 제사(sacrifice)다. 이것은 카톨릭에서 말하는 그리스도의 수난의 재현도 아니고 사제주의 제사라는 것도 아니다. 이것은 단 한 번 있었던 영원하고 유일한 그리스도의 희생사건을 현재에서 경

---
44) J. E. Rattenbury, 같은 책, p.181~182.
45) WJW.,1, p.280.

험하는 의미로 성찬이 '희생 제사'가 된다는 것이다. 또한 성찬은 감사의 희생 제사가 되는 것이다. 그러므로 성찬에서 희생 제사는 우리 자신을 드리는 헌신의 제사가 된다. 즉 믿음과 감사로 우리 자신의 몸과 영혼 그리고 우리의 선행을 드리는 '감사의 제사'가 되는 것이다. 여기서 웨슬리는 성만찬 신학에서도 그의 구원론의 중심인 칭의와 성화의 조화를 추구했고 성만찬이 신자의 성화를 향한 '은혜의 방편'이요, 동시에 '헌신의 방편'으로 보았다.46)

여섯째, 성만찬은 천국의 축복을 미리 맛보는 종말론적 잔치다.47) 메도디스트 성만찬은 그리스도의 상(table)에 둘러앉은 성도들의 기쁨에 찬 교제(joyful fellowship)였다. 처음 메도디즘은 성만찬 예배에 찬송을 결합시켜서 성도의 교제와 기쁨(eucharistic fellowship and joy)을 회복했다. 처음 메도디스트 예배는 복음적 열심과 성례전적 기쁨의 조화를 이루었다. 처음 메도디스트 성만찬은 은총의 방편으로서 복음전도적 예식(evangelical ordinance)이었다. 설교를 통해서만 아니라 성만찬을 통해서도 죄인들을 복음으로 초청하고 회심과 중생을 체험케 했다. 그래서 메도디스트 성만찬은 복음전도의 방편(a means of evangelizing)이고 회심하게 하는 예식(converting ordinance)이었다. 웨슬리는 조금의 믿음이라도 가지고 받기를 원하는 모든 사람들에게 성찬을 허락하였다. 그는 수찬자(受餐者)의 자격을 그리스도의 은혜를 거부하지 않고 원하는 모든 사람에게 부여하였다.48) 이것은 웨슬리가 성찬을 모든 사람에게 무차별하게 주었다고 비판받는 요소가 되기도 했다. 그러나 웨슬리가 원칙적으로 성찬

---

46) J. E. Rattenbury, 같은 책, p.186~193.
47) J. E. Rattenbury, 같은 책, p.184~186.
48) John C. Bowmer, 같은 책, p.103~122.

이 복음전도적 은혜의 방편이라는 성서적 · 신학적 이해에 근거해서 성찬에서 가장 본질적이고 중요한 것은 어떤 외적 조건과 교회의 규율이 아니라 수찬자의 내적 믿음이라고 이해했다는 것을 중시해야 한다. 웨슬리는 성찬의 수찬 자격에 있어서 무제한, 무조건, 무차별하지 않았다. 그는 그리스도의 은혜를 구하는 겸손한 믿음, 진실한 믿음, 간절한 믿음이라는 본질적 조건과 본질적 자격을 요구한 것이다. 실로 메도디즘에서 성만찬은 복음적인 성례전(evangelical sacrament)이었다. 복음전도적 내용으로 가득 차 있는 찰스 웨슬리의 성만찬 찬송들은 메도디즘의 복음적 성만찬 신학을 잘 증명하고 있다. 웨슬리는 성례전 의식에다 복음적인 내용을 가득 채웠다. 그는 성례전을 복음화하였다.

웨슬리는 성만찬을, 믿음을 확인하고 강화하는 예식(confirming ordinance)일 뿐 아니라 회심을 체험하고 구원의 확신을 얻고 신생을 체험하는 칭의하는 은혜의 방편이요, 신자의 성화를 위한 은혜의 방편으로 사용하였다. 그러므로 초기 메도디즘은 복음적 성례전(evangelical sacrament)과 성례전적 복음주의(sacramental evangelism)를 동시에 실행하였다.

8) 초기 메도디스트 성만찬 시행과 수찬방식(受餐方式)의 특징

메도디즘은 초기부터 특징적인 성만찬식의 전통을 갖고 있다.
① 강단 둘레에 성만찬 수찬대(受餐臺 ; communion rail)가 설치되었다.
② 개별적으로 받거나 회중 전체가 동시에 받지 않고 소그룹으로 나가 성찬을 받는다. 이것은 영국 국교회의 전통인 동시에 형제적 사랑의 친교공동체를 중요시하는 메도디즘의 특징이다.

③ 성만찬 의식에서 예수의 네 가지 성만찬 행위(Eucharistic actions)를 따른다. 즉 예수께서 떡을 취하시고(take), 감사하시고(give thanks), 떼시고(break) 제자들에게 주시는(give) 행위를 성만찬 의식의 기본으로 여기고 실행한다.49)
④ 매 그룹이 성찬을 받을 때 집례자는 용서와 위로, 그리고 축복과 소망의 메시지를 주고 물러가게 한다.
⑤ 성만찬식에서 성만찬 찬송을 부름으로써 마음의 성례전, 복음적인 성례전, 그리고 축제적인(celebrating) 성례전을 만들었다.
⑥ 떡은 덩어리로 사용하며, 포도주는 개인 잔이 아닌 공동의 컵(communion cup)을 사용한다.
⑦ 수찬자는 무릎을 꿇고 고개를 들어 성찬 주는 자를 바라본다.
⑧ 수찬자는 두 팔을 앞으로 뻗고 왼손을 아래로 오른손을 위로 포개서 두 손을 펴고 성찬 받기를 기다린다.
⑨ 분급자는 떡과 포도주를 줄 때에 각각 다음과 같이 말하는데, 경우에 따라서 긴 말과 짧은 말을 선택하여 사용한다.
　㉠ "이것은 당신을 위해서 죽으신 그리스도의 몸입니다. 이것을 받아먹고 영생의 양식을 삼으십시오" - "이것은 당신을 위해서 흘리신 그리스도의 피입니다. 이것을 받아 마시고 영생의 양식을 삼으십시오"
　㉡ "이것은 당신을 위해서 죽으신 그리스도의 몸입니다." - "이것은 당신을 위해서 흘리신 그리스도의 피입니다.
　㉢ "예수님이 당신을 위해서 죽으셨습니다." - "예수님이 당신을

---

49) Dom Gregory Dix, The Shape of Liturgy (A&C Black, London, 1945), p.1~12 참조.

위해서 피흘리셨습니다."

　㉣ "이것은 주님의 몸입니다." – "이것은 주님의 피입니다."

　㉤ "그리스도의 몸" – "그리스도의 피"

　㉥ "주님의 몸" – "주님의 피"

⑩ 수찬자는 분급자의 말에 "아멘!"이라고 응답하여야 하며, 수찬자의 응답에 따라서 분급자가 떡과 포도주를 준다. 이때 분급자는 떡을 수찬자의 손바닥에 놓아주고, 포도주 컵은 수찬자가 두 손으로 꼭 잡고 마시게 한다. 개인 잔을 사용할 때에는 수찬자가 두 손으로 직접 가져가 마시고 빈잔을 되돌려 놓게 한다.

⑪ 수찬자는 손가락을 사용치 않고 입으로 직접 떡을 취해 먹는다.[50]

⑫ 수찬자는 성찬을 받은 후에 제자리에 돌아가서 (무릎을 꿇고) 잠시 기도한다.

9) 맺는 말

초기 메도디즘은 말씀과 성만찬이 조화된 성만찬적 예배(eucharistic worship)를 실천했다. 초기 메도디즘은 성만찬의 올바른 신앙과 실행을 통하여 진정한 기독교(true Christianity)를 추구하는 성례전적 공동체(sacramental community)로서 복음주의적이며 동시에 성례전적인 마음 뜨거운 예배(evangelical-sacramental warm-hearted worship)를 실천했다. 영국의 신비주의의 대가인 에벌린 언더힐(Everlyn Underhill)은 그녀

---

50) Don Gregory Dix, 같은 책, p.93~98.

의 책 「예배」(Worship)에서 이렇게 말했다.

"초기 감리교는 카톨릭에 더 가까운지 개신교에 더 가까운지 분명히 말하기 어렵다. 초기 감리교는 복음적인 예배와 성례전적 예배를 아름답게 조화시킨 것이다. 후대 웨슬리의 후예들은 그들의 창시자를 잘 이해하지 못했다. 웨슬리의 성만찬 운동은 초대 교회로 돌아가는 운동이었으며, 완전한 예배를 통하여 진정한 기독교를 추구하는 운동이었다."51)

---

51) Everlyn Underhill, Worship (Nisbet, London, 1936), p.304~305.

제 9 장
웨슬리와 설교

고향 엡윗 시장터에서 설교하는 존 웨슬리

웨슬리와 설교

1. 야외설교와 설교자로서의 소명

웨슬리를 어떤 사람이냐고 묻는다면 한마디로 '위대한 복음전도자' 또는 '위대한 설교자' 라고 대답해야 할 것이다. 웨슬리는 회심하기 전인 1725년에서 1735년 사이에도 당시 영국 교회 성직자 그 누구보다 설교를 많이 했으며, 10년 동안 68편의 설교를 썼다.[1] 그는 옥스퍼드 대학에서 신학 수업을 마친 후 교구목회자로서 또 링컨대학의 교수(fellow)로서 지속적으로 신학 연구를 하면서 자기의 신학을 설교로 표현했고 실제로 설교하는 신학을 추구했다. 그러나 사실상 그의 설교자로서의 생애는 1739년 4월 1일, 즉 그가 회심한 지 거의 1년 뒤에 시작되었다. 친구 조지 휫필드의 간절한 요청에 따라 주저하고 두려워하는 마음으로 그날 브리스톨에서 야외설교(field preaching)를 시작했다. 처음에는 내키지 않는 마음으로 거리에서 수백 명의 사람들에게 설교했다. 그러나 그의 설교를 듣는 사

---

[1] 웨슬리는 일생 수많은 설교를 하였지만 그가 원고로 남긴 설교는 총 151편으로 알려져 있으며 이 설교들은 알버트 아우틀러 등이 편집 출판한 미국 감리교회 '200주년 기념 존 웨슬리 전집'에 모두 실려 있다. 그리고 이것은 한국웨슬리학회의 번역으로 기독교서회를 통하여 '존 웨슬리 설교 전집'으로 출판되었다.

람들에게서 하나님의 능력이 나타나며 죄인들이 회개하고 변화되며 하나님의 은혜를 갈망하는 적극적인 반응을 보았을 때, 그는 성령의 능력에 사로잡히게 되었다. 드디어 그 해 4월 2일 웨슬리는 이 생소한 방법으로 하는 설교에 자신을 더욱 적극적으로 내맡겼고, 몰려오는 수천 명의 가련한 사람들에게 이런 식으로 복음을 전하는 것이 하나님께서 자신에게 맡기신 사명이라는 것을 깨달았다. 그날 웨슬리는 누가복음 2장 18~19절을 본문으로 약 3천 명의 사람들에게 해방과 구원의 복음에 관한 설교를 했다. 이날부터 웨슬리는 설교자로서의 소명을 깨닫고 52년간 설교하는 전도자의 생애를 살게 되었다.[2] 그러나 영국 국교회의 성직자들은 야외설교가 교회의 법과 규칙을 어기는 것이라고 비난하고 자신들의 교구교회에서 설교하는 것을 금지하고 강단을 허락하지 않았다. 그러자 웨슬리는 영국 국교회의 성직자들을 향하여 다음과 같이 말하였다.

"내 직업은 잃어버린 영혼을 구원하는 것이다. 나는 어디 가나 생의 공포, 절망에 몰려 죽음으로 가는 무리를 본다. 내가 사람에게 복종하랴, 하나님께 복종하랴?"

"교회 안이건 교회 밖이건 우리의 책임은 영혼을 구원하는 것이다."

"세계는 나의 교구다."(I look upon all the world as my parish.)[3]

이러한 위대한 답변이 그의 야외설교를 위한 정당한 변명이자 초기

---
2) WJW.,1, p.185.(1739. 4. 2. 일지)
3) LJW.,1, p.285~286.

메도디스트 복음전도운동의 신념이고 부흥의 길잡이가 되었다. 당시 영국 교회의 목회는 스스로 교구에만 한정하고 산업지대, 광산지대 등 교구 교회가 미치지 않는 곳에는 무관심하였다. 웨슬리는 이와 다르게 사람들이 있는 곳을 찾아가서 설교했다. 그는 이 세상에 수많은 군중을 다 수용할 건물이 없으므로 야외설교는 가장 훌륭하고 효과적인 방법이라고 했다. 광산의 둥글게 파진 웅덩이에서 집회를 할 때 수천 명이 찬양으로 하늘을 울리고 나뭇가지를 꺾어 들고 하늘을 향해 춤을 추고 기뻐할 때 하늘이 그 땅으로 내려오는 것 같았고, 가장 장엄한 순간이었다고 말했고, 그 광산 웅덩이는 하나님께서 예비하신 '지붕 없는 대성당'(open cathedral)이라고 했다. 또 그는 야외설교를 중단하는 것은 마귀에게 순복하여 마귀를 기쁘게 하는 것이라고 했다. 웨슬리는 "야외설교를 포기하면 복음전도를 포기하는 것이다."라고도 말했다. 그는 1747년 메도디스트 총회에서 "우리가 왜 야외설교를 계속해야 하느냐?"는 질문에 다음과 같이 답했다.

"그렇다. 계속해야만 한다. 잃어버린 죄인들을 구원하는 것이 우리의 사명이기 때문이다. 죄인들이 우리를 찾아오기를 기다려야 하는가? 그들에게 찾아가는 것은 우리의 할 일이다."

"우리는 특별한 사명을 받았다. 길거리나 울타리 밖으로 가서라도 사람들을 끌어와야 한다. 우리가 하지 않으면 아무도 이 일을 하지 않을 것이기 때문이다."

"세상에 어떠한 교회나 건물도 교회에 찾아오는 사람을 수용할 수는 있지만 야외에 모이는 사람들을 수용할 수는 없기 때문이다."

"어떤 방식의 설교에서보다도 우리는 언제나 야외설교에서 더욱 위대한 축복을 발견하기 때문이다."[4]

이처럼 웨슬리의 전도는 죄인들이 스스로 찾아오기를 기다리는 것이 아니라 죄인들이 있는 곳을 찾아가는 것이었다. 그는 야외설교는 예수와 사도들과 성자들의 목회, 전도 방법이었다고 말하면서 복음을 전하기 위해서 "자신이 스스로 낮아지는 것은 주님의 뜻이며 주님은 내가 더욱 낮아지기를 바라신다."고 고백했다. 웨슬리는 복음을 전하기 위해서 스스로 '그리스도를 위한 바보'가 되었던 것이다. 웨슬리의 야외설교에는 많은 박해와 폭도들(mobs)의 방해가 따랐다. 웨슬리도 여러 번 위험한 고비를 넘겼고, 동생 찰스는 한 번은 폭도들에게 매맞아 죽을 뻔했다. 그러면서도 그는 야외전도를 할 때마다 더욱 힘을 얻으며 구령의 열심이 커진다고 했고, "폭도들이 우리를 미워하면 할수록 우리는 그들을 더욱 사랑한다."고 했다.

웨슬리는 설교를 정의하기를 '사도들과 감독들과 전도자들의 최우선적 임무', '죄인들을 회개시키고 말씀으로 양육시키는 최고의 방법', '나의 주요한 임무'라고 했고, 조지아로 떠나면서 친구에게 '나의 혀는 하나의 바쳐진 도구'라고 말했다. 웨슬리는 설교의 인생을 살았다(I live ever by preaching). 야외에서 원고를 가지지 않고 하는 즉흥설교 또는 웅변적 설교는 옛날 영국 초기 기독교 전도자들의 전도 방법이었고, 영국 청교도들의 전도 방법이었으며, 그 후 영국 독립교회(Free Church)들의 복음주의자들의 전도 방법이었으므로, 웨슬리는 이런 전통을 잇는 인물이

---

4) 'Minutes of Several Conversations', WJW.,8, p.300.

었으나, 웨슬리만큼 야외설교의 위대한 효력을 나타낸 사람은 교회사에 없었다.

2. 설교자 웨슬리의 모습

"웨슬리의 설교하는 실제 모습은 어떠했을까?" 하는 것은 매우 궁금하고 재미있는 질문이다. 그러나 여기에 대한 자료는 매우 희소하고, 다만 설교자 웨슬리의 인상을 기록한 글들이 좀 있을 뿐이다. 1764년 10월 15일 스웨덴 사람인 라이덴(Leiden) 교수가 영국을 방문해서 런던의 한 메도디스트 집회소 앞에서 약 4천 명도 더 되는 사람들에게 설교하는 웨슬리를 만났는데, 그의 웨슬리에 대한 인상은 다음과 같았다.

"나는 오늘 영국에서 메도디스트들의 영적 아버지라 불리는 유명한 존 웨슬리 씨를 처음으로 알게 되었다. 그는 아일랜드에 가서 설교하고 메도디스트들을 만나고 어제 돌아왔다. … 오늘의 설교 본문은 누가복음 1장 68절이었다. 그의 설교는 짧은 것이었으나 명백히 복음적인 것이었다. 그는 웅변적인 재능도 없었고 외모도 잘나지 못했다. 그러나 그는 분명한 어조로 듣기에 부드럽고 설득력 있게 말하고 있었다. 성만찬식 후에(당시 영국의 교회에서는 설교 후 예배 해산 직전에 성만찬을 하는 것이 상례였다.) 나는 앞으로 나아가서 웨슬리 씨와 악수를 했다. 나는 웨슬리 씨가 친절하고 다정하다는 인상을 받았다. 그는 작고 가늘고 길고 곧게 내린 머리에 늙은 모습이었고, 스웨덴에서 볼 수 있는 가장 초라한 시골 목사처럼 보였으나, 하나님의 영광을 위한 열심과 감독으로서의 학식을 아주 놀랄 만한 정도로 갖고 있었다. 그는 경건이 인격화(personification of piety)된 사람 그 자체였다. 나에게는 그가 대체로 사랑의 사도 요한의 살아 있는 모습처럼 보였다. 이미 66세가 된 늙은 웨슬리 씨는 아직도 매우 활력 있고 대단히 근면하였다. 나는 또한 그의 동생 찰스와도 대화했다. 그도 역시 메도디스트 목사요 경건한 사람이었으나 학식에 있어서나 활동에 있어서 그의 형보다 훨씬 약하였다."5)

또한 18세기 영국의 복음주의 역사가 하웨이스(Thomas Haweis)는 웨슬리에 대한 목격자들의 증언을 모아 이렇게 요약했다.

"존 웨슬리는 5피트 3인치의 아주 작은 키의 사람이었다. 그의 인상은 지성이 드러나 보였고, 그의 의복은 단정하고 소박했으며, 사물을 관찰하는 눈은 총명해 보였고, 솔직하고 우아하고 놀랄 만큼 활동적인 사람이었다. 그의 이해력은 천성적으로 탁월하고 예리하였고, 문학적 교양과 철학과 역사의 지식으로 꽉 찬 사람이었다. 공중 앞에서의 그의 연설은 웅변적 힘으로는 약해서 그의 경쟁자 조지 휫필드에 비하면 많이 뒤떨어지는 것이었으나, 깨끗하고 진지한 것이 특징이었다. 특히 그의 매너에 있어서 경건한 단순성과 열정과 존경받을 만한 면모는 사람들의 주의를 사로잡았고, 지금까지 그의 설교를 성공적으로 만드는 요소였다. 그는 늙은 나이에도 항시 정력과 신선함으로 꽉 차 있었고, 그의 건강은 보기 드물게 뛰어나서 그의 몸과 마음이 지속적으로 일하기에 충분했다. 어떠한 사람도 웨슬리보다 사람들에게 영향력 있는 사람이 될 수 없고, 웨슬리처럼 수많은 사람들과 감리교 조

---

5) WJWB.,1, p.7~8.

직체를 지도해 나간다는 것은 결코 쉬운 일이 아니었다. 그의 인격과 삶에 관한 본보기는 말할 필요도 없다. 수많은 사람들이 그의 거룩한 삶의 발자국들과 위대한 능력과 지칠 줄 모르는 시종일관한 태도를 보고 그를 '하나님의 성자'라고 진정으로 확신하게 되었다."[6]

위와 같은 목격된 증언을 통해서 볼 때 설교자 웨슬리의 모습을 몇 가지로 그려볼 수 있다.

첫째, 그의 키는 5피트 3인치로 보통보다는 훨씬 작으며 몸매도 가늘고 잘나지 못했다. 몸무게는 55.3kg으로 가벼운 체중을 유지했다. 결코 신체적 조건으로 권위를 나타낼 수 있는 사람이 못되었다.

둘째, 그는 목소리가 좋은 사람이 아니었다. 그의 목소리는 다른 유명한 설교자들에 비해서 작고 가늘고 약했다.

셋째, 그는 웅변적인 재능과 힘과 기술에서도 결코 남보다 뛰어나지 못하고 오히려 약한 편인 듯하다. 그는 청산유수같이 말 잘하는 달변가도 아니었다.

그렇지만 웨슬리는 위와 같은 약점을 극복하고 오히려 가장 좋은 위대한 설교자가 될 수 있는 장점을 갖추고 있었다.

① 그는 항상 깨끗하고 바른 자세와 단정한 태도를 지녔다.
② 그는 총명하면서 따뜻한 인상을 풍기는 사람이었다.
③ 그는 솔직하고 진지하고 친절한 매너를 가졌다.
④ 그는 건강하고 열정적인 모습이었다.

---

[6] WJWB., p.8.

⑤ 그는 무엇보다도 하나님의 일에 열심이고 헌신된 모습이었다.
⑥ 그의 음성은 맑고 깨끗하여 멀리까지 잘 들렸다.
⑦ 그는 항상 부지런하고 활동적인 인상과 태도를 지녔다.
⑧ 그의 말은 분명하고 부드럽고 조리 있고 설득력이 넘쳐서 사람의 마음을 조용히 파고들어 감명을 주며 이해와 확신을 주는 것이었다.
⑨ 그의 인상과 태도와 말은 그가 학식과 지성으로 가득 찬 사람임을 보여주었다.
⑩ 그는 경건이 인격화된 모습이었다. 그의 마음과 생활의 성결은 그의 전 존재에서 풍겨 나왔다. 이것이 그의 설교를 감명 깊고 능력 있게 만드는 가장 중요한 요소였다.

3. 설교의 영향력

우리가 위에서 본 대로 웨슬리는 결코 당대 최고의 설교자가 아니었고, 더욱이 그의 목소리는 크지도 않았고 웅변적 소질도 없었다. 어떤 역사가는 말하기를 "웨슬리는 18세기 복음운동의 주변에서 활동한 인물이었다. 그럼에도 불구하고 그의 영향력은 누구보다도 오래 지속되었고, 컸고, 확고했다."고 했다. 그의 설교가 이렇게 위대한 영향을 끼칠 수 있었던 요소는 이렇게 정리할 수 있다.

첫째, 인간의 영혼 구원에 집중하는 복음적 설교
둘째, 기도의 사람에게 임하는 성령의 감화력
셋째, 분명하게 가르치고 확신시키는 교육적 설교
넷째, 그의 인격적 감화력

다섯째, 분명한 기독자의 삶을 위한 비전 제시

여섯째, 회심자들에게 감리교 공동체 안에서 계속 목회적 양호와 양육을 받게 하는 조직의 운영

이러한 요소들이 모여 그의 설교를 성공적으로 만들었던 것이다.[7]

4. 웨슬리의 청중

웨슬리의 청중은 대부분 가난한 노동자 계층(working class)의 보통 사람들(common people)이었다. 이들은 거의 모두 광부들과 산업도시의 가난한 공장 노동자들과 도시의 일일 노동자들과 가난한 농부들과 교육을 받지 못한 사람들로서 사회에서 소외된 사람들이었다. 웨슬리는 "나는 가난한 사람들을 좋아한다. 나는 그들에게서 거짓이나 꾸밈이 전혀 없는 소박하고 진실한 매력을 발견한다."고 말하면서 1746년에 출판한 설교집에서 "나의 설교는 평범한 사람들을 위해 평범한 진리를 전하기 위해 만들어졌다."고 말했다. 상류층에 속하는 사람은 아주 소수였고, 특히 그의 야외설교를 듣는 청중(outdoor congregation)은 모두 하류층 사람들로서 인상부터 험악하고 사납고 무지하고 가난하고 증오심과 소외감과 자기 연민에 싸인 사람들이었다. 웨슬리는 이런 사람들을 대할 때 공포와 징그럽게 느껴짐과 당황, 좌절, 그리고 동정심과 긍휼을 함께 느꼈다고 한다. 또 중류층에 속하는 상인, 전문직업인, 수공업 근로자들, 수레꾼, 농부들도 있었지만 많은 사람들은 그의 설교를 이해하지 못한 경우도 있었다. 어

---

7) Horton Davies, Worship and Theology in England, 5vols. (Oxford Uni. Press, 1962), vol. IV, p.149~159.

떤 사람들에게는 반대, 증오, 박해를 받았으나 일반적으로 존경과 사랑을 받았고, 당시 사람들은 그를 성직자로, 신사로, 학자로, 선생으로, 경건한 사람으로, 전도자로 존경했다. 어디를 가든지 환영하는 부류와 반대하는 부류가 섞여 있었다.

재소자들도 웨슬리의 청중들이었다. 조지아에서 귀국하자마자 옥스퍼드 감옥에 가서 설교했고, 1784년 81세에 런던 감옥에서 47명 사형수에게 설교했는데, 모두 다 눈물을 흘렸고 구원의 확신과 평화 속에 사형이 집행되었다.[8] 웨슬리는 사회의 버림받은 사람들이 모여 사는 구빈원(Poor House)에 가서 설교하기를 좋아했다. 그들은 당시 사회에서 가장 불쌍한 사람들로서, 불구자, 맹인, 버려진 사람들, 거지들이었다. 또 군인들에게도 인기 있는 설교가였다. 당시 군인들은 사회의 최하류층 출신이었다. 그들은 "애국심이란 미명 아래 버림받고 희생물이 되는 불쌍한 동족"이었다. 많은 군인들이 메도디스트 속회에 들어왔고 이들 중에서 메도디스트 설교자들도 나왔다. 웨슬리는 군목처럼 활동했고 군대 고급장교들의 존경과 각별한 대우를 받았다.[9]

많은 산업지대 노동자들도 주요한 청중이었다. 산업 사회에서 지나친 노동으로 병들어 죽어 가는 희생물이 되는 노동자들에게 메도디스트 설교자들은 최고의 친구였고 구원자였으며 그들을 통해 영국 북부는 복음화되고 산업 사회에 메도디스트 속회가 탄생하고 메도디스트 복음운동과 사회사업 운동이 발전되어 갔다. 현재까지도 이 북부지대에 메도디스트가 많은 이유가 여기에 있다. 그 외 광산 노동자들, 농민들, 일반 보통사람들이 웨슬리의 청중들이었다.

---

8) W. L. Doughty, John Wesley the Preacher (London, Epworth, 1955), p.68~69.
9) W. L. Doughty, 같은 책, p.69~70.

5. 설교의 준비

웨슬리는 복음전도자로서 그의 생애 중 66년간(1725~1791) 날마다 한 번 또는 두세 번 또는 그 이상의 설교를 하며 살았다. 그렇게 많은 설교를 어느 시간에 어떻게 준비했는가 하는 물음은 재미있고도 유익한 질문이다.

첫째, 그는 항상 독서하는 데 부지런하였다. 그는 성경과 신학뿐 아니라 여러 방면의 책읽기를 즐기는 독서광이었다. 그는 옥스퍼드 신성회(Holy Club) 시절부터 새벽 4시 30분에 일어나 기도하고 5시에 새벽 설교(preaching service)를 즐겨 했는데 기도와 설교 후에 특별한 날을 빼놓고는 2~3시간 동안 혼자만의 독서하는 시간을 가졌으며, 저녁에도 저녁식사 후 잠들기 전에 그렇게 하였다. 웨슬리에게는 쉬는 시간이 곧 독서하는 시간이었다. 웨슬리가 사용하던 런던 파운더리의 목사관(manse)과 브리스톨의 새 집(New Room)의 작은 침실에는 창문이 하나씩 있고 이 창문 틀받이는 보통 창문보다 좀 길게 앞으로 돌출되어 있어 책을 놓을 수 있고, 창문 아래 벽은 무릎과 발을 들여놓을 수 있도록 되어 있다. 이를 보아 웨슬리가 그 창문 앞에 있는 작은 의자에 앉아 쉬면서 독서하고, 독서하면서 쉬는 생활을 했다는 것을 알 수 있다. 그는 또한 전도 여행을 하는 동안 각 지방마다 단골로 머무는 여관이 정해져 있어서 여관에 쉬면서도 정한 시간에 독서하는 것을 놓치지 않았다. 그는 독서 계획을 세워서 유익하다고 생각하는 책들을 빠짐없이 읽었다. 심지어 말 타고 여행을 할 때도 말을 천천히 걸어가게 하면서 말등 위에서 독서하곤 하였다. 웨슬리는 1725년부터 1734년 사이, 즉 옥스퍼드 생활에서 100여 권의 책을 읽었고,

1788년 9월 일기에서는 옥스퍼드를 떠난 후로 약 1,000권의 책을 더 읽었다고 기록하고 있다. 이러한 그의 치밀한 독서 생활은 그의 설교를 깊이 있고도 신선하며 풍요한 양식이 가득 찬 것으로 만들었다.

둘째, 그는 부지런한 독서가인 동시에 부지런하게 쓰는 사람(writer)이었다. 그는 항상 날마다의 한 일과 생각과 모든 경험을 여행일지(journal)로 기록했다. 그는 또 편지 목회(correspondence ministry)를 즐기는 사람이었다. 그 외에도 기록과 메모에 치밀한 사람이었다. 그는 읽고 쓰는 시간에 설교에 유익한 수많은 생각과 자료를 얻었다. 읽고 쓰는 일은 웨슬리의 기도요 경건생활의 습관이었다. 웨슬리는 그의 말년에도 역시 정력적인 독서가였고 기록가였다. 어느 날 독일에서 온 지성적인 귀부인 소피에 라케(Sophie Rache)라는 여인이 83세의 웨슬리가 라틴 고전을 읽는 것과 메모를 하는 것을 보고서 "메도디스트 경건 훈련이 83세까지도 저렇게 눈이 밝아서 즐거운 독서를 하도록 지켜준다면 나도 메도디스트가 되어 메도디스트 속회에 들어가 훈련받고 싶다. 그러면 나도 늙어서 내가 좋아하는 책을 읽을 수 있을 텐데…."라고 감탄하였다.[10]

셋째, 그는 영국의 모든 지방과 모든 섬을 전도 여행하면서 사람들의 각양각색의 생활을 보고 경험하였다. 다양한 사람들과의 교제를 통한 다양한 경험은 그의 설교 준비에 항상 실제적이고 충분한 현실감을 더해 주었고 그의 설교를 친밀하고 풍요케 하였다.

넷째, 그는 말 타고 여행하는 전도자로서 영국의 아름다운 자연 경관을 즐길 수 있었다. 이런 여행을 하면서 항상 순수하고 신선한 생각과 느낌을 품게 되었다. 그는 이런 여행을 즐겼고 여행을 통해서 풍부한 상상력

---

10) WJWB.,1, p.71~72.

을 얻었다. 웨슬리뿐 아니라 초기 메도디즘 여행 설교자들은 고생도 많이 했지만 말을 타고 여러 지방을 다니면서 각각 다른 사람들을 만나서 진리를 가르치고 사랑하는 복음적 낭만주의(romanticism)를 즐겼다. 이러한 전도 여행의 낭만적 감성과 경험은 곧 설교 준비로 이어지는 것이었다.[11]

다섯째, 웨슬리는 해마다 겨울이 되면 성탄절을 전후해서 1~2개월 동안 런던의 파운더리나 브리스톨의 새 집(New Room)에서 조용하고 평화로운 시간을 가졌다. 여기서 그는 충분히 쉬면서 지난 1년 동안의 설교 여행을 마감하고 평가하면서 새로운 한 해의 설교와 설교 여행을 계획하고 준비하였고, 성경 읽기와 독서에 여러 날을 집중하였다. 그는 쉴 줄도 모르고 계획이나 준비 없이 내키는 대로 마치 설익거나 형편없는 음식을 제공하거나 가는 곳마다 똑같은 메뉴만 내놓는 게으르고 떠벌리는 싸구려 부흥사가 아니었다. 그의 설교 여행과 내용과 방식과 실천은 철저히 계획되고 충분히 준비되고 냉철히 평가되는 것이었다.

여섯째, 그의 중요한 설교의 영감과 힘의 원천은 기도였다. 그는 '기도의 사람'이었다. 런던과 브리스톨에 있는 그의 거처에는 각기 홀로 무릎 꿇고 기도하도록 만들어진 기도실이 있고, 그는 이 기도실에서 설교의 계시와 영감과 확신과 능력과 비전을 얻었다.

6. 설교의 자료

웨슬리의 설교의 원천은 무엇보다도 성경이었다. 그래서 그의 자연

---

11) Frederick C. Gill, The Romantic Movement and Methodism (Epworth, London, 1937), p.11~38.

적 언어는 성서적이었다. 구약보다는 신약을 더 사용했는데, 마태복음이 그의 가장 좋아하는 책이었고 마태복음을 1,362번이나 설교본문과 인용구절로 사용했다. 두 번째는 히브리서로서 965번 사용했고, 요한복음이 870번, 누가복음을 853번, 고린도전서가 779번이다. 구약 중에는 이사야서가 668번으로 제일 많고 시편이 624번, 예레미야서가 208번이다. 가장 많이 사용한 본문은 마가복음 1장 15절(190번), 고린도후서 8장(133번), 에베소서 2장 8절(133번), 갈라디아서 6장 14절(129번), 마태복음 16장 26절(117번), 구약에서는 이사야서 55장 7절(112번), 예레미야서 8장 22절(102번), 이사야서 55장 6절(90번), 호세아서 14장 4절(87번), 시편 141편 3절(72번) 등이다.[12]

웨슬리는 83세 때까지 라틴 문학과 고전을 즐겨 읽었고 설교에도 암시적으로 인용했다. 그가 좋아했던 고전은 호라티우스(Horatius), 오비디우스(Ovidius), 키케로(Cicero), 호머(Homer), Lucarc 등의 책들이었다. 웨슬리의 설교 자료는 교부들의 고전에 의해 영향을 많이 받았다. 그는 교부들의 저서에 일생 동안 흥미를 갖고 연구하였고, 이로써 신학과 설교에 도움을 받았다. 조지아에 갈 때도 교부들의 책을 많이 갖고 갔다. 서방교부들은 주로 어거스틴, 이레니우스, 클레멘트, 이그나시우스, 폴리캅, 터툴리안 등이었고 동방교부들은 주로 이집트인 마카리우스, 닛사의 그레고리, 에브라임 사이러스, 존 크리소스톰, 성 사이프리언, 성 아타나시우스 등이었다.

사실 웨슬리의 설교의 신학 사상은 라틴교부들보다는 동방교부들 특히 닛사의 그레고리와 존 크리소스톰의 영향을 많이 받았다. 웨슬리는 마

---

12) WJWB.,1, p.69~70.

카리우스와 그레고리의 목적론적 구원론 사상에 깊은 영향을 받았다. 그는 그레고리를 통해서 신자는 구원의 완성이라는 목적을 지향하고 나아가는 영적 순례자이며, 구원의 완성이란 인간의 마음과 생활 속에 그리스도의 형상을 완전히 이루는 것이라는 영성신학을 감명 깊게 배웠다. 그리고 이 구원은 그리스도의 속죄의 은혜를 믿음으로 출발하고 성령의 능력으로 인간 본성의 죄악의 뿌리까지 파괴하는 동시에 하나님과 이웃에 대한 사랑으로 완성을 이루어 간다고 이해하게 되었다. 웨슬리는 이렇게 구원의 완성을 향해 나아가는 진정한 믿음은 "사랑의 힘으로 가득 찬 믿음"(faith filled with the energy of love)이며, 인간의 최고 행복은 이러한 사랑으로 충만한 믿음으로 살면서 그리스도의 형상을 온전히 이루는 데 있다는 그의 설교에 깊은 감명을 받았다. 그래서 진정한 믿음은 은혜를 믿음으로부터 나오며 사랑으로 가득 찬 것이고, 이러한 믿음으로만 구원을 받으며 구원의 완성을 이루어 간다는 설교 신학과 구조를 배운 웨슬리는 자신의 설교에서 언제나 믿음과 사랑을 동시에 균형 있게 강조하였다.

또한 웨슬리는 존 크리소스톰으로부터 복음적인 설교의 신학과 구조를 배웠다. 그 구조는 은혜(grace)와 요청(demand)이라는 이중구조다. 크리소스톰의 모든 설교는 전반부에서는 하나님의 확고한 은혜를 말하고 후반부에서는 은혜에 대한 인간의 진지한 응답과 책임을 요청하는 것으로 구성되어 있다. 웨슬리는 크리소스톰의 설교에서 은혜(grace)와 요청(demand)이라는 복음적 설교의 이중구조를 배웠으며 자신의 설교에 적용하였다. 특별히 웨슬리가 야외에서 원고 없이 행한 복음전도적인 설교는 이 두 가지가 잘 조화된 것이었다.

그리고 카톨릭적 신비주의도 그의 설교에 영향을 주었다. 대표적인 인물은 토마스 아 켐피스(Thomas A Cempis), 윌리엄 로(William Law) 등이다. 종교개혁자들, 즉 루터와 칼빈의 영향도 컸다. 또한 영국 교회 전통 즉 39개 교리조항에 담긴 신학과 설교(Homilies)의 영향도 컸고, 특히 후커(Hooker), 해먼드(Hammond), 비버리지(Beveridge), 메드 벌(Mede Bull)의 영향을 들 수 있다. 청교도의 영향은 주로 윌리엄 퍼킨스(William Perkins), 존 오언(John Owen), 리처드 박스터(Richard Baxter), 토머스 굳윈(Thomas Goodwin), 존 번연(John Bunyan), 아이작 왓츠(Issac Watts) 등을 통해서 받았다. 웨슬리는 이들에게서 경건의 신학, 경건의 연습, 그리고 거룩한 삶(holy living)을 배웠다.

당대 세계의 사상과 문화도 그의 설교에 영향을 주었다. 그는 탐험의 시대에 살았고, 당시의 시대적 관심에 소홀하지 않았다. 즉 세계의 문화, 타 인종, 인류학에 관심을 가졌다. 그는 자연과학, 천문학, 철학에 대해서도 많은 독서를 했고 특히 존 뉴턴(John Newton)과 데이비드 흄(David Hume)을 좋아했다. 또 당대 의학에도 관심이 커서 「원시 의학」(Primitive Physics)이라는 책을 저술하기도 했다. 경제에도 관심이 커서 아담 스미스(Adam Smith)의 경제이론을 비판했고, 기독교인의 경제 윤리에 관한 설교들을 출판했으며, '돈의 사용'(The Use of Money)은 그의 설교 중에서 가장 유명한 설교가 되었다. 그는 당 시대의 문학 특히 밀턴(Milton)과 셰익스피어(Shakespere)의 작품을 다독했고 설교에 인용하기도 하였다.

또 다른 중요한 설교의 원천은 동생 찰스의 찬송시들로서, 그의 설교에 많이 인용되었고 설교 신학을 형성하는 데도 크게 작용하였다.

7. 웨슬리 설교의 특징

웨슬리의 설교는 조지 휫필드의 우렁찬 웅변력의 설교와 달랐으며 언변 잔치(oral feasts)와 같은 존 던(John Donnes)의 설교와도 달랐다. 존 던의 설교는 귀를 즐겁게 해주고 감동을 자아내고 가슴을 울리는 웅변적이고 문학적이고 유머가 많아서 마치 배우가 대사를 낭독하듯(word play) 하는 것인데, 웨슬리의 설교는 이런 스타일이 아니었다. 웨슬리의 설교는 성경적이고 복음적이며 전도의 목적에 집중되고, 방법에 있어서는 설득하고 교육적인 성격을 띤 것이어서 인간 영혼의 구원과 삶의 실제적 변화에 진지하게 초점을 맞추었다. 그는 항상 하나님의 말씀인 복음을 사람의 필요와 실생활에 적용하는 데 집중했다.[13] 웨슬리는 자신의 설교에 관하여 다음과 같이 말하였다.

> "다른 설교가들은 더욱 감동하도록 또는 더욱 흥분하도록(more exciting), 또 더욱 즐겁게 하려고 설교를 화려하게 장식하는 데 노력하는 반면 나는 다만 더욱 생명의 양식으로 먹이는 데(more nourishing) 집중한다"[14]

이것을 위해서 웨슬리는 모든 아름답고 철학적이고 사색적인(all nice and philosophical speculations) 말을 피하고 오로지 성서의 복음의 말씀으로부터 평이한 진리(plain truth)를 평범한 사람들(plain people)에

---

13) Horton Davies, 같은 책.
14) WJWB.,1, p.97.

게 평범한 언어(plain words)로 전한다고 말했다.15) 웨슬리의 설교 내용과 성격과 특징을 알기 위해서 오직 그의 인쇄되어 전해지는 설교만을 취급해 본다면 누구나 비슷한 문제점을 느끼게 된다. 그의 쓰여진 설교들은 거의 다 딱딱하고 차가울 정도로 이론적이고 논리로 꽉 짜여진 것들이다. 과연 이렇게 딱딱한 설교로 어떻게 야외에 모인 수많은 회중을 감동시킬 수 있었으며 부흥운동을 일으켰을까 하는 의문을 갖게 된다. 그의 인쇄된 설교들은 주로 당시 메도디스트 교리와 윤리를 체계적으로 표명하고 가르치려는 데 집중된 것이다.

그러나 웨슬리가 쓰여진 설교를 그대로 설교하지 않았다는 것을 알아야 한다. 그는 교회당 안에서 주일예배나 공식예배에서도 특별한 경우가 아닌 한 원고 없이 다만 설교 대지의 메모만 가지고 설교했다. 더욱이 그는 야외설교나 그밖의 비공식 집회에서는 원고 없이 즉흥설교를 하였다(In practice Wesley preached extempore). 이 말은 그가 전혀 설교를 준비하지 않았다는 것이 아니다. 다만 시작부터 끝까지 청중을 똑바로 바라보면서 설교했다는 뜻이다. 이런 설교의 길이는 대체로 한 시간이었으나, 그 이상 길 때도 많았다. 웨슬리는 다른 설교자들처럼 성경 본문과 설교 대지에다가 여러 종류의 적절한 예화, 유머, 경험담을 가미했으며, 설교 장소와 분위기 그리고 청중들 사이에서 일어나는 사건들과 느낌을 넣어 설교를 부드럽고 흥미 있고 실제적이 되게 했다.16)

웨슬리가 노인이 되었을 때에는 설교 중에 너무 자기의 경험담이나 오래된 이야기들에 빠져들어 요점에서 빗나가기도 했다. 그러나 이 사실을 깨닫고는 곧 요점으로 돌아오곤 했다. 이런 점은 그의 나이가 많은 데서 오

---

15) 'The Preface to Sermon on Several Occasions', WJWB.,1, p.104.
16) Henry D. Rack, Reasonable Enthusiast (Epworth, London, 1989), p.343~344.

는 약점이지 결코 그의 설교가 지루하고 빈약해서 회중에게 실망을 주는 경우는 거의 없었고, 거의 모든 경우에 사람들을 감동시키고 확신시키는 데 성공적이었다. 당대의 유명한 문학가 월터 스코트 경은 젊은 날 웨슬리의 설교를 여러 번 듣고 평가하기를, "설교가 웨슬리는 가장 존경할 만한 인물인데, 그의 설교는 대부분이 대화식(colloquial)이며, 설교 중에 멋지고 훌륭한 이야기들을 많이 하였다."고 말했다. 이런 증언을 보아서도 웨슬리의 설교는 쓰여진 설교와 말로 하는 실제 설교가 그 내용과 전달 방식과 분위기에 있어서 매우 달랐다는 것을 알 수 있다.[17] 그러나 조지 휫필드의 설교에 비해서는 예화가 적고, 수사학적인 기교에서도 탁월하지 못했다.[18]

웨슬리는 설교에서 이론과 실제를 적절히 효과적으로 조화시켰으며, 감정과 이성적 이해력(affection as well as understanding) 그리고 의지와 결심에 동시에 호소하는 적절한 균형을 유지하였다. 이것은 당시 비국교도 복음주의자들의 설교 방식과 흡사한 것이며, 영국 교회사에서 일컬어지는 '거룩한 웅변'의 전형적인 형태였다. 영국 문학가 필립 도드리지(P. Doddridge)는 이런 '거룩한 웅변'에서 나타나는 정열(passions)을 '영혼의 항해'(sails of the soul)라고 표현했는데, 이 말은 설교에서 열광주의(enthusiasm)를 피하기 위하여 이성적 이해와 감정이 균형 잡힌 호소를 함으로써 인간의 의지를 움직여서 결심과 변화를 이루어낸다는 뜻이다.[19]

웨슬리는 「누가 복음적인 목회자인가?」라는 논문에서 칭의만을 강조하는 설교자나 하나님의 은혜와 복 또는 하나님의 위로와 약속만 강조하는 설교자가 아니라, 칭의와 성화, 복음과 율법, 믿음과 사랑을 균형 있

---

17) Henry D. Rack, 같은 책, p.344~345.
18) Horton Davies, 같은 책, p.169.
19) Henry D. Rack, 같은 책, p.345.

게 강조하는 설교자가 복음적 목회자라고 했다. 이에 따라 웨슬리는 메도디스트 설교의 네 단계를 가르친다.

 첫째, 초청하라(to invite).

 둘째, 그리스도를 제시하라(to offer Christ).

 셋째, 확신시키라(to convince).

 넷째, 성결의 생활에 세워주라(to build up in holiness).[20]

 웨슬리는 설교는 설교로 끝나지 않고 그 설교를 듣는 이가 그리스도의 복음을 받아들이고, 구원의 확신에 이르게 되고, 성결의 삶으로 이어지기까지 책임적인 것이어야 한다고 말했다. 또한 그는 설교자에 대한 가치 판단은 설교 후 사람들이 흩어지면서 "참으로 멋진 설교이다."라고 말하는 것에 있는 것이 아니라 "이제 무엇을 해야만 하겠다."고 결단하고 출발하는 데 있다고 말했다. 실제로 웅변적 위력으로 유명했던 휫필드의 설교는 들을 때는 크게 감동했으나 그냥 다 흩어져 버리고 열매 없는 것이 되고 말았다. 웨슬리는 이와 같은 설교를 '모래 밧줄'(rope of sands)이라고 불렀다. 웨슬리의 설교는 회심에서 결심-확신-그리스도인의 삶의 희망과 목표를 이루는 복된 생활, 즉 성화(life of holiness)에까지 이르게 하는 효력 있는 것이었다. 이런 것은 회심자들이 속회에 들어감으로써 실현되었다. 그래서 어떤 역사가는 "휫필드의 설교를 들은 사람은 다 흩어져 다시 돌아오지 않고, 웨슬리의 설교를 들은 사람들은 계속 감리교 속회에서 양육되어 성화에까지 이르렀다."고 말하였다.[21]

 웨슬리의 설교의 특징은 다음과 같이 정리될 수 있다.

---

20) Thoughts Concerning Gospel Minister, WJW.,10, p.455~456.
21) Horton Davies, 같은 책, p.169.

① 그의 설교는 항상 성경 본문에 충실하면서 동시에 모든 가능한 방편을 활용하여 본문의 의미를 해석한다. 그는 항상 설교 시작 부분에서 본문의 의미를 정확히 밝혀서 성경의 원의에서 빗나가지 않고 성경의 원의에 충실한다. 그는 언제나 성경에 대한 깊은 지식과 모든 학문적 지식과 실제적인 경험을 동원하여 가장 정확하고도 깊은 해석을 시도한다. 그는 성경 본문의 의미를 성경 전체에 비춰서 해석하고 또한 신학과 철학과 역사와 문학과 과학과 천문학 등 모든 가능한 학문적 지식과 실생활의 경험에 비춰서 진정으로 풍부하고 실제적인 해석을 이끌어낸다. 이것은 웨슬리의 설교에서 볼 수 있는 그의 독특한 은사다. 그리고 결론 부분에서 역시 성경 본문이 말하는 원의에로 정확히 돌아와서 결론을 내리면서 성경의 요구대로 맞추어 실천할 것을 촉구한다.

② 그는 모든 설교에서 인간의 죄와 죄로부터 나오는 불행한 현실, 즉 모든 실패와 슬픔과 온갖 고통의 문제들을 정확하게 진단하고 이 모든 불행의 원인을 밝히고 성경과 복음 안에서 그 해결책을 제시한다.

③ 그의 설교의 전형적인 구조는 먼저 하나님의 은혜를 제시하고 그 은혜에 응답하는 책임적인 삶을 요청하는 것으로 되어 있다. 즉 은혜(grace)와 요청(demand)이 균형과 조화를 이룬 것이요, 복음과 율법, 그리고 칭의와 성화를 둘 다 말하는, 복음의 일부가 아니라 복음의 전체를 말하는 것이다.

④ 웨슬리의 설교는 어떤 설교에서든지 한 가지 단순한 주제에 집중하여 시종일관하면서, 동시에 한 설교에서 '세 가지 요점'(simplified three points)으로 나누어 전개했고, 결론으로 가면서

결단과 헌신을 촉구했다. '돈의 사용'이라는 설교가 바로 이런 '세 가지 요점'으로 구성된 형식의 전형적 설교다.[22]

⑤ 사람들의 죄악과 사회의 불의에 대하여 정면으로 비판하고 회개를 촉구하는 예언자적인 기질이 있다.

⑥ 논리적 전개가 명확하고 설득력이 있다. 이것은 그의 학자적인 요소가 잘 나타난 것이라고 할 수 있다.

⑦ 그는 지나친 상상이나 추상에 의한 무리한 주장을 하지 않는다.

⑧ 그는 항상 경험에 근거하고 경험에 따라서 자신의 논리를 설명하고 사람들을 설득하였다.

⑨ 음성이나 제스처가 크거나 강하지 않고 부드럽지만 분명하고 설득력이 있었다.

⑩ 그는 성경과 복음의 진리를 실생활에 적용하는 데 탁월하였다. 그의 신학과 설교에 있어서 지속적이고 중심적인 관심사는 언제나 기독교 신앙이 인간의 현실 삶 속에 어떻게 그 생명력을 발휘할 수 있는가 하는 것이었다.

⑪ 그는 교리적인 설교와 윤리적인 설교를 균형있고 조화있게 하였으며 윤리적인 설교를 할 때에도 항상 교리를 실생활에 적용하여 설명하려고 하였다.

8. 설교의 내용

웨슬리는 1746년에서 1788년 사이에 8권의 설교집을 출판했으며 여

---
22) Horton Davies, p.345.

기에는 총 141편의 설교가 들어 있다. 이중에 44편이 감리교 표준 교리(Doctrinal Standards of Methodism)로 지정되었다. 아우틀러(Outler)는 표준 설교를 "진정한 기독교의 요점들(The Essentials of True Religion)"[23]이라고 했다. 표준 설교는 메도디스트 교회 교의학(Church Dogmatics)이고 메도디스트 조직신학이라고 할 수 있다. 또한 산상수훈에 관한 설교 13편을 비롯한 그리스도인의 윤리와 생활에 관한 설교가 다수 포함되었기 때문에 감리교 윤리학 또는 메도디스트 영성신학이라고 할 수 있다. 웨슬리의 설교 주제들은 크게 네 가지로 분류된다.[24]

첫 번째 주제는 신앙의 근본 교리들로서 성경에 근거하고 실제적으로 교인들에게 구원의 도리를 가르치는 목적과 전도적인 목적이 강한 것들이다. 여기에 속한 설교들은 웨슬리가 특별한 강조를 두는 교리들이 들어 있고, 그래서 "우리의 교리들"(Our Doctrines)이라고 불렀다. 이것들은 성경과 일치하고, 국교회의 표준 교리와 일치하고, 일반적으로 개신교 신앙 전통과 일치한다. 이것들은 주로 회개, 죄, 믿음, 칭의, 신생, 성화, 완전에 관한 설교들이다.

두 번째 주제는 기독교인의 확증(Christian assurance)이다. 여기에는 주로 성령의 증거, 확신, 경험에 관한 설교들이 속한다.

세 번째 주제는 성화의 생활, 즉 기독교인의 윤리적 생활에 관한 것이며, 주로 산상설교, 성화, 그리스도인의 완전에 관한 설교들이다. 성화와 완전이 소홀히 취급되는 곳에는 생명력 있는 기독교(vital Christianity)가 없다고 했다. 이 그룹에 속하는 설교들을 소위 "그리스도인 생활의 예술"(The Art of Christian Living)이라고 했다. 산상설교에서는 여기에 속

---

23) 'Minutes of Several Conversations', WJW.,8, p.317.
24) WJWB.,1, p.29~54 ; cf. D. L. Doughty, 같은 책, p.84~106.

하는 "Arts"는 사랑(charity), 온유, 순결, 정직, 평화, 겸손, 자비, 하나인 마음(single mind), 단순성(simplicity) 등이다. 산상설교는 표준 설교 중에 13편이나 된다. 또 여기에는 은혜의 방편(means of grace), 경제(돈)에 관한 설교도 있다. 의복, 건강, 잠, 음식, 언어 개혁, 시간 낭비, 게으름, 돈의 위험, 부모에게 순종, 목사에게 순종, 병자 심방, 결혼, 성, 유언장에 관한 것들이 있다.

네 번째 주제는 조직신학적인 것이다. 신론, 삼위일체, 인간론, 내세, 예정, 종교, 창조, 성도, 권사, 교회, 지옥, 천국, 교회, 예배, 우상 등에 관한 것들이다. 또 논쟁적 설교도 있다. 주로 칼빈주의와의 논쟁, 세례론 논쟁, 정적주의 반대, 이신론(deism)과의 논쟁이 있다.

9. 설교의 효력

웨슬리의 설교의 효과는 철저한 회개로 나타났다. 그는 이러한 회개를 '영혼의 산고'(Souls in torment)라고 말했다. 통곡하며 죄를 고백하고 눈물을 흘리며, 넘어지고 구르면서 죄를 회개하는 사람들이 많이 나타났다. 또 웨슬리의 설교 집회 현장에서는 신비한 영적 현상이 나타났다. 방언, 예언, 입신, 황홀경의 경험, 치유, 악귀 추방 등 여러 가지 신비한 경험을 하는 사람들도 나타났다.[25]

무엇보다도 가장 위대한 효력은 마음과 생활의 변화였다. 불경건한 사람이 경건한 사람으로, 악을 행하는 사람이 선을 행하는 사람으로, 비도

---

25) D. L. Doughty, 같은 책, p.131~132.

덕적인 사람이 도덕적 사람으로 변화되는 일들이 어디서나 보편적으로 일어났다. 웨슬리의 설교를 듣고 양조장 주인이 회개하여 양조장을 폐지하고 메도디스트 설교자가 되기도 했고, 노예상이 회개하여 속장이 되고, 밀수꾼이 회개하여 메도디스트 예배당을 건축하기도 했다. 웨슬리의 설교를 들으면 삶의 혁신(newness of life)이 일어났다. 그의 설교는 실제로 회심과 거듭나게 하는 능력이 있었다. 그가 강조하는 교리인 '신생'(new birth)의 역사가 그의 설교의 결과로 어디서나 일어났다.[26]

또한 웨슬리의 설교는 사회적 신생을 일으켰다. 그가 설교 집회를 하고 가면 반드시 그곳에 메도디스트 신도회가 생겨났고, 도둑, 노름, 닭싸움, 개싸움이 사라졌다. 웨슬리의 야외설교가 가장 성공적이었던 킹스우드, 바스, 하남 산 지역, 그리고 잉글랜드의 소외 지역인 콘월, 런던 동부, 북부 산업지대의 많은 동네에서는 술집이 오랫동안 자취를 감추었다. 그리고 게을러서 실업자가 된 사람들이 다시 일터로 돌아가 부지런히 일하는 사람이 되었고, 가정을 버리고 술주정뱅이가 된 사람들이 가정으로 돌아가 좋은 가장이 되었다. 이렇게 웨슬리의 설교의 효과는 개인의 신생과 사회적인 신생으로 나타났다.[27]

10. 음성과 제스처

웨슬리의 목소리는 비교적 가늘고 맑고 낭랑한 것이었다. 그의 목소리는 휫필드처럼 크고 우람하고 웅변적인 힘은 없었지만 대신 맑고 깨끗

---

26) J. Brazier Green, The Survival of Methodism, p.38~39.
27) J. Brazier Green, 같은 책, p.42~43.

하여 1만 명 이상 모인 회중이 그의 설교를 듣고 이해할 수 있을 만큼 잘 전달되었다.[28] 그는 설교할 때 이리저리 오가면서 몸을 많이 움직이지 않았고, 한 자리에 곧게 서서 몸 자세를 바르게 하여 비교적 큰 몸짓을 만들지 않았다. 웨슬리는 평신도 설교자들에게 설교의 방법을 가르칠 때 목소리를 너무 크게도 너무 작게도 말고, 부드러우면서도 분명한 목소리를 내라고 하고, 적절히 감성적인 요소(emotional quality)를 가미하여 단조로움을 피하라고 했다. 지나친 제스처나 쓸데없이 몸을 움직이는 것을 피하고 강단을 치지 말라고 했고, 눈은 청중을 향하고 몸의 자세를 바르게 가지라고 했다.

11. 설교와 건강

웨슬리는 보기 드물게 일평생 건강한 몸으로 많은 일을 부지런하고도 정력적으로 하면서 행복하게 살았다. 몇 번 고열과 몸살로 인해 앓아누운 적은 있지만 그 외에는 병들거나 몸이 약해서 할 일을 못한 적은 없었다. 웨슬리는 85세쯤 되자 시력이 감퇴되고 어깨와 팔을 쓰기에 힘들었고 가끔 사람의 이름을 기억하지 못하기도 했지만, 60년 전에 읽거나 들은 것이라도 똑똑히 기억할 수 있었다. 청각, 후각, 미각과 기호는 전혀 감퇴되지 않았다. 여행이나 설교하는 데도 여전히 변함없었고 설교문을 보는 데도 아무 불편이 없었다. 웨슬리는 일기에서 자신의 건강에 관하여 자세히 말했고 「원시 의학」에서는 건강을 유지하는 상식과 비법을 소개

---

28) Horton Davies, 같은 책, p.160~163.

하기도 하였다. 웨슬리 자신이 밝힌 건강 비결은 다음과 같다.

① 하나님의 능력과 은혜다. 하나님이 맡겨주신 일을 할 수 있도록 이끌어주시고 보호하시는 하나님의 능력 때문이다.

② 기도다. 기도는 가장 오래되고 영원한 의약이다. 인간의 생명에 절대적 능력을 가지신 하나님께 대한 믿음으로 드리는 기도 덕분이다.

③ 항상 신선한 공기를 마시는 것이다.

④ 부드럽고 가벼운 음식으로 소식(小食)하는 것이다.

⑤ 깨끗하고 맑은 물을 마시는 것이다. 물은 건강에 가장 좋은 음료다.

⑥ 걷는 것은 가장 좋은 운동이다.

⑦ 항상 적절한 운동을 한다.

⑧ 모든 괴로운 일들을 전적으로 하나님께 맡겨버리고 모든 근심과 걱정을 하지 않는다.

⑨ 일찍 잠들고 일찍 일어나는 것이다. 웨슬리는 일생 동안 잠 잘 자는 사람(good sleeper)이었다. 그는 일찍 자고 일찍 일어나는 것을 하나의 거룩한 습관이고 건강에 필수적인 기술이라고 말했다. 그는 1725년부터 66년 동안 매일 아침 4시에 기상했고, 1738년부터 56년 동안 매일 아침 5시에 설교했다. 그는 또한 지치고 피곤하다고 느낄 때면 언제나 누워서 쉬었고 누우면 깊고 평안한 잠을 잘 수 있었다.

⑩ 모든 불행에 특효약인 하나님의 사랑이 그리고 마음의 기쁨과 평안함이 건강과 장수를 위한 비결이다.[29]

---

29) JJW.,8, p.136,(1788. 6. 28) ; cf. John Wesley, Primitive Physics (Paramore, London, 1972), p.-ⅴ.

⑪ 웨슬리의 건강은 설교에서 나왔다. 웨슬리는 평생토록 매일 새벽 설교를 했고, 어디든지 가서 수많은 사람들에게 그들을 사랑하는 마음으로 확신 있게 설교했다. 그럴 때마다 하나님이 주시는 능력과 기쁨과 평화가 웨슬리에게 넘쳐났다. 설교는 웨슬리의 건강과 장수의 가장 중요한 비결이었다. 그는 특히 새벽 설교는 건강에 최고로 좋은 약이라 했다. 어떤 병든 평신도 설교자에게 "나는 1주에 20회 이상 설교한다. 나에게 설교는 건강이고 약이고 음식이고 운동이다. 왜 너에게는 안 되겠는가. 형제여, 너도 가서 하라!"고 소리쳤다.30)

12. 맺는 말

1739년 4월 1일에 야외설교를 시작하여 전도자의 일생을 살았던 웨슬리는 그가 죽기(1791년 3월 2일) 약 5개월 전 1790년 10월 7일에 윈첼시아에서 온 동네 사람이 다 모인 중에 큰 재나무(ash tree) 밑에 서서 "천국이 가까웠으니 회개하고 복음을 믿으시오"라는 제목으로 생애 마지막 야외설교를 했다. 이때 그의 설교를 들은 사람들은 거의 다 구원의 확신을 갖게 되었다. 또 웨슬리는 그가 죽기 약 10일 전에 런던의 시티로드 예배당(City Road Chapel)에서 그의 생애 마지막 설교를 했다.31) 웨슬리의 생애는 설교의 생애요 전도자의 생애였다. 그가 전도자로 활동했던 52년 동안 영국 본토와 모든 섬 중에 가지 않은 곳이 없었다. 일생 동안 25만 마

---

30) D. L. Doughty, 같은 책, p.152.
31) D. L. Doughty, 같은 책, p.203~204.

일(지구를 7바퀴 반을 도는 거리)을 여행했고, 총 4만 번 설교, 1주간 평균 15번, 1년에 약 8,000번 설교, 타고 다니는 말을 18번 갈았다. 그는 설교를 자신의 인생에서 최대의 사명이라고 했다.

"당신의 사명은 영혼을 구원하는 일뿐이다. 그러므로 이 일에 당신의 생애를 바치라."(You have nothing to do but to save souls. Therefore, spend and be spent in this work)

그는 위와 같은 말로써 평신도 설교자들을 독려했다. 일생 그는 설교하는 기쁨으로 살았다. 그는 설교의 생애를 살았다(I live ever by preaching.). 그가 죽기 전에 가장 많이 한 말이 있다.

"나는 죄인들 중에 가장 큰 죄인이다. 그러나 예수는 나를 위해 죽으셨다."(I, the chief of sinners am, but Jesus died for me.)

"나는 나의 창조주 하나님을 찬양하고 찬양하노라."(I'll Praise-I'll Praise! My Creator.)

전자는 그의 복음주의적 신앙의 설교적 고백이고, 후자는 복음전도자의 승리의 선언이라고 할 수 있다.

제 10 장
조지 휫필드의 설교와
존 웨슬리의 설교 비교

조지 휫필드(1714~1770)

조지 휫필드의 설교와 존 웨슬리의 설교 비교

1. 조지 휫필드

조지 휫필드(George Whitefield)와 존 웨슬리의 설교를 비교해 보는 일은 웨슬리와 그의 설교의 특징을 이해하는 데 대단히 유익하다. 휫필드는 옥스퍼드 펨부로크대학의 학생이었으나 찰스 웨슬리의 초청에 의해서 신성회(Holy Club) 회원으로서 존 웨슬리의 제자인 동시에 동역자가 되었다. 휫필드는 웨슬리보다 11살이나 아래였으나 웨슬리보다 3년 앞서 1735년 20세 되는 해에 회심을 체험하였고, 곧 이어서 적극적으로 야외설교를 통한 전도운동에 헌신하였다. 그렇지만 웨슬리는 야외설교가 상스럽고 죄가 된다고 생각하여 처음에는 휫필드의 요청을 거절하다가 휫필드의 지속적인 요청에 끌려 억지로 시작하게 되었다. 웨슬리가 야외설교를 시작했을 때 휫필드는 이미 대단히 인기 있는 설교로 위대한 부흥운동을 일으키고 있었다.

휫필드는 23세의 젊은 나이에 벌써 런던의 교회들과 야외의 길거리와 광장에서 수백 또는 수천의 회중을 끌어 모았으며, 한 번의 설교로 그들을 사로잡는 위대한 설교가로 활동하기 시작했다. 런던에서부터 그는 노동자 계층의 보통사람들 사이에 영웅적인 인기를 끌고 있었다. 미국의 문명사가 벤자민 프랭클린은 휫필드가 야외에서 설교할 때에 그의 목소리가 얼마나 힘이 있는가를 시험해 보았는데, 그를 향해 서 있는 군중 가운데 그의 목소리가 분명하게 들리는 맨 끝줄까지 수를 세어보니 약 3만 명이었다고 한다. 당시 영국의 보통사람들 사이에서 그의 인기는 국교회 성직자들에게 대단히 위협적이었으며 곧 열광주의자(enthusiast)라는 칭호를 얻었다. 그는 당시 영국에서 두 번째로 큰 도시인 브리스톨에서 더 큰 군중을 모았으며 더 놀라운 반응을 보았다. 그의 인기가 절정이었을 때에 웨슬리 형제가 그랬던 것처럼 아메리카의 조지아에 선교하러 떠난다고 선언하자 그의 회중은 너무나 서운해 하였다. 당시 조지아는 불과 4년 밖에 안 된 처녀 식민지로서 꿈과 풍요와 낭만의 땅이었다. 그러나 거칠고 위험하고 낯선 땅이었다. 그는 아메리카에 짧게 머무르고 곧 이어 귀국하였는데 그 이유는 그곳에 고아원 건립을 위해 기금을 모으려는 것이었다. 무서운 태풍과 싸우며 9주간의 항해 끝에 1738년 말 영국에 도착한 휫필드는 런던과 브리스톨의 교회들이 자신을 환영하고 모금도 잘될 거라 생각했는데 상황은 아주 달랐다. 많은 교회들은 그에게 문을 닫고 성직자들 사이에 그에 대한 적대감이 증대하였다.

    이때 휫필드는 순회 평신도 전도자인 하웰 해리스(Howell Harris)의 야외설교를 통해서 불붙은 웨일즈의 부흥운동을 알게 되었다. 해리스는 국교회들이 문을 닫자 웨일즈의 광부들과 가난한 대중을 찾아갔다. 휫필드도 해리스의 전도방법을 배워 브리스톨 근처의 킹스우드 광부들을 찾아가서 설교하였다. 당시의 브리스톨과 킹스우드는 신약시대의 고린도처럼 도덕적 타락으로 악명 높은 곳이었다. 두 지역은 온통 슬럼 지역으로 변해 가고 있었다. 킹스우드는 광산 노동자들이 주로 모여 살고 있었으며,

브리스톨은 항구 노동자, 뱃사람, 노예상인, 노예, 알코올중독자 들이 모여 사는 슬럼가가 점점 확장되고 있었다. 슬럼가에는 양조장과 술집들, 그리고 도덕적으로 타락한 오락소로 가득했다. 반면에 브리스톨에는 소수의 노예상인들과 타바코와 초콜렛 무역상인들이 화려한 집을 짓고 웅장한 상업용 건물을 짓고 부를 누리고 있었다. 대부분의 브리스톨 주민들은 무지하고 가난한 노동자 계층의 사람들(working class people)로서 교양 없고 더럽고 무질서한 생활을 하고 있어서 상류층으로부터 착취당하고 천대받고 소외당하고 있었다. 횟필드는 이들을 목표로 삼아 야외설교를 시작했다. 브리스톨에는 악명 높은 뉴게이트 감옥이 있어서 그는 자주 그곳에 가서 설교하였다. 그러나 국교회 성직자들은 그를 증오했고 교회문은 더욱 굳게 닫혔다. 그는 교회마당, 광산 웅덩이, 밭과 산언덕, 시장터와 거리에서 설교하였다. 그는 이곳에서 최고 2만 명에게 설교하였다.

그러나 횟필드는 여전히 조지아에 고아원을 세울 꿈을 버리지 않고 재정 지원을 호소했으며, 결국 그 해 3월에는 야외설교 목회를 계승할 사람을 찾다가 존 웨슬리를 초청하였다. 웨슬리는 그의 초청을 받고 처음에 무척 당황했고 그의 강요에 못 이겨 억지로 끌려가서 야외설교를 하게 되었다. 이후로 웨슬리는 52년간 야외에서 설교하는 열정적인 전도자로 살게 되었다. 한편 횟필드는 1739년부터 1742년 사이에 13차례나 아메리카를 오가면서 영국과 아메리카에서 위대한 부흥운동을 이끌었다. 두 사람은 똑같이 18세기 메도디스트 부흥운동을 이끈 위대한 설교자로 활동했고 존경을 받고 있지만, 여러 가지 면에서 서로 다른 특징을 갖고 있었다.

출신에 있어서 횟필드(1714~1770)는 글로스터의 여관집 아들로서 서민 계층에서 거칠게 자라났다. 그는 익살꾸러기 소년이었고 사팔뜨기 눈을 가졌다. 그러나 총명했고 야심이 많아 옥스퍼드까지 가게 되었다. 또한 활발하고 적극적이고 남성다운 성격이어서 모든 계층의 사람들과 쉽게 친밀해졌고, 평민들에게는 마치 선망의 대상이 될 만큼 대단한 인기를 끌었다. 그러므로 막시민 삐떼(Maximin Piette)가 "휫필드의 회중은 주로 상류층이었고 웨슬리는 주로 하류층 보통사람들을 위한 설교자였다."고 한 말은 분명히 과장이다.[1]

휫필드에게는 웨슬리가 갖지 못한 장점이 있었는데, 첫째, 그는 크고 풍부하고 강한 목소리를 갖고 있어서 큰소리를 내지 않고도 3만 명의 청중에게까지 들릴 정도였다고 한다. 둘째, 그는 외향적이고 활달하면서도 온화한 성격이어서 웨슬리는 휫필드의 "가장 너그럽고 부드러운 그의 우정"을 아쉬워했다. 셋째, 정열적인 기질과 힘있고 설득력이 넘치는 언변이다. 넷째, 그의 출신과 성장 환경의 결과이며 천성인 그의 활발한 인간관계와 사교성이다.

회심을 체험한 후 휫필드는 런던과 브리스톨을 중심으로 영국 전역을 순회 여행하면서 야외설교를 하였다. 그는 웨슬리보다 먼저 야외설교의 개척자로 성공했을 뿐 아니라 고아원, 학교, 신학교를 세워 성공적인 발전을 이룩한 사람이다.[2] 그는 영국 국교회에서 1736년에 집사 안수를, 1738년에 장로 안수를 받았다. 1739년에는 미국에 선교사로 갔다가 곧 다시 귀국하여 브리스톨에서 야외설교로 부흥운동을 일으키고 있었다. 그는 브리스톨과 킹스우드에 여러 신도회를 설립하였으며 웨슬리보다 먼저 가난한 노동자들과 광부 자녀들을 위한 학교를 세워 교육과 자선사업에 헌신적으로 일하였다. 그러다 그는 또다시 미국 조지아주로 건너가 사바

---

[1] Maximin Piette, John Wesley in the Evolution of Protestantism (Sheed and Ward, NY., 1936), p.351.
[2] Arnold Dallimore, George Whitefield (Crossway Books, Illinois, 1990), p.7~40.

나에 고아원을 세우고 주로 뉴잉글랜드 동북부지역에서 큰 부흥운동을 전개하였다. 또한 휫필드는 조나단 에드워드와 함께 18세기 대각성 부흥운동(The Great Awaking Movement)을 일으키는 위대한 공헌을 미국 역사에 남기었다. 그는 여기서 칼빈주의자들과 깊은 교제를 했고 예정론 교리에 심취하게 되었다.

그는 1741년 3월에 영국으로 다시 돌아와 칼빈주의 메도디스트(Calvinistic methodist)가 되어 예정론을 전파하며 부흥운동을 일으켰다. 이로 인하여 휫필드와 만인구원론 교리를 설교하며 부흥운동을 일으키던 웨슬리와의 사이에 마찰과 충돌이 일어났다. 실제로 휫필드의 예정론 설교로 인해 웨슬리에 의해 설립된 신앙공동체들이 와해되기도 하고 이탈자들이 생기게 되었다. 이로 인해 두 사람은 서로 관계를 끊고 불화하게 되었다. 휫필드는 예정론 교리를 강력하게 설교했고 웨슬리는 값없이 주시는 은혜(free grace)의 교리를 설교함으로써 두 사람은 정반대의 교리를 설교하였다. 두 사람은 설교와 글로써 논쟁하고 대결하였다. 이리하여 메도디스트 신도회 내에는 휫필드를 따르는(Whitefieldites) 칼빈주의 메도디스트들(Calvinistic Methodists)과 웨슬리를 따르는(Wesleyans) 만인구원론파, 즉 웨슬리안 메도디스트들(Wesleyan Methodists)의 두 파로 나뉘게 되었다. 그리고 웨슬리와 메도디스트 신도회에 영적으로 물적으로 많은 도움을 주고 있었던 헌팅톤 부인(Lady Huntingdon, 1707~1791)도 휫필드를 따라 칼빈주의에 동조하여 웨슬리안 메도디스트 신도회를 떠나 웨슬리와 갈라섰다. 그녀가 칼빈주의파로 떠나간 것은 웨슬리와 메도디스트 신도회에 큰 타격을 주었다. 그녀는 깊은 신앙과 높은 수준의 신학적 교양을 갖추었고 귀족 출신의 재력가로서 전도사업, 교회 건축, 교육사업, 자선사업, 그리고 신학 교육에 막대한 지원활동을 펼치며 칼빈주의 메도디즘의 발전에 결정적인 공헌을 하였다.

이와 같이 웨슬리와 휫필드는 교리논쟁으로 불화했으나 1741년 다시 화해하였다. 그러나 휫필드는 계속 칼빈주의 메도디스트 부흥운동을 전개했다. 그는 1740년부터 1769년까지 7차에 걸쳐 미국에 건너가 부흥운동을 주도하다가 1770년 9월 30일 56세에 매사추세츠 주 뉴베리 항에서 객사함으로 위대한 전도여행의 막을 내렸다.[3] 그의 일생은 실로 야외설교전도운동과 가난한 사람들, 특히 고아들과 가난한 어린이들의 교육에 일평생 헌신한 거룩하고 위대한 생애였다.

2. 휫필드와 웨슬리의 차이점과 공통점

휫필드와 달리 웨슬리는 고교회 성직자의 아들로서 고교회의 전통적인 경건과 청교도 경건으로 훈련된 사람(a man of discipline and devotion)으로서 모든 일을 전통과 규칙에 따라 행하는 고교회의 경건하고 고상한 신사요 항상 금욕적인 생활과 고상한 영성생활의 방식을 유지하는 옥스퍼드의 학자였다. 웨슬리는 휫필드에 비해서 대단히 내향적이고 소극적이며 여성적인 기질을 소유했다. 본래 그는 사색적 수도원 영성으로 내면화된 사람이었다. 이런 웨슬리의 고교회의 신사도와 학자성과 우아한 자존심 그리고 내향적 기질이 바로 야외설교를 주저케 한 요소들이었다. 그러나 웨슬리는 휫필드의 장점을 능가할 수 있는 강점을 소유했다.[4]

---

3) Arnold Dallimore, 같은 책, p.7~40.
4) Skevington Wood, The Burning Heart, p.94~95 ; Horton Davies, 같은 책, p.144~145.

첫째, 무엇보다도 성결한 마음과 생활을 전심으로 추구하는 경건한 인격이 그의 설교를 지속적으로 영향력 있게 만드는 요소였다.

둘째, 깊고 해박한 학자적 기질은 그의 설교를 명백히 성서적이고 단순하면서도, 논리적이고 명료하고 실제적이게 하여 뛰어난 교육적 설교로 만들었다.

셋째, 웨슬리의 여성적이고 모성적 영성의 기질은 그가 사람들을 깊고도 따뜻한 애정을 갖고 대하도록 했고 사람들의 영혼을 감싸주고 돌보아주는 전도자가 되게 했다.

넷째, 휫필드는 한 번의 설교로 수많은 사람을 감동시키고 그냥 흩어지게 하며 지속적인 영향력을 발휘하지 못했다. 그러나 웨슬리는 조직에 탁월한 은사를 가졌다. 웨슬리는 그의 설교를 한 번 들은 자들을 반드시 회개하고 복음을 믿어 회심케 만들고, 이어서 메도디스트 신앙공동체 안에 묶어서 계속적으로 양육하여 성결한 생활에까지 성장케 하였다. 이런 결과로 휫필드가 훨씬 더 많은 사람들에게 인기 있고 능력 있는 설교자였으나 휫필드를 따르는 사람들은 어디에서도 함께 모여 그의 설교를 실천하지 않았다. 더군다나 그가 설교하는 예정론 교리를 믿는 칼빈주의 메도디스트들(Calvinistic Methodists)은 웨일즈의 시골에 작은 교회들을 이루었을 뿐 잉글랜드 본토에서는 성공적으로 정착하거나 교회를 형성하지 못했다. 이와 같이 휫필드의 설교는 아무리 강력하고 훌륭해도 어디서나 순간적이고 단편적이고 일회적인 것으로 끝나서 지속적인 영향력이 없었으나 웨슬리의 설교는 사람들의 마음속에 지워질 수 없는 진리와 확신으로 새겨졌고 조직 안에서 성장하여 지속적으로 효과적인 설교가 되었다.

휫필드가 위대한 웅변가(orator)요 감동적이고 연기력 좋은 배우(actor)였다면, 웨슬리는 언제나 유능하고 탁월한 교수(Oxford don) 스타

일이고 또한 성실하고 진지하고 탁월한 강단의 명 설교 목사(rector) 스타일이었다.5) 그래서 홀톤 데이비스(H. Davies)는 휫필드를 화산(volcano)과 용광로(furnace)에 비유했다. 물론 웨슬리도 휫필드처럼 하나님과 복음에 대한 정열을 품은 전도자였으나, 웨슬리의 불은 조절되면서 밝은 빛을 내고 점진적으로 따뜻한 열을 전달하는 데 비해 휫필드의 불은 자주 불꽃을 터뜨리고 재만 남기곤 했다. 휫필드의 설교에는 빛(light)보다는 열(heat)이 더욱 많았고, 웨슬리의 설교에는 열보다는 빛이 더욱 많았다.6)

두 사람은 서로 다른 점들이 뚜렷했고 다른 스타일의 설교를 했지만, 동시에 뚜렷한 공통점을 갖고 있었다. 그들은 모두 다 그리스도의 복음을 분명히 설교했고 회심을 촉구했고 모든 악에서 떠나서 성결의 삶으로 변화할 것을 촉구했다. 그리고 그들이 이런 목적을 성취하기 위해서는 원고 없이 하는 즉흥설교(extemporary preaching)가 가장 만족스러운 것이었다. 웨슬리가 원고 없이 처음으로 설교한 것은 1735년 런던의 한 교회에서 설교자가 제시간에 도착 못하게 되어 갑자기 대신 하게 되었을 때다. 그는 원고 없이 강단으로 올라가려고 하는데 너무나 떨려서 그만 다시 내려와 강단 뒷방으로 되돌아갔다. 그는 당황하고 두려워하며 떨고 있었다. 이때 한 여인이 그런 웨슬리를 보고 말하기를 "목사님, 기도하세요. 뭘 걱정하십니까?"라고 했다. 그리고 그 여인은 웨슬리의 어깨에 손을 얹으면서 "한 번의 설교를 하나님께 믿고 맡길 수 없습니까? 하나님을 의지하는 것! 그것이 전부입니다."라고 말했다. 웨슬리는 그 여인의 말에 용기를 얻어서 강단으로 올라가 두려움 없이 확신을 갖고 즉흥설교를 하였다. 그리고 그 후로 웨슬리는 결코 강단에 설교 원고를 가지고 올라가 본 적이 없

---

5) Horton Davies, 같은 책, p.160.
6) Horton Davies, 같은 책, p.145~146.

었다고 한다.[7]

휫필드는 원고 없는 설교에 가장 성공적인 설교가였다. 그는 목소리로 청중을 사로잡았고, 유창한 언변과 수사학적 표현과 전달의 기술과 역동성과 멋진 제스처에 있어서 아무도 따를 자가 없었다. 그리고 흥미 있고 감동적인 예화와 비유, 역사적인 일화를 사용하는 데에도 비상하고 탁월했다. 분명 웨슬리는 이런 모든 면에서 휫필드에 많이 뒤졌다. 그러나 웨슬리의 장점은 그의 사상과 언어가 지극히 명쾌하고 단순하며 태도와 방식이 솔직하고 진지하고 깨끗한 것이었다. 물론 웨슬리도 설교에 여러 가지 이야기와 인용을 가미했으나 휫필드에 비해서 그렇게 많지 않았고 기교 면에서도 뒤졌다. 두 설교자의 설교 기교에 관한 비교를 한마디로 종합해 본다면, 휫필드는 가장 우수한 웅변적 설교자(oratorial preacher)였고 웨슬리는 가장 우수한 강단 설교자(pulpit preacher)였다고 할 수 있다.

두 설교가가 가장 좋아하는 설교 주제는 구원에 관한 복음적인 교리들로서 경험적 종교의 실제적인 교리들이었다. 그들은 주로 바울, 어거스틴, 루터, 칼빈, 청교도, 영국의 경건주의자들의 위대한 교리들을 설교의 핵심으로 다루었다. 휫필드는 칼빈주의 메도디스트(Calvinistic methodist)로서 예정론과 청교도 칼빈주의의 교리인 실천적 예정론(practical predestination)을 설교하였다. 그러나 웨슬리는 선택의 교리는 수용했으나 예정론을 거부하고 대신 '만인의 구원'(salvation for all)과 '값없이 주시는 은혜'(free grace)의 교리를 설교했다. 설교의 주제를 비교해 본다면 휫필드는 웨슬리보다 교리적인 설교를 많이 했고 웨슬리는 휫필드보다 실천적이고 윤리적인 설교를 많이 했다. 설교의 주제와 내용에

---

7) D. L. Doughty, Wesley the Preacher, p.20.

있어서 웨슬리의 위대한 은사는 윤리적 설교만 아니라 교리적 설교에서도 실제적인 타당성과 명료성, 그리고 경험과 생활의 적용에서 탁월했다는 점이다.

무엇보다도 두 사람의 가장 뚜렷한 차이는 웨슬리는 조직을 잘 했고 휫필드는 조직을 잘 못하였다는 것이다. 그 결과는 두 사람의 일생의 전도활동의 결과에 너무도 큰 차이를 나타냈다. 휫필드는 대중전도운동에만 성공하였으나, 웨슬리는 대중전도운동을 조직적으로 하면서 대중전도에서 얻은 회심자들과 추종자들을 조직하고 다양한 종류의 조직 안에서 관리하고 양육하는 일에 성공하였다. 휫필드는 자신의 설교를 듣고 깨어난 사람들이 자연히 자신을 따르리라고 기대하였지만 한두 번 설교를 듣고 감동하고는 다시 그에게 오지 않았던 것이다. 그러나 웨슬리는 자신의 설교를 듣고 깨어난 사람들에게 새로운 삶의 비전을 진지하고도 계속적으로 바라보게 했으며 그러한 삶을 훈련하고 실천하는 현장 속으로 들어가게 하였다. 그 현장은 곧 신도회(Society), 속회(Class), 반회(Band) 등의 소그룹이었다. 이중에서도 속회는 진정한 그리스도인으로 탄생하고 성장하는 제자도의 훈련 모임으로서 오랫동안 메도디스트 영성생활의 중추 역할을 해왔다. 이렇게 메도디스트 부흥운동은 야외대중전도와 소그룹 모임의 효과적인 결합을 통해서 가장 효과적으로 강화되고 급속히 발전하였다. 사실상 18세기 영국의 메도디스트 부흥운동은 휫필드가 먼저 일으켰으며 또한 그의 위력과 인기가 웨슬리보다 훨씬 강력했기 때문에 휫필드 부흥운동이라고 해야 옳을 것 같지만 웨슬리 부흥운동이라고 부르는 이유가 바로 여기에 있다. 웨슬리의 후계자요 초기 메도디스트 역사가인 아담 클라크(A. Clarke)가 위와 같은 사실에 대하여 잘 말했다.

"웨슬리는 처음부터 이것(소그룹 조직)의 필요성을 잘 알았다. 휫필드는 (웨슬리와 결별한 후에) 웨슬리의 이 방법을 따르지 않았다. 결과는 어떠했나? 휫필드의 수고는 그 자신과 함께 죽었으나, 웨슬리의 수고는 계속해서 결실하고 성장하고 놀랍게 증대하였다. 휫필드는 그의 실수를 알았을까? 그는 알았다. 그러나 너무 늦게 깨달았다. 휫필드의 추종자들은 너무나 오랫동안 그러한 소그룹 훈련을 사용해보지 않았기 때문에 좀처럼 잘 적응하지 못했던 것이다."

휫필드는 자신의 설교와 대중전도가 그렇게 강력함에도 불구하고 상대적으로 약한 웨슬리가 부흥운동에서 더 많은 결실을 얻고 훨씬 위대한 결과를 낳는 이유를 늦게 깨닫고 자신의 실수와 약점을 인정하였다. 아담 클라크는 휫필드가 웨슬리안 메도디스트인 존 풀(J. Pool)에게 한 다음의 말을 소개하였다.

"존, 당신은 옳은 길을 따르고 있소. 나의 형제 웨슬리가 지혜롭게 행하였소…. 그는 그의 전도를 통해서 깨어난 영혼들을 속회에 연결시켰고 이로써 그의 수고가 계속 결실하게 하였단 말이요. 나는 바로 이것을 게을리했소…. 그래서 나의 추종자들은 모래밧줄과 같이 되었소."[8]

휫필드의 칼빈주의 부흥운동은 한동안 웨슬리의 부흥운동보다 더 큰 인기를 끌었으나 주로 웨일즈 산간 시골지역에 소수의 칼빈주의 감리교회들을 남기었고 잉글랜드에는 얼마 안 되는 집회소와 기도처가 잠시 있

---

8) Michael Henderson, John Wesley's Class Meeting (Francis Asbury Press, Indiana, 1997), p.30.

다가 폐지되고 말았다. 그의 영향력과 공로는 마르고 거친 땅을 소낙비처럼 한 번 적셔 시원케 하고는 그 땅에 그냥 흡수되어 사라지고 말았으나 웨슬리의 영향력은 큰 강수가 되어 흘러 많은 시냇물로 연결되어 모든 지역으로 흘러 들어가 지금도 변함없이 생명수를 공급하는 것과 같다. 좋은 설교가는 좋은 설교로만 되는 것이 아니다. 좋은 설교가는 자신의 설교가 듣는 사람 안에서 계속 자라고 결실할 수 있도록 지속적인 영향력을 끼치는 설교가다. 그렇게 하는 가장 좋은 방법은 바로 웨슬리가 사용했던 것과 같은 소그룹 조직과 운영이다.

두 설교가는 공통점도 있었고 차이점도 많았다. 그러나 두 사람의 대조에서 보이는 차이는 각기 다른 은사라고 본다. 무엇보다 중요한 점은 두 사람의 다른 은사는 서로 대립과 충돌이 아니라 상호 보충적인 역할을 했다는 것이다. 실제로 휫필드의 설교에 감동한 상당수의 사람들이 웨슬리의 조직에 들어오기도 하였다.

제 11 장
초기 메도디스트 설교자들과 기타 사역자들

웨슬리의 평신도 설교자
Captain Thomas Webb(1725~1796)의 초상화

그는 존 웨슬리의 설교를 듣고 회심을 체험한 다음 곧 메도디스트 설교자가 되었다. 그는 회심 후에 브리스톨 지역에서 열정적인 전도운동을 펼쳤으며 미국에 개척 선교사로 건너가서 뉴욕 지방에서 부흥운동을 일으켜 수많은 회심자들을 얻었고 뉴욕에 최초의 메도디스트 교회들을 설립함으로써 미국 뉴욕 지방의 메도디즘의 아버지가 되었다.

초기 메도디스트 설교자들과 기타 사역자들

1. 시작하는 말

초기 메도디스트 신도회의 평신도 사역직에는 다음과 같은 것이 있었는데, 곧 1) 평신도 설교자(평신도 조력자, helper 또는 평신도 보조자, assistant) 2) 속장(class leader) 3) 유사(steward) 4) 병자 심방인(visitor of the sick) 5) 교사(teacher) 등이다. 메도디스트 운동 초기에는 메도디스트 지도자들 중에 안수 받은 성직자 또는 정규 신학 훈련을 받은 사람이 불과 몇 사람밖에 없었다. 웨슬리는 과감하게 평신도를 훈련하여 교회를 섬기는 사역의 직분에 임명하였다. 웨슬리의 이러한 행동은 당시로서는 대단히 혁명적인 것이었다. 웨슬리의 이런 행동이 국교회 편에서 볼 때는 규칙 위반(irregularities)이었겠지만, 메도디스트 복음운동의 부흥과 위대한 결과는 바로 이러한 평신도 사역자들의 활동 없이는 불가능한 일이었다. 특별히 평신도 설교자와 속장은 초기 메도디즘 운동의 핵심적 역할을 수행했고, 이들 없이는 메도디스트 복음운동이 성공하지 못했을 것이다. 웨슬리야말로 평신도 신학과 그 실천의 선구자였다.

2. 메도디스트 설교자(Lay preacher)

잘 알려진 대로 웨슬리는 처음에 평신도를 설교자로 세우는 것을 매우 주저했다. 그러나 그의 어머니로부터 "주님의 뜻대로 하라. 주께 유익한 것을 주께서 하시게 하라."(It is the Lord : let him do what seemeth Him good)라는 조언을 받았을 때 웨슬리는 확신을 얻었고, 마침내 1740년 겨울에 맥스필드(Thomas Maxfield)를 최초의 평신도 설교자로 세우고, 곧 이어서 두 명이 '복음의 아들'(son in the gospel)로 받아들여졌다. 웨슬리는 메도디스트 설교자들을 '복음의 아들'이라고 불렀는데, '복음의 아들'이라는 용어는 비상시에만 필요한 직무가 아니라 완전히 전문직 사역자를 의미했다. 이로써 그는 평신도를 설교자로 인정하게 된 것이다. 그 후로 웨슬리는 계속해서 필요한 만큼의 평신도 설교자를 훈련하여 세웠으며 이들 중 대부분은 웨슬리에게 충성된 조력자(Helper) 또는 보조자(Assistant)로서 부흥운동에 헌신하였다. 만약에 웨슬리가 평신도 설교자를 세워 사용하지 않고 전통적인 성직제도로서 안수목회제도를 고집했더라면 웨슬리의 부흥운동은 결코 성공하지 못했을 것이다. 이들은 여행전도와 순회설교, 그리고 각 신도회를 돌보는 목회를 맡았고 대부분이 신도들의 헌금으로 생활했고 극히 소수가 자비량 사역을 했다. 이들은 여행 설교자(travelling preacher) 또는 순회 설교자(itinerant preacher)라고 불렸으며, 웨슬리를 대신할 수 있는 웨슬리의 개인 사역자들로서 모든 신도회 내의 유사(有事 ; steward, 초기의 한국 감리교회는 이 직분을 有事라고 불렀음)와 속장(屬長 ; class leader)과 반장(班長 ; band leader), 그리고 모든 신도회 회원들에 대한 지도권을 행사하였

다.[1]

초기 메도디즘에서 '구역'(circuit)이라는 말은 '순회구역'(巡廻區域 ; round)이라는 말과 동의어로서 여행 설교자(travelling preacher)의 순회 여행(an ordered tour)을 의미하는 것이었다. 몇 사람의 순회 설교자들에게 한 구역의 설교와 목회 업무가 맡겨졌다.[2]

초기 연회록에는 이들이 '조력자'(helper) 또는 웨슬리의 '보조자'(assistant)라고 기술되었는데, 1744년 첫 번째 총회에서는 웨슬리도 '조력자'와 '보조자'를 구분 없이 자신의 설교자를 지칭하는 이름으로 사용했다. 그러나 차츰 보조자들은 조력자라기보다는 선임자의 의미로서 구역(circuit)과 구역의 설교자들을 감독하는 책임을 진 자들을 의미하게 되었고, 웨슬리 사후에는 구역의 감리사(superintendent)라는 칭호가 주어졌다. 또한 초기에는 순회 설교자와 지역 설교자(local preacher)의 구분도 없었으나, 1755년경부터는 모든 설교자들이 두 가지 범주로 분명히 구분되었다. 즉 전임 순회 설교자들(full-time itinerant preachers)은 일정 기간 구역(circuit)에 임명되었고, 지역 설교자는 자기 생업에 종사하면서 자기 지역에서만 설교 사역을 하였다. 구역(circuit)은 1746년에 나타났고, 적게는 2~3개, 많게는 10개 내외의 신도회를 지역 단위로 묶어 결속시킨 조직 단위였으며, 초기에는 보조자(웨슬리 사후에는 감리사)의 감독에 맡겨졌다. 한 구역에 대한 순회 설교자의 임명 파송 기간은 최장 3년이었으며, 웨슬리는 이보다 더 길 경우 회중이 싫증을 느낄 것이라고 생각했다. 이러한 사정은 웨슬리 생애 후반기의 안정된 시기가 아니라 초창기의 현실이었다.[3]

---

1) Rupert Davies and Gordon Rupp, 같은 책, p.198~199 ; cf. LJW.,8, p.196 (1790 June, 13).
2) 'Minutes of Some Late Conversations', WJW.,8, p.302.
3) Henry D. Rack, 같은 책, p.245.

평신도 설교자는 부흥운동 초기에는 웨슬리가 직접 임명하였으나 시간이 흐를수록 각 신도회의 추천에 의하여 정한 규칙에 따라서 임명되었다. 총회는 설교자 후보들을 추천받아서 우선 일정 기간의 교육을 받게 하는데 교육의 내용은 성경과 메도디스트 교리, 그리고 경건생활의 규칙과 설교자의 규칙에 관한 과목들이었다. 교육을 통과한 후보들은 총회에서 최종 심사를 거쳐서 임명되었다. 후보들은 총회 전에 약 3일간의 엄격한 금식과 기도훈련을 마쳤다. 그리고 총회 심사에서는 다음과 같은 공통의 질문으로 이뤄졌다.

① 당신은 구원의 확신을 갖고 있는가?
② 당신은 완전을 향하여 전진하고 있는가?
③ 당신은 이 세상에서 '사랑 안에서 완전하게 되는 것'을 믿고 있는가?
④ 당신은 완전한 사랑의 은사를 얻기 위하여 전력을 다하고 있는가?
⑤ 당신은 하나님과 하나님의 일에 당신의 모든 것을 바치기로 결심하였는가?
⑥ 당신은 메도디즘의 목적과 계획을 알고 있는가?
⑦ 당신은 '메도디스트들에 대한 평이한 해설'과 '이성적이고 종교적인 사람들에게 보내는 호소'를 읽었는가?
⑧ 당신은 신도회와 속회와 반회의 규칙을 알고 있으며, 지키고 있는가?
⑨ 당신은 코담배와 담배와 술을 가까이 하지 않는가?
⑩ 당신은 교회의 모든 예배와 성만찬에 계속적으로 참여하고 있는가?

⑪ 당신은 총회의 기록문을 읽었으며, 총회의 모든 규범에 동의하는가?
⑫ 당신은 설교자들의 규칙을 알고 있으며 또 지키겠는가? 특별히 첫째와 열한째와 열두째의 규칙을 지키겠는가?
⑬ 당신은 당신의 모든 시간을 하나님의 일에 바칠 결심이 되어 있는가?
⑭ 당신은 매일 아침과 저녁에 설교하겠는가?(너무 큰 소리로 말하거나 너무 길게 말하지 않는가?)
⑮ 당신은 어디서나 어린이들에게 부지런히 전도하고 가르치겠는가?
⑯ 당신은 금식에 모범을 보이고 교인들에게 권면하겠는가?
⑰ 당신은 빚을 지고 있는가?[4]

위의 질문은 모든 후보에게 묻는 공통의 질문이며 그 외에 개인의 사정에 따라서 다른 질문이 더해졌다.

웨슬리는 1744년 첫 설교자 총회에서 조력자의 직무(The office of helpers)에 관하여 다음과 같이 정의했다. 목사가 없는 경우 조력자의 직무는 다음과 같았다.

① 신도회를 성경말씀으로 가르치고 지도하는 일
② 매주 1회씩 신도회의 연합 집회, 속회, 특별 집회에 참석하고 지도자들을 만나는 일
③ 3개월마다 모든 속회를 방문하는 일

---

[4] WJW., 8, p.325.

④ 모든 의견의 차이에 관하여 자세히 듣고 해결하는 일
⑤ 품행이 나쁜 자를 원입인 반열로 넣는 일
⑥ 유사, 속장, 교사들이 직무에 충실하도록 감독하는 일
⑦ 매주 만나서 보고 받고 영적 상태를 조사하는 일5)

그러나 웨슬리는 1749년에 보조자의 직무(The office of assistants)를 조력자의 직무와는 다르게 만들어주었는데 그것은 다음과 같다.
① 모든 속회를 방문하고, 신도회 회원의 명단을 새로 쓰는 일
② 반회들을 지도하는 일
③ 새로운 속회 티켓을 전달하는 일
④ 철야 기도회와 애찬회를 매월 지키는 일
⑤ 신도회와 반회에서 회원을 빼고 넣는 일
⑥ 분기 모임(Quarterly meeting)을 개최하고 부지런히 각 신도회의 영적인 상태를 점검하는 일
⑦ 각 구역의 조력자들을 감독하는 일
⑧ 모든 신도회가 필요한 책들을 공급받도록 그리고 그들에게 필요한 돈이 분기마다 신도회에 배당되도록 감독하는 일6)

평신도 보조자들을 위해서 12가지 규칙이 제정되었는데, 이것이 나중에 조력자들(helpers)을 위한 '12가지 규칙'(The Twelve Rules of A Helper)으로 알려진 것이요, 초기 메도디스트 설교자들이 지켜 실행했던 훈련 규범(Disciplinary Charter)으로서 오랫동안 메도디스트 설교자들과

---

5) 'A Plain Account', WJW.,8, p.262.
6) 'Minutes of Several Conversations', WJW.,8, p.320.

목회자들의 행동 강령이자 성직 제도로 정착되었던 것이다. 이 규칙은 역사적으로 충성된 메도디스트 사역자들의 경건과 헌신 생활의 의무로서 널리 알려져 왔을 뿐 아니라 메도디스트 설교자들을 지칭하는 유명한 경구로서 인용되어 왔다.

① 부지런하라. 결코 한 순간도 하는 일 없이 보내지 말라. 결코 하찮은 일에 매이지 말라. 출타중이라도 꼭 필요한 시간 이상 소비하지 말라.

② 진지하라. "주님께 성결"(Holiness to the Lord)을 좌우명으로 삼으라. 모든 경박함과 농담, 어리석은 대화를 피하라.

③ 여자들, 특히 젊은 여자들과 대화할 때 삼가고 조심하라.

④ 형제들과 상의 없이 결혼하지 말라.

⑤ 자기가 보지 못했다면 누구에 대한 험담도 믿지 말라. 모든 일에 최선의 신뢰를 쌓아야 한다. 재판관이신 하나님은 언제나 죄인의 편에 계심을 알아야 한다.

⑥ 누구에 대한 험담도 말하지 말라. 그렇지 않으면 당신의 입안에 궤양이 생길 것이다. 자신이 그 사람과 직접 관계되기 전까지는 자신의 생각을 마음속에 간직하라.

⑦ 누구의 잘못을 발견하면 솔직히 가능한 한 속히 사랑 안에서 친절하게 말해 주라. 그렇지 않으면 그것이 당신 마음속을 부패시킬 것이다. 당신 가슴속에 있는 불을 속히 꺼 버리라.

⑧ 귀족인 체 행동하지 말라(Do not be nice). 당신은 고상하고 얌전한 귀족이 되어서는 안 되고, 댄스 교사처럼 행동해야 한다. 복음의 설교자는 모든 사람의 종이다.

⑨ 죄 짓는 것 외에는 아무 것도 부끄러워 말라.

⑩ 시간을 엄수하라. 모든 것을 제 시간에 정확히 하라. 우리의 규칙을 수정하려고 하지 말고 그것을 지키라. 벌을 두려워해서가 아니라 양심을 위하여 지키라.

⑪ 당신의 직무는 영혼을 구원하는 일밖에 없다. 그러므로 이 일을 위해 당신의 모든 것을 사용하고 사용되게 하라. 그리고 당신을 원하는 자들에게뿐 아니라 당신을 가장 필요로 하는 자들에게로 가라. 당신의 가장 중대한 임무는 많은 횟수의 설교를 하는 것이 아니다. 할 수 있는 한 많은 영혼을 구원하는 것과 많은 죄인들을 회개시키는 것과 그들이 성결의 삶을 건축하도록 하는 데 모든 힘을 다하는 것이다. 메도디스트 설교자는 모든 메도디스트 규율을 작든지 크든지 지켜야 한다. 그러므로 자신이 가진 모든 방법과 지혜를 다 활용해야만 한다.

⑫ 모든 일에서 자신의 뜻대로 행하지 말고 복음의 아들로서 행하라. 그렇게 하기 위해서는 우리가 명하는 방식대로 시간을 사용해야 한다. 설교와 신자 방문과 독서와 명상과 기도하는 일뿐 아니라 무엇보다도 당신이 주의 포도원에서 우리와 함께 일할 때에 주님의 영광을 위해서 우리가 명하는 시간과 장소에서, 우리가 정해주는 일들을 해야만 한다.[7]

그리고 위와 같은 모든 규칙의 핵심 되는 정신은 1745년에 이 규칙에 추가된 '유명한 강령'에 잘 표현되어 있다.

---

7) 'Minutes of Several Conversations', WJW., 8, p.309~310.

"당신의 직무는 오직 잃어버린 영혼을 구원하는 일뿐이다. 그러므로 이 일에 그대의 모든 것을 다 바쳐야 한다. 그리고 항상 당신을 원하는 자들에게 뿐만 아니라 당신을 가장 필요로 하는 자들에게로 가라. … 모든 일에 자신의 뜻대로 행하지 말고 복음의 아들로서 행하라…"[8]

평신도 설교자들은 웨슬리 자신의 '복음 안에서의 아들들'(sons in the gospel)이었다. '12가지 규칙들'이 너무 가혹하고 독재적이라는 비판에 대해 웨슬리는 이 규칙은 '하나님 안에서 아버지가 사랑하는 아들에게'(A father-in-God over loving ones) 주는 영적으로 책임지는 규칙이라고 설명하였다. 메도디스트 훈련(Methodist discipline)의 정신은 설교자들과 신도들의 경건생활에서 더 잘 나타났다. 웨슬리의 조력자들은 매일 새벽 4시에 기상하여 한 시간 동안, 그리고 매일 오후 5시부터 한 시간 동안 기도와 명상과 독서를 해야 했고, 아침 6시부터 정오까지 공부를 해야 했다. 설교자들은 절대적이지는 않지만 수요일과 금요일에 금식하고, 매일 점심은 저녁식사 전까지 오로지 감자만 먹고 고기는 먹을 수 없었다.[9] 메도디스트 설교자들은 언제 어디에서라도 1) 설교할 준비, 2) 이사할 준비, 3) 순교할 준비가 되어 있도록 훈련받았고, 요구받았으며, 완전히 헌신된 복음전도자의 삶을 살았던 것이다.[10]

조력자들은 영국 국교회에서 성장한 신도회의 모든 신도들에게 계속해서 국교회 예배와 규칙에 충실하도록 가르쳐야 했다. 그리고 자신이 먼

---

8) 'Minutes of Some', WJW.,8, p.263~264 ; LJW.,2, p.39 ; LJW.,3, p.121~122 ; LJW.,5, p.279.
9) LJW.,3 p.240 ; LJW.,7, p.52.
10) 이것은 영국은 물론 미국과 한국에서까지도 초기 메토디즘 전도운동에서 메토디스트 설교자들의 사명과 삶과 헌신을 나타내는 유명한 말이었다.

저 본을 보여야 했다. 그리고 만약 교구교회의 예배에 방해되는 일이 생기면 어떤 계획도 취소나 변경해야 했다. 그들은 또한 모든 메도디스트들로 하여금 매 주일 교구교회에 나가서 성만찬을 받고 설교를 듣도록 엄격히 가르쳤으며, 국교회의 설교가 감리교회 설교보다 입맛에 맞지 않는 경우라도 국교회의 예배에 빠지지 말 것을 가르쳐야 했다. 그들은 멋진 설교를 들으려는(niceness in hearing) 생각을 갖지 않도록 가르치고 이런 태도는 전염병 같은 악으로 간주하였다. 그들은 모 교회를 경멸치 못하도록 그리고 국교회의 공동 기도서를 따르도록 신도들을 가르쳤다. 또한 메도디스트 신도회를 절대로 교회라고 부르지 못하게 하고, 메도디스트 신도회의 집을 설교당(preaching house) 또는 채플(chapel)이라고 부르게 하고 퀘이커교도들로 오인되지 않도록 절대로 만남의 집(meeting house)으로 부르지 못하게 하며, 메도디스트들은 분리주의자(dissenter)가 아니고 충실한 국교도로서 교회의 규칙을 잘 지키는 자들이 되도록 신도들을 가르쳤다. 웨슬리는 설교자들이 읽어야 할 책들, 즉 설교자를 위한 필독서 목록도 정해 주었다.[11]

웨슬리는 선교사들에게 매일 전도여행일지를 쓰고, 그들의 경험을 이야기로 기록할 것을 요구했다. 이런 습관은 자신의 성찰과 기도와 영적 발전의 방편이었다. 메도디스트 설교자들에게 매일 읽는 것과 쓰는 것은 경건의 훈련이며 공적인 의무였다. 새로운 설교자(a new Helper)는 매년 총회에서 일정의 심사를 거쳐 임명되었다. 새로운 설교자 지원자들은 기도와 금식으로 준비하고 심사를 받았으며, 모든 심사 과정의 질문에 대해

---

11) 'Minutes of Several Conversations', WJW.,8, p.320~321.

요구되는 대답을 하여야 했다.

첫째 질문은 완전에 관한 것이었다.

- 당신은 완전성화를 향하여 전진하고 있는가?(Are you going on to perfection?)
- 당신은 이 세상에서 '사랑 안에 완전'(perfected in love)하게 되기를 바라고 있는가?
- 당신은 완전을 갈망하고 있는가?

둘째 질문은 사명감과 전적인 헌신에 관한 것이었다.

- 당신은 하나님과 하나님의 일에 전적으로 당신의 생애를 바치기로 결심했는가?
- 당신은 당신의 모든 시간을 하나님의 일에만 사용하기로 결심했는가?

셋째 질문은 메도디스트들의 '우리의 교리'에 관한 심사였다.[12]

넷째 질문은 신도회와 속회와 반회 등 메도디스트 규칙에 관하여, 특별히 조력자의 12가지 규칙에 집중되었고 그 중에도 1번과 11번 그리고 12번을 충실히 지킬 것인지에 관한 것이었다.

다섯째는 설교에 관해서 정해진 규칙과 방법을 지킬 것인지에 관하여 질문하였다.

- 당신은 매일 아침(오전 5시)과 저녁에 설교하겠는가?
- 너무 길게 또는 너무 시끄럽게 설교하지 않도록 노력하는가?
- 당신은 어디서든지 어린이들에게 전도하고 가르치는 것을 부지

---

[12] '우리의 교리'는 원죄와 전적 타락, 이신칭의, 성령의 증거, 완전 성화, 이 네 가지를 말한다. 이것은 초기 메토디즘의 주요 교리다. 필자의 책 '우리의 교리'(도서출판 감신, 2003)를 참조할 것.

런히 하겠는가?
- 당신은 집집마다 방문하겠는가?

여섯째는 개인기도와 금식 등 경건생활을 할 것이며 본을 보일 것인지에 관하여 질문하였다.[13]

일곱째는 담배와 술을 하는지를 묻고, 금주 금연을 실천하지 않는 자는 임명하지 않았다.

여덟째는 빚을 지고 있는가에 관한 질문을 하고 빚지고 있는 자는 임명이 보류되었다.

아홉째는 결혼에 관한 심사이며 문제가 있는 사람은 임명되지 않았다.

설교자 후보들에 대한 심사는 사명감(헌신에의 결단), 완전 성결, 교리, 규칙, 설교, 경건생활, 사회생활, 가정생활에 관하여 광범위하고 철저하고 진지하게 시행되었다. 웨슬리는 설교자들을 매년 총회(annual conference)에 소집하여 지난 1년간의 설교와 목회 사역의 보고를 하게 하고 또한 사역 중에 부딪힌 문제점이나 교리와 신학에 관한 질문도 하게 하였다. 여행 설교자들의 매년 총회는 또한 설교자들의 영성훈련과 신학교육을 위한 계속 교육의 기회가 되었다. 감리교의 예배와 경건의 규칙과 교리가 설교자들의 매년 총회에서 토론되고, 연구되고, 결정되어 선포되었다. 특별히 설교자들은 매년 총회에서 웨슬리로부터 직접 훌륭한 설교자(effective preacher), 복음적 설교자(gospel preacher), 비상한 메신저(extraordinary messenger)가 되는 훈련을 받았다.

그러나 적어도 1766년까지는 웨슬리 혼자서 거의 모든 것을 결정했

---

[13] WJW.,8, p.325.

으며, 때로는 찰스 웨슬리와 한두 명의 초청된 지도자와 협의하는 방식이었다. 초기의 매년 총회는 민주적인 형태와는 거리가 먼 웨슬리 한 사람에 의해서 이루어지는 거의 독재적인 형태였다. 그래서 메도디스트 공동체 안에서 웨슬리가 홀로 너무 많은 권력을 행사한다는 불만이 나오게 되고, 결국에는 1784년 100명의 법적 대표(Legal Hundred)로 메도디스트 신도회를 법원에 등록하고 '시행령'(Deed of Declaration)을 선포하여 그 중심 권력을 총회에 넘겨주기 위한 법적 단계를 밟았다. 그러나 이것이 완전히 이루어진 것은 웨슬리가 죽은 이후였다.14)

초기 메도디스트 설교자들이 실행한 규칙은 마치 중세기 수도원적인 영성과 청교도적 경건주의가 결합된 수도원적 청교도주의(monastic puritanism)라고 할 수 있는 형태의 것이었다. 초기 메도디스트 설교자들은 세속 속에서 수도원 영성을 실천하는 세속 속의 수도승 또는 복음적 수도승들이었다고 할 수 있다. 이것은 현대의 웨슬리안 목회자들이나 평신도 지도자들이 따라야 할 전통이고 모본이다.

실로 초기 메도디스트 부흥운동과 교회와 사회 개혁 그리고 민족의 구원은 이들 평신도 설교자들의 헌신적이고 순교적인 전도 활동에 의해서 가능했던 것이다. 현재 한국 감리교회의 장로직은 본래 초기 메도디즘의 평신도 설교자직에서 유래한 것이다. 메도디스트 전통에서 장로직은 장로교회의 치리와 행정 위주의 직무가 아닌 전적으로 복음전도자와 설교자의 직무인 것이다. 초기 메도디즘 평신도 설교자들은 성서의 말씀과 복음적인 교리 그리고 성서적 성결을 추구하는 경건으로 철저히 훈련되고 완전히 헌신된 전도자들이었다. 그들은 그 시대에 어디든지 가서 가장 실력 있

---

14) JJW., 6, p.35.

고 능력 있는 설교로 잃어버린 영혼을 구원하고 성서적 성결을 전파하는 전도자들이었다. 실로 초기 메도디스트 부흥운동과 성결운동과 박애운동 그리고 교회와 사회 개혁과 민족 구원은 이들 평신도 설교자들의 헌신적이고 순교적 전도 활동과 성결의 실천을 통해서 가능했던 것이다.

3. 초기 메도디스트 설교자들의 설교 방법

웨슬리는 메도디스트 설교자들을 양성하기 위한 신학교를 세우지도 않았지만 그런 생각은 한 적도 없었다. 그렇지만 설교자들의 경건훈련과 교리교육과 설교훈련은 철저하고도 지속적으로 강화해 나갔다. 사실상 경건훈련과 교리교육은 더 좋은 설교자들을 만들기 위한 것이었다고 할 수 있다. 웨슬리는 1744년부터 매년 메도디스트 설교자 총회를 열고 특히 설교자들에게 복음적이고 효과적인 설교의 내용과 방법에 관하여 세심하고 철저하게 교육시켰다. 효과적이고 능력 있는 설교는 전도자의 가장 중요한 무기이며 메도디스트 부흥운동의 승패가 달린 문제였기 때문이었다. 18~19세기에 걸쳐서 영국과 미국에서 가장 능력 있는 설교자들은 메도디스트 설교자들이었다. 교회사에 있어서 가장 능력 있는 목회자, 전도자, 설교자들은 메도디스트들이었다. 이것은 메도디즘이 설교를 통한 복음전도운동과 신앙부흥운동에 성공했기 때문이다. 설교는 메도디즘의 영광이었다. 메도디즘은 설교를 통해서 부흥했고, 개혁했고, 구원하였다. 설교를 잘하는 것은 메도디즘의 본래적 전통이다. 웨슬리가 강조한 메도디즘의 복음적 설교 방법은 다음과 같이 세 가지 특성을 지니고 있다.

첫째, 단순한 설교다. 그는 설교의 주제와 내용과 전개 방식과 언어의 사용과 표현에 있어서 일체 단순성을 강조하였다. 하나의 설교에서는 하나의 주제에만 집중하고 빗나가지 말아야 하며 지나치거나 적절치 못한 비유와 예화, 추상적 설명 등은 피해야 한다. 그리고 항상 평이하고 일상적인 언어를 사용하여 쉽게 전달되고 이해되어야 한다. 이렇게 하여 사람들의 마음과 실제 경험에 관련 있는 내용으로 실제적이고 설득력 있는 설교를 해야 한다.

둘째, 진지하고 열심 있는 설교다. 설교는 인간의 마음에 하나님의 진리와 사랑을 전해 주고 영혼을 구원하고 하나님께로 이끄는 일이므로 진지성과 열심과 헌신적인 태도로 해야 한다. 웨슬리는 빌링스게이트에서 두 여인이 싸우는 것을 보게 되었다. 그 싸움에서 고상하고 세련된 말보다는 단순하고 강력한 용어를 사용하여 열정적으로 말하는 사람이 상대를 제압하는 것을 보고 웨슬리는 설교에서 청중을 감동시키고 압도할 수 있는 비결을 얻었다고 한다. 단순성과 진지한 열정은 웨슬리안 메도디스트 설교자의 효과적인 설교의 전형적인 방식이었다.

셋째, 실제적인 설교다. 웨슬리는 모든 종류의 철학적이고 추상적인 이론과 미사여구로 장식된 설교를 피하라고 가르쳤다. 그는 실생활과 밀접한 관계가 있는 내용의 설교를 강조하였다. 직접 사람들의 실제생활에 관계 있고 항상 실제경험으로부터 나오는 설교가 설득력 있는 설교라고 가르쳤다.[15]

웨슬리는 설교자들에게 메도디즘의 복음적 설교의 네 가지 단계적 요소를 항상 명백히 지킬 것을 강조하였다.

---

15) 'Minutes of Several Conversations', WJW.,8, p.316~317

첫째, 초청하라(To invite).

둘째, 그리스도를 주라(To offer Christ).

셋째, 확신시키라(To convince).

넷째, 성결의 생활로 세워주라(To build up in holiness).

웨슬리는 네 가지 단계를 짧든지 길든지 모든 종류의 설교에서 적절하게 실천할 때 복음의 능력이 더욱 효과적으로 나타난다고 가르쳤다.[16]

웨슬리는 1747년 총회에서 메도디스트 설교자들이 지켜야 할 20가지 설교의 규칙을 만들어 주었다. 다음의 14가지 규칙은 본래 20개의 규칙을 필자가 요약한 것이다.

① 절대로 회중을 실망시키지 말라.

② 정한 시간에 시작하고 끝내라.

③ 회중 앞에서 일체 진지하고, 무게 있고, 엄숙한 태도를 가지라.

④ 항상 설교 주제를 회중에 맞게 하라.

⑤ 할 수 있는 대로 평이한 본문을 선택하라.

⑥ 주제를 떠나 우왕좌왕하지 말고 본문에 집중하고 목적을 향하여 정진하라.

⑦ 과도한 비유를 사용하거나 비현실적이지 말라.

⑧ 몸가짐과 용어와 발음에서 거북하거나 부자연스러운 것을 버리라.

⑨ 네 자신이 만든 찬송을 부르지 말라.

⑩ 언제나 8~10분 이상 기도하지 말라.

⑪ 언제나 공중기도 시에는 무릎을 꿇라.

---

[16] Henry Bett, The Early Methodist Preachers (Epworth, London, 1934), p.26~36.

⑫ 저속한 유행어를 사용치 말라.
⑬ 언어사용과 의복착용에 있어서 광대 같은 것을 버리라.
⑭ 당신의 말(horse)에게 친절하고 자비심을 가지라. 타고 다니지만 말고 다정하게 쓰다듬어 주고 잘 먹이고 잘 재우라.[17]

웨슬리는 1749년 설교자들의 발음과 제스처에 관하여 여러 가지 지침을 주었다. 그는 자기의 준비되지 않고 실력 없는 설교를 무리하고 이상한 제스처나 큰 목소리로 보상하려고 하지 말라고 했다. 또 그는 설교자의 목소리를 자연스럽게 내고 회중이 잘 알아듣게 낼 것을 강조하면서 목쉰 소리, 괄괄한 소리, 연극배우들같이 꾸미는 소리 등 부자연스럽고 불쾌한 목소리를 피하라고 했다. 그는 설교 내용과 방식만 아니라 설교자의 품위 있는 태도를 중요하게 가르쳤다. 웨슬리는 효과적이고 능력 있는 설교의 비결은 무엇보다도 매일 기도와 연구를 통해서 부지런히 준비하는 것이라고 가르치면서 설교자들이 매일 기도하고 독서할 것을 강조했다.[18]

4. 초기 메도디스트 설교자들의 고난과 영광

웨슬리는 그의 평신도 설교자들의 헌신적이고 충성된 도움이 없었다면 메도디스트 복음운동의 위대한 역사를 결코 일으킬 수 없었다. 그러나 충성된 평신도 설교자들의 위대한 업적에 관해서는 메도디스트 역사에서 결코 충분히 알려진 적이 없다. 아마도 웨슬리의 업적에 대한 찬사에 압도

---

17) Henry Bett, 같은 책, p.317~318.
18) Henry Bett, 같은 책, p.319~320.

되어서 다른 평신도 설교자들의 놀라운 행적을 미처 인식하지 못했는지도 모른다.

1791년 존 웨슬리가 죽었을 때 영국에는 등록되고 신도회에 참여하는 메도디스트들이 약 8만 명 있었으며 등록되지 않은 웨슬리 추종자들의 수는 최소 이것의 2~3배 이상이었다. 1932년에 영국에서 분리되었던 감리교회들이 하나로 통합할 때에는 영국에는 약 100만 명, 그리고 아메리카에는 약 1,000만 명의 메도디스트들이 있었다. 이것은 가장 늦게 태어난 대표적인 개신교회로서 짧은 기간에 이룩한 위대한 복음전도운동의 결과로서 기독교 역사에 이렇게 활발하고 빠르고 충실한 기록은 찾기 어렵다. 이것은 절대로 웨슬리 홀로 한 것이 아니라 그의 설교자들의 충성되고 용감하고 헌신적이고 희생적인 조력이 있었기에 이룰 수 있었던 성과다.

웨슬리는 메도디스트 설교자들에게 매일의 여행전도일지를 자세히 기록하라고 촉구했고 이들의 자서 전기들은 「아르미니안 잡지」에 실리기 시작하였고 웨슬리 서거 전후에는 「메도디스트 잡지」(Methodist Magazine)에 실렸다. 1837년에 토머스 잭슨이 「초기 메도디스트 설교자들의 생애」(The Lives of Early Methodist Preachers)를 전집으로 출판하였다.[19] 이들의 전기는 초기 메도디스트 전도자들의 활동과 경험을 간증식으로 기록한 것으로서 초기 메도디즘의 생생한 역사를 알려주는 가장 귀중한 메도디스트 역사요 문학이라고 할 수 있다. 그러나 이 전기에는 가장 중요하고 놀라운 설교자들의 이야기가 빠졌는데 이것은 당시 설교자

---

[19] 이 전기전집은 1871년까지 네 번 개정판이 나왔고 총 41명의 전기가 수록되었다. 이 전집의 요약판으로 Mrs. Frank Stephens가 편집한 것이 같은 제목으로 1903년에 나왔다. 또한 John Telford는 이 전집을 1913년에 'Wesley's Veterans'란 제목으로 된 6권의 책으로 재편집하여 출판하였다.

들이 순회설교로 고생하면서 모든 것을 기록하기도 어려웠고 또 기록한 것들이 제대로 전달되지도 못했기 때문이다.

1746년 메도디스트 총회 기록에 의하면 잉글랜드 전체가 6개 구역(circuit)으로 나누어져 있었고 약 30명의 설교자들이 있었다. 웨일즈 전체가 일곱 번째 구역이 되었다. 이것은 한 설교자의 순회구역이 얼마나 넓고 그 직무가 과중했는지를 증거하는 것이다. 1765년에는 잉글랜드에 26개 구역이 있었고 총 71명의 설교자들이 모든 구역에 파송되어 순회 전도 목회를 담당하였다. 그들의 여행 거리는 너무 길어서, 때로 많은 설교자들이 건강을 유지하기 힘들었고 병들어 죽기도 하였다.

당시에 설교자들은 주로 말을 타고 여행하였기 때문에 '순회 말타기 꾼'(circuit rider) 또는 여행 설교자(travelling preacher evangelist)라고 불렸다. 당시 영국 땅에서의 여행은 고생스럽고도 위험한 일이었다. 18세기 영국의 도로는 일부 옛 로마시대에 건설된 도로를 제외하고는 대부분이 좁고 험한 상태였다. 마차가 다닐 수 있는 길도 산업화 이전에는 지방과 지방 사이에 끊어진 곳이 많았다. 설교자들은 폭우와 폭설에 길을 잃고 극적으로 주민에 의해 구조되기도 하고 죽음의 위기를 당하기도 하였다. 설교자들이 타고 다니는 말들도 심한 고생을 했다. 수많은 말들이 다리가 부러지거나 눈을 다치는 등 심한 부상을 당하고 병들어 죽기도 했다.

때로 설교자들은 좁고 험한 도로를 걸어서 가야만 했고 산길을 가다 방황하고 강을 건너다 물에 빠져 익사의 위기를 당했다. 알렉산더 마터(A. Mather)는 1757년 한때 런던에서 엡윗 까지 걸어갔다. 존 푸리처드는 여행 중에 말이 병들어 눈 속에서 12마일을 걸어야 할 때도 있었다. 어떤 설교자들은 말을 살 돈이 없어 계속 걸어다녀야 했고 너무 많은 고생으로 병들어 누워 있기도 했다. 또는 양식이 없거나 음식을 구하지 못해 굶기도

했으며 여행하다가 숙소를 찾지 못하거나 찾더라도 몹시 불편한 숙박환경 때문에 위험을 당하기도 했다. 웨슬리와 존 넬슨은 1743년에 성(聖) 아이브스(St. Ives) 성(城)의 어떤 빈집에서 판자를 깔고 잠자기도 했다. 넬슨은 콘월에서 배가 고파서 산딸기로 배를 채우고 어떤 여인에게 구걸해서 빵 부스러기를 얻어먹기도 했다. 그들은 이런 상태에서도 하루에 수십 마일을 여행했고 하루에 보통 3~4회 또는 10회까지 설교했다.

18세기 영국 사회는 많은 역사가들이 기술한 대로 도덕적으로 수준이 낮고 사회범죄가 너무 빈번한 상태였고, 특히 낯선 지대에서는 노상 강도들이 성행해서 여행자들을 위협했다. 수많은 메도디스트 설교자들은 여행 중에 노상 강도의 공격을 당해 물건을 다 뺏기거나 매를 맞고 심한 부상으로 평생 장애자가 되기도 했다. 때로 용감한 설교자들은 노상 강도를 만나도 두려워하지 않고 오히려 그들을 감동시키고 회심시키기도 했고, 회심한 노상 강도가 훌륭한 메도디스트가 되기도 했다. 초기 메도디즘의 역사에는 이러한 감동적인 이야기들이 많이 간증되었고 노상 강도가 메도디스트 설교자 앞에 무릎을 꿇고 기도하는 모습을 그린 그림도 있었다.

초기 메도디스트 설교자들은 당시에 유행하던 메도디스트들에 대한 편견과 오해에 의한 증오와 핍박을 받았다. 이것은 주로 메도디스트들의 철저한 규율에 의한 경건생활을 조롱하고 비난하는 데서 비롯됐고, 일반적으로 메도디즘의 색다르고 낯설고 특이한 신앙생활 방식과 특이한 교리적인 강조와 열광주의적인 성격 그리고 국교회의 규칙 위반에 대한 반감으로 인해 가해졌다. 또한 메도디스트 설교자들이 여러 가지 사회악을 반대하는 설교와 운동을 함으로, 사회악을 발생시키거나 이로 인해 이익을 보는 사람들은 메도디스트 설교자들을 핍박했다. 존 넬슨은 리즈(Leeds)에서 폭도(mob)가 "메도디스트들을 모조리 잡아 목을 매 죽여야 한다. 그들은 사람들을 미치게 만든다. 우리는 메도디스트들 때문에 술도 못 먹고 함부로 욕도 못하기 때문이다. 저들이 우리를 가르치려고 한다."고 소리치며 메도디스트 설교자에게 덤벼들고 목을 조르는 것을 보기도 했다.

당시에는 폭도들(mobs)이 도시와 지방 어디서나 난동을 부리는 것을 볼 수 있었다. 폭도들은 흔히 메도디스트들 특히 메도디스트 설교자들을 공격 대상으로 삼았다. 메도디스트 설교자들은 당시 모든 종류의 사회악에 대항하여 설교했고 과감히 사회도덕을 교정하려고 했기 때문에 폭도들의 증오를 받게 되었고, 때로는 폭도들이 메도디스트들을 싫어하는 영국 국교회 성직자들의 사주를 받아 메도디스트 설교자들을 공격하기도 했다. 존 넬슨은 요크에서 폭도들에게 돌로 머리를 맞아 죽을 뻔했고, 짐승처럼 매맞고 하루종일 끌려 다니다 도랑에 버려졌으나 기적적으로 살아났다. 넬슨의 아내는 웨이크 필드에서 폭도들에게 매맞아 아이가 유산되고 평생 불구자로 살게 되었다. 피터 제이코(P. Jaco)는 워링턴에서 매맞아 피를 많이 흘려 병을 앓다 죽었다. 알렉산더 마터는 보스톤에서 매맞고 쓰러져 1년간 누워지냈다. 존 퍼드는 솔즈베리(Salisbury)에서 폭도가 쏜 총에 머리를 맞아 쓰러졌으나 깨어보니 총알이 머리 피부와 머리카락만 맞추고 빗겨나가 살아났다. 크리스토퍼 호퍼는 뉴캐슬(Newcastle-upon-Tyne)에서 썩은 계란과 소똥 세례를 받았고 이어서 주먹과 구둣발로 맞고 돌과 벽돌로 마구 맞아 쓰러졌다. 토마스 리는 뉴어크(Newark)에서 설교하는 중에 폭도들에게 맞고 더러운 시궁창에 던져졌다.[20]

---

20) 이상과 같은 설교자들의 수난 이야기들은 토마스 잭슨의 The lives of Early Methodist Preachers에 소개된 것들로서 Henry Bett의 책 The Early Methodist Preachers (Epworth, 1934) p.7~48에서 인용한 것이다. 폭도들의 메토디스트들에 대한 폭력에 관한 또 다른 좋은 연구로서는 Henry D. Rack, Reasonable Enthusiast (Epworth, 1989), p.270~282를 참조할 것.

메도디스트 설교자들은 거의 어디서나 국교회 성직자들에게 적대적인 취급을 당했다. 교구 성직자들은 폭도들을 시켜서 메도디스트 설교자들을 모욕하고 공격하고 자기 교구지역에서 추방하려고 했다. 존 넬슨은 페이틀리 브릿지에서 진흙과 돌에 맞아 오랫동안 누웠지냈다. 토마스 리는 폭도들에게 맞아 머리가 깨졌고, 그들은 토마스를 죽이려고 했으나 기적으로 살아나 몇 년간 부상으로 고생했다. 토마스 미셸은 심하게 맞고 연못에 던져졌으나 기적으로 살아났다. 그림스비에서 교구 성직자는 폭도들을 충동하여 메도디스트 설교자들을 때려 추방하고 메도디스트들의 집회소를 불질러 파괴했다. 엡윗에서는 술 취한 교구 성직자가 메도디스트 설교자를 때려 술집에 감금하였다. 또한 일부 비국교도 목사들도 메도디스트들을 싫어하여 영국 국교회 성직자들이 한 것처럼 메도디스트 설교자들을 핍박했다. 그들은 주로 메도디즘의 만인구원론과 완전의 교리를 반대하여 그렇게 행동했는데 이들 대부분은 칼빈주의자들이었다.

메도디스트 설교자 중에 실라 톨드(Sila Told)의 이야기는 가장 흥미있고 놀라운 것이다. 그는 오랫동안 노예 무역선의 선원으로 일하면서 노예상들이 노예들을 잔인하게 짐승 취급하는 끔찍한 경험을 하였다. 그는 회심 후 1744년부터 한평생 뉴게이트 감옥의 죄수들 전도에 헌신했다. 당시 감옥은 역사가들의 기술대로 극도로 처참한 상황이었고 조그만 범죄나 몇 실링의 빚을 갚지 못한 죄까지도 사형이 집행되었다. 감옥은 곧 지옥에 갈 저주받은 자들의 마지막 소굴 같았다. 감옥은 또한 질병의 소굴이 되었다. 감옥은 병으로 죽고, 사형 집행으로 죽는 등 날마다 죽음의 현장이었다. 이런 무시무시한 감옥 현장에 뛰어들어 죄수들을 방문하고, 돌보고, 상담하고, 기도하고, 전도하고, 사형수들의 마지막 고백과 부탁을 듣고 영혼의 구원을 돕는 용감한 천사들이 바로 메도디스트 설교자들이었다. 수많은 죄수들이 회심하고 새로운 인생을 출발했으며, 메도디스트 설교자들의 전도를 받은 사형수들은 회심을 체험하고 눈물 흘리며 말할 수 없는 기쁨으로 찬송하며 사형장으로 걸어갔다.

존 웨슬리와 찰스 웨슬리, 그리고 메도디스트 설교자들은 사형장 타이번(Tyburn)에서 사형수들과 마지막 순간까지 함께 있었다. 실라 톨드의 전기에 사형수 존 랭카스터에 대한 놀라운 이야기가 있다. 그는 감옥에서 톨드의 전도로 구원받고 넘치는 기쁨으로 사형 집행에 임했다. 이때 그의 동료들이 와서 그의 모습을 보고 모두 회심하였고 그의 시체를 운반하여 장례를 치렀다. 화가 호가드(Hogarth)의 그림 '타이번을 향한 행진'에는 사형수 운반 수레 안에 죄수가 있고 그 곁에서 성경을 펴 손에 들고 있는 사람이 있는데 그가 바로 실라 톨드다. 이와 같이 초기 메도디스트 설교자들은 용감한 복음전도와 특별히 죄수들의 회심에 관한 놀라운 간증의 이야기들을 많이 남겼다.[21] 웨슬리는 알렉산더 마터에게 "메도디스트 설교자가 되는 것은 평안과 명예와 쾌락과 이득을 위한 길이 아니라 고생과 치욕에의 길이다. 설교자들은 가난을 택하는 것이고 매맞고, 돌에 맞고, 온갖 모욕을 당하는 것이다. 네가 설교자로 임명받기 전에 이것을 깊이 생각하라."고 충고했다.[22]

또한 초기 메도디즘 평신도 설교자들 중에는 용감한 해외 선교사들이 많았다. 이들은 주로 능력있는 설교로 전도운동을 하여 해외 선교의 기초를 놓은 개척자들이었다. 해외 선교는 웨슬리 생전에는 주로 아메리카에서 발전했고 웨슬리 사후에는 오대양 육대주로 급속히 발전해 갔다. 캡틴 토마스 웹(Captain Thomas Webb)은 캐나다 퀘벡 지역 전쟁에서 오른

---

21) Thomas Jackson, 같은 책, p.22~26.
22) Thomas Jackson, 같은 책, p.16.

쪽 눈을 잃고 오른쪽 팔에 부상을 입었다. 그는 1765년에 브리스톨에서 웨슬리의 설교를 듣고 회심한 후 웨슬리의 설교자가 되었으며, 1767년 뉴욕으로 건너가 능력있는 설교로 많은 수의 회중을 모았고, 웨슬리에게 도움을 요청하기도 하였다. 그는 개척 선교를 통해 뉴욕 지방에 큰 부흥을 일으켰고, 많은 교회들을 세웠으며, 뉴욕 지방의 메도디스트 개척 선교의 아버지로 존경받고 있다. 1792년에 영국에 돌아와서 프랑스 죄수들에게 프랑스어로 설교하였고, 군인들과 선원들에게 전도하였으며, 브리스톨에서 설교운동을 하여 교회를 세우고 메도디스트 선교에 헌신하다가 1796년에 전도자의 생애를 마쳤다.[23] 그는 그의 기념비에 새겨진 대로 "용감하고 활발하고 담대하고 충성되고 열성적이고 성공적인 설교자"였다.

그러나 메도디스트 설교자들이 늘 이렇게 고생과 희생만 당하지는 않았다. 그들은 어디서든지 하나님의 끊임없는 보호와 안내를 받았고, 메도디스트들의 존경과 사랑을 받았고, 때로는 선량한 지역 주민들의 친절한 도움과 가난한 사람들의 사랑과 존경을 받았다. 특히 남쪽 콘월과 북쪽 지방에서 메도디스트 설교자들은 고생보다 더 큰 사랑과 존경을 받으며 복음의 사도로 일했다. 특별히 북쪽 산업지대에서 공장과 광산 근로자들에게 메도디스트 설교자들은 부모와 같은 역할을 했고 민중의 친절한 도움을 받으며 일했다.

초기 설교자들은 미혼도 있었지만 가족이 있는 기혼자들이 많았다. 이들은 여행기간에 가족과 떨어져서 지내며 겪는 어려움도 있었고 다른 직업을 동시에 가질 수 없으므로 가족의 생계에도 대단한 고통을 감수했

---

23) 필자가 소유하고 있는 Captin Thomas Webb의 생애에 관한 자료로는 E. Ralph Bates의 'Captin Thomas Webb'「부제 : Anglo-American Methodist Hero」(An Address given at the New Room, Bristol on Wesley Day 1972)이 있다.

다. 그러나 이것은 웨슬리 생애에 점차적으로 총회를 통해 설교자의 생활비를 지급하는 제도의 발전으로 해결되어 갔다.

초기 메도디스트 설교자들 중에는 용감하고 탁월한 실력을 갖고 활동하여 메도디스트 부흥운동에 크게 공헌한 여성 설교자들이 있었다. 그들은 처음에 주로 속회와 반회의 지도자들로 출발하여 유능한 설교자로 성장하였다. 메도디즘의 역사상 최초의 여성 설교자는 웨슬리의 어머니 수산나였다. 그녀는 1712년 남편이 출타한 몇 개월 동안 가족과 교구민들을 목사관의 부엌과 거실에 모아 놓고 설교하였는데, 이것이 많은 교구민들에게 좋은 반응을 일으켰고, 약 200명까지 모이게 되었다. 이 사실을 엡윗의 부목사가 사무엘에게 보고하여 수산나의 설교행위를 금지시키도록 했고, 사무엘은 수산나에게 설교를 멈추라고 편지했다. 그러나 수산나는 "내가 설교를 중단한다면 이 교회는 해산되고 말 것입니다. 하나님의 말씀을 들으러 몰려오는 교구민들을 그냥 보낼 수 없습니다. 그것은 나의 양심을 버리는 것입니다. 나에게 격려하는 좋은 말을 해주세요. … 나는 남자도 아니고 목사도 아니지만…, 나는 지금 내가 하는 것보다 더 많은 일을 할 것입니다."라고 답장하고 계속 설교하였다.24) 웨슬리는 후에 자신의 어머니를 '의의 설교자'라고 불렀고 여자라 할지라도 하나님의 소명을 받으면 설교해야 하고 이것을 금지해서는 안 된다고 말했다.25)

1761년 속장 사라 크로스비(Sarah Crosby)는 자신의 속회가 약 200명까지 부흥하였고 자연적으로 야외 대중 설교자로 활동하게 되었다. 그녀가 이 사실을 웨슬리에게 알렸을 때 웨슬리는 "나는 당신이 아무런 잘

---

24) Sean Gill, Women and the Church of England (SPCK, 1994), p.59.
25) JJW.,3, p.32. 감리교 여성 설교자에 관한 가장 좋은 연구로는 Paul Wesley Chilcote, John Wesley and the Women Preachers of Early Methodism (Ph.D. dissertation, Duke Uni., 1984)를 참조할 것.

못을 했다고 생각하지 않습니다. … 당신의 일을 조용히 계속하십시오."
라고 격려하여 최초로 이 여성 설교자를 인준하였다.26) 사라 크로스비는
자신이 하나님으로부터 소명 받은 체험을 다음과 같이 소개했다.

> "내가 기도하고 있을 때 하나님의 권능이 내 영혼 위에 가득 찼었습니다. 나는 주님이 내 앞에 서 계신 것을 보는 것 같았습니다. 나는 '주님, 당신이 힘을 주시면 감옥뿐 아니라 죽는 데까지도 당신을 따르겠습니다.' 라고 말했습니다. 이때 주님은 '내 양을 먹이라.' 고 내 마음속에서 말씀하셨습니다."27)

존 웨슬리의 후계자로 예견되었던 존 플레처(J. Fletcher)의 아내 메리 보산켓(M. Bosanquet)은 1771년에 여성에게 설교할 권리를 공식적으로 줄 것을 웨슬리에게 요청했으며, 웨슬리는 여성에게도 특별한 소명(extraordinary call ; 설교자의 자격-필자 주)을 주는 것을 인준하였다. 드디어 1780년대에 메도디스트 총회는 웨슬리의 지시에 따라 여성 설교자를 공식적으로 임명하게 되었고, 웨슬리 사후에 1803년부터 메도디스트 총회에서 여성 설교자를 임명하기 시작하여 여성 순회 설교가들이 활동하게 되었다.28)

웨슬리 생애 기간에는 설교자들을 위한 공식적인 설교자 양성기관이 없었고, 목회자의 신학교육기관은 웨슬리 사후의 발전이었다. 초기의 설

---

26) Earl Kent Brown, Women of Mr. Wesley's Methodism (New York, The Edwin Mellen Press, 1983), p.26.
27) Earl Kent Brown, 같은 책, p.16.
28) 웨슬리의 여성 설교자 임명은 그 후 영국 교회와 세계 교회의 다양한 교단 안에서 여성 설교자 임명과 여성 성직 안수를 촉구하게 되는 역사적으로 가장 좋은 모범 사례로 추천되어 왔다. Sean Gill, Women and the Church of England (SPCK, London, 1994), p.61~62.

교자들은 주로 웨슬리가 지정하는 설교자 필독서들을 읽어 독학하는 형태로 설교자의 교양을 갖추었다. 그들 중에는 이미 학교나 그 밖의 수단으로 지식 훈련을 받은 사람들도 있고 드물게는 유명한 학교나 대학에서 훌륭한 학문수련을 쌓은 사람들도 있었다. 그러나 대부분이 평신도 출신으로서 웨슬리는 "솔직히 말해서 우리의 설교자들은 높은 학문을 가지지 못했고 대학 입학 시험에 합격할 사람도 별로 없다. 성직자 시험에 통과할 만한 실력을 갖춘 사람도 극히 소수다. 그러나 그들은 무식자들이 아니다."라고 말했다. 초기 설교자들은 성경을 읽고 신약성경의 많은 부분을 외우고 있었다. 초기 메도디스트 설교자들 중에는 특별히 성서 원어에 뛰어난 실력자들이 많았다. 웨슬리도 신약 학자였고 그의 설교자들도 이 모본을 따랐다. 성서 원어 연구와 성서 신학, 특히 신약 성서학을 좋아하고 탁월한 실력을 나타내는 것은 메도디스트 설교자들의 전통이 되었다. 그리고 설교자들 중에는 히브리어 구약과 그리스어 신약성경을 읽고 공부하는 성경학자들이 많았다. 그들은 웨슬리의 표준설교와 그의 신약주해를 잘 알고 있었다. 프랜시스 애즈베리는 라틴어와 그리스어와 히브리어에 뛰어난 실력을 갖추었다. 그는 항상 그의 안쪽 주머니에 원어 성경을 지니고 다니며 읽었다. 조셉 벤슨은 성서학자가 되어 성경 주석을 썼다. 웨슬리의 절친한 친구 헨리 무어는 고전에 능통한 학자가 되어 웨슬리와 함께 라틴과 그리스어 성경을 읽고 토론하였다. 무어는 또한 프랑스어에도 능통하여 웨슬리의 프랑스어를 도와주었다.[29]

웨슬리는 설교자들에게 매일 5시간씩 읽는 데 보내라고 촉구했다. 1744년 총회에서 웨슬리는 설교자들이 읽어야 할 책을 지정해 주었다. 신

---

29) Sean Gill, 같은 책, p.37~44.

구약 성서는 물론 이 목록에는 우리에게 낯선 이름들이 많이 나오는데 대표적인 것들을 고르면 Erasmus, Castellio, Virgil, Horace, Vida, Buchananan, Epictetus, Plato, Usser's Sermms, Ignatius, Ephraem Syrus, Homer, Arndt, A Cempis, Pascal, Francke 등이다. 웨슬리가 1752년에 출판한 '기독교 문고'(Christian Library) 50권과 웨슬리의 '표준설교'와 '신약주해' 그리고 그 외의 메도디스트 소책자들은 설교가들의 필독서로 추천되었다. 웨슬리의 필독서 제도는 당시의 메도디스트 신학교를 대신하는 가장 필요하고도 효과적인 방편이었다.

초기 메도디스트 설교자들은 설교와 목회만 아니라 메도디스트 박애운동과 성결운동 등 사회 개혁운동의 열정적이고 헌신적인 실천적 지도자들이었다. 실로 18세기 메도디스트 부흥운동은 웨슬리의 보조자들(Assistants)과 조력자들(Helpers), 즉 평신도 설교자들의 헌신적 수고와 순교적 희생으로 이루어진 것이다.

5. 유사(有事 : Stewards)

초기 메도디즘에서 유사(stewards)는 대단히 중요한 직분이었다. 메도디스트 운동은 가난한 사람들의, 가난한 사람들에 의한, 가난한 사람들을 위한 복음적 박애운동(evangelical philanthropy)이었다. 메도디스트 신도회의 3대 주요 사업은 설교를 통한 복음전도, 속회를 통한 영성훈련, 그리고 가난한 사람들을 돕는 박애사업이었다. 메도디스트들은 거의 모든 집회에서 구제헌금(relief fund)을 바쳤다. 초기 메도디스트들의 헌금의 대부분은 가난한 사람들을 위해서 사용되었고 이 헌금의 재정 수입과 지출,

그리고 박애 활동의 책임을 진 사람들이 바로 각 신도회의 유사들이었다. 유사의 직무는 다음과 같다.30)

　　① 신도회의 일반적인 업무를 담당
　　② 각 속장들로부터 헌금을 수납
　　③ 정당하게 필요한 비용 지출
　　④ 가난한 사람들을 위한 구제금 지출
　　⑤ 메도디스트 신도회의 건물 관리
　　⑥ 재무 수지 상황 기록 보완
　　⑦ 신도회 규칙이 엄수되는지의 여부를 목회자에게 보고

또한 유사의 지켜야 할 규칙은 다음과 같다.
　　① 절약하되, 정직하게 절약할 수 있는 모든 것을 절약하라.
　　② 네가 받은 돈 이상을 쓰지 말라. 빚지지 말라.
　　③ 외상을 오래 끌지 말고, 모든 것을 당 주간에 지불하라.
　　④ 남을 도울 때에는 찌푸린 얼굴이나 불평하는 말을 하지 말라. 도울 수 없을 때는 그들의 마음을 상하게 하지 말라.
　　⑤ 감사하다는 말을 들으려고 하지 말라.31)

본래 유사의 주요 직무는 가난한 사람들과 병자들을 실제로 도와주고 구제하는 일이었다. 이들은 매주 목요일 아침 6시에 모여서 모든 재무 행정을 처리하고 환자와 극빈자를 조사하여 정당하게 필요한 구제금을 지출하는 일을 하였다. 웨슬리는 유사들의 활동을 통해서 극빈자가 고통

---

30) 'Minutes of Some Late', WJW., 8, p.263~264.
31) 'Minutes of Some Late', WJW., 8, p.263~264.

에서 구원을 받고 병자가 나음을 얻었으며, 많은 사람이 위로와 기쁨을 얻었다고 기뻐하였다. 그러나 웨슬리는 한편 많은 극빈자와 병자들이 신속히 보고되지 못한 연고로, 또는 재정이 부족한 탓으로 충분하게 도움을 받지 못하는 사정을 발견하고 매우 안타깝게 생각하였다. 그래서 웨슬리는 신도회에 더 많은 구제헌금을 촉구하기도 했으며 자신이 스스로 솔선하여 구제금을 모으는 일을 하였고, 도시와 농촌 지역을 나누어 효과적으로 유사들을 파송하여 돌보게 하는 치밀한 배려를 하였다.32)

6. 병자 방문인(visitor of the sick)

웨슬리는 처음에는 병자 돌보는 일을 유사에게 의존하였다. 그러나 유사들이 다 하기에는 너무 과중한 일이라고 판단하여, '가장 부드럽고 사랑이 많은 성품을 가진 사람들'을 선택하여 '병자 방문인'으로 임명하여 둘씩 짝지어 다니게 하였다. 이들의 임무는 다음과 같다.33)

① 1주에 3회 모든 환자를 방문하는 일
② 그들의 영혼의 형편을 조사하고 적절한 권면을 주는 일
③ 그들의 질병에 관해 자세히 알아보고 그들을 위한 조언을 주는 일
④ 만일 그들 중에 곤궁한 이가 있으면 구제하는 일

이들이 지켜야 할 규칙은 다음과 같이 단순한 것이었다.
① 소박하고 열린 마음으로 대하라.

---
32) 'A Plain Account', WJW.,8, p.262~263.
33) 'A Plain Account', WJW.,8, p.262~263.

② 온유하고 겸손하고 오래 참으라.
③ 병자를 대할 때 절대 청결하라.
④ 친절하라.34)

웨슬리는 이들의 활동을 통하여 많은 병자가 고침을 받고 고통과 곤궁에서 해방되었으며, 많은 사람이 심령의 무거운 짐을 벗고 기쁨을 얻고 슬픔을 당한 자들이 위로를 받았다고 말했으며, 병자 방문자들은 자신들의 이런 수고에 대하여 벌써 현재적 보상을 경험했다고 말했다. 그는 또이 제도는 초대 교회를 본받은 것이요, 이들은 뵈뵈 등 초대 교회 집사와 같은 사람들이라고 했다.35)

그러나 웨슬리는 병자 방문자들의 활동만으로는 실질적인 병자 치유와 구원이 불가능하다는 것을 발견하고, 때로는 의사들의 도움을 얻기도 하고, 자신이 스스로 의학을 연구하며 환자들에게 치유의 방법을 가르치며 직접 치유 활동을 벌이기도 하였다. 그는 1746년에 「원시의학」이라는 각종 질병에 대한 민간요법에 관한 책을 출판하기도 하였고, 전기 충격 치료 기계를 만들어서 위장병과 우울증과 같은 질병 치료를 시도하기도 했다. 또한 거의 모든 메도디스트 설교당(preaching house) 내에는 무료 진료소와 약국이 설치되어 있어서 가난한 사람들에 대한 치유 봉사를 메도디스트 신도회의 주요 사업으로 실행해 나갔다. 웨슬리는 이와 같이 인간의 영혼과 육체의 질병과 고통을 치유하는 박애주의적 사랑의 사도로서 살았고, 유사와 병자 방문자들은 이런 일을 하도록 부름 받은 사역자들이었다.

---

34) 'A Plain Account', WJW.,8, p.262~263.
35) 'A Plain Account', WJW.,8, p.262~263.

7. 맺는 말

웨슬리의 부흥운동이 성공할 수 있었던 가장 큰 비결은 평신도의 발견에 있었다. 만약에 웨슬리가 평신도를 과감하게 동역자들로 사용하지 않았다면 그의 부흥운동은 결코 성공할 수 없었을 것이다. 그는 평신도를 단순히 예배에 참여하고 성찬을 받고서 집으로 흩어져 돌아가는 것으로서 역할을 다하는 '교회 다니는 사람들'(church-goers)로 보지 않고 적극적이고 주체적으로 예배와 전도와 교육과 사회봉사에 참여하고 이끌어가는 동역자로 삼았던 것이다. 그는 정규 신학수업을 받지 않고 성직 안수도 받지 않은 평신도를 설교자와 신도회와 속회와 반회 등의 소그룹 지도자로, 사회 개혁을 위한 사역자들로 사용하였다. 그는 평신도들을 철저하고 엄격하게 교육, 훈련시키어 그들에게 전문 사역직을 맡기거나 또는 생활 현장 속에서 전도자와 선교사와 사랑의 사도들이 되어 살게 하였다. 당시의 영국 국교회가 성직자 중심의 교회 형태였다면 초기 메도디스트 신앙공동체는 평신도 중심의 선교공동체였다. 웨슬리는 평신도 스스로의 자발적이고 헌신적 사역을 이끌어냈던 것이다. 초기 메도디스트 부흥운동은 가난하고 평범한 보통사람들에 의한 복음전도운동이고 개인적·사회적·민족적·전인류적 성결운동이고 박애운동이고 개혁운동이었다.

제 12 장
초기 메도디스트 찬송

찰스 웨슬리(1707~1788)

초기 메도디스트 찬송

1. 노래 속에서 탄생한 메도디즘

"메도디즘은 노래 속에서 탄생하였다."(Methodism was born into songs.)라는 말은 말 그대로 역사적 사실이다. 초기 메도디스트 부흥운동에서 두 가지 영광스런 소리가 울려 퍼졌다. 하나는 존 웨슬리의 야외설교 소리이고, 또 하나는 찰스 웨슬리의 찬송 소리였다. 실로 찬송은 메도디스트들이 받은 가장 위대한 은사이고 메도디스트들이 예배 갱신에 끼친 가장 중요한 공헌이다. 에벌린 언더힐(Everlyn Underhill)이 "웨슬리의 찬송은 메도디스트 리터지의 필수적 구성 요소이다."(Wesley's hymn constitutes the liturgy of methodism.)라고 말한 것은 참으로 적절하고 중요한 말이다.[1] 메도디스트 복음운동은 설교가 중대한 원동력이었지만 설교보다는 찬송을 통해서 더 많은 사람들에게 영향을 끼쳤다. 초기 메도디스트들 중에 한 사람은 설교를 통해서 회심했고, 두 사람은 찬송을 통해서 회심을 체험한 것이 역사적 사실이었다. 메도디스트 설교는 1마일까지 갔

---

1) Everlyn Underhill, Worship (London, Nisbet, 1936), p.305~306.

고, 메도디스트 찬송은 2마일까지 갔다.[2]

18세기 영국 교회는 리터지 예배에서 운율 있는 시편을 노래하는 약간의 교회음악이 있을 뿐 초대 교회의 찬송이나 고대 라틴 찬송의 유산까지도 모두 사라져 버린 상태였다. 모든 예배는 성직자가 읽는, 신자들이 이해할 수 없는 긴 기도로 이루어지고 지루하고 메말랐기 때문에 회중이 자발적으로 참여할 수 없었다. 이런 때에 예배에 있어서 회중찬송의 부흥을 처음으로 일으킨 사람은 아이작 왓츠(Issac Watts)였다. 그는 이미 웨슬리 활동 이전에 많은 관심을 끌고 있었다. 그러나 비국교도와 국교도 모두에게 새로운 영적 활력을 불어넣어 주고 예배 갱신에 혁신적 역할을 하게 되는 회중찬송의 본격적 부흥은 웨슬리 형제가 감리교의 서정시적 열정을 찬송에 결합시키면서부터 일어난 것이다.[3]

2. 1780년 판 '메도디스트들의 찬송집'

웨슬리 형제는 일생 동안 60종류의 찬송집을 출판했다.[4] 존 웨슬리는 1738년 독일어로 된 모라비안 찬송을 번역하여 "시편과 찬송 모음집"(A Collection of Psalms and Hymns)이라는 제목으로 출판했는데 이것이 최초의 메도디스트 찬송집이었다. 1741년에는 메도디스트들이 거의 1세기 동안 사용했던 또 다른 찬송집이 만들어졌는데 이는 웨슬리 사

---

[2] Frank Baker, A Charge to Keep (London, Epworth, 1947), p.123.
[3] Bernard Manning, The Hymns of Wesley and Watts (London, Epworth, 1942), p.23.
[4] 이들 중에는 작은 팜플렛 형태의 찬송집도 많으며, 어떤 것들은 30~40곡의 찬송이 들어 있기도 하다.

후 코크 박사(Dr. Coke)가 "아침 찬송"(Morning Hymn Book)이라는 제목으로 확대 출판하였다. 여기에 실린 160곡 중 60곡은 웨슬리 형제의 찬송이고 나머지는 모두 아이작 왓츠의 찬송시다. 1753년에 웨슬리는 "찬송과 신령한 노래들"이란 제목으로 새로운 찬송집을 냈는데 이것은 모든 교파가 함께 사용하기 위한 목적으로 된 것이고, 여기에는 80곡의 찬송이 들어 있고 1780년 판 찬송이 나오기까지 메도디스트 집회에서 주로 사용되었다.

메도디스트 찬송의 역사에 가장 중요한 사건은 웨슬리 형제가 1780년에 총 502곡의 찬송을 모아 "메도디스트들을 위한 찬송집"(A Collection of Hymns for the People Called Methodists)이란 제목으로 출판한 것이었다. 이 찬송집은 메도디스트 선언문(Methodist Manifesto)과 같은 것이며, 메도디스트들의 신앙과 교리와 생활을 시와 노래로 표현해 놓은 메도디즘의 '실천신학 소전집'(A Little Body of Experimental and Practical Divinity)이었다.5) 웨슬리는 서문에서 이 책은 성서적 기독교의 모든 주제에 대하여 충분하고도 탁월한 해석을 시도한 것으로서 영어로 쓰여진 유일한 작품이라고 주장한다.6) 실천적 신학자(practical theologian)인 웨슬리 형제에게 찬송은 곧 신학하는 방식이었고 이로써 기독교를 실천적인 종교(practical religion)로 만들려고 노력했으며, 찬송을 통해서 그의 신학을 추상적(speculative divinity)이 아닌 실제적 신학(practical divinity)으로 쓴 것이다. 메도디스트 찬송은 시로 쓴 메도디스트 교의학(Methodist

---

5) John and Charles Wesley, 'A Collection of Hymns for the Use of the People Called Methodists, Preface', WJWB.,7, p.73~75 ; cf. J. E. Rattenbury, The Evangelical Doctrines of Charles Wesley's Hymns (London, Epworth, 1941), p.61~84.
6) WJWB.,7, p.74.

dogmatics)이다. 찬송은 웨슬리가 시도한 대로 평범한 사람들(plain people)을 위해서 평이한 말(plain words)로 쓴 평민의 신학(folk theology)이다. 웨슬리 형제가 메도디스트 찬송집을 실천신학이라고 명명한 것은 진실로 중요한 의미를 보여준다. 메도디스트 신학은 보통사람들이 마음으로 느낄 수 있고 쉽게 배울 수 있고 일상생활에서 실천할 수 있는 것이어야 한다는 뜻이다. 찬송은 메도디스트 신학을 모든 사람에게 가장 쉽고 친근하고 실제적인 것이 되게 하는 가장 좋은 방편이다.

웨슬리 형제는 메도디스트 복음운동에서 가장 적절하고 효과적인 동반자로 결합되었다. 존이 부흥운동의 머리였다면 찰스는 가슴이었다. 이런 아름다운 협동은 찬송에서도 나타났다. 찰스는 찬송시를 쓰고 곡을 붙이는 일을 했고 존은 찬송을 주제와 순서에 따라 정리하고 출판과 사용을 계획하고 실행하였다. 찰스의 시와 찬송은 형 존 웨슬리가 메도디스트들에게 교리와 신학사상, 그리고 기독교인의 윤리와 생활을 가르치는 방편으로 널리 인식되고 사용되었다. 찰스는 시적인 소질이 뛰어났고 존은 진지하고 고전적인 요소가 강했다. 존 웨슬리는 찬송은 시적이고 신학적이고 성서적이고 음악적인 요소를 동시에 갖추어야 한다고 생각했다.[7] 찰스는 일생 동안 약 9,000곡의 찬송을 썼다.[8] 찰스 찬송 전집은 존의 것을 포함하여 1872년에 오스본 박사(Dr. Osborn)에 의하여 "존과 찰스 웨슬리의 찬송시 전집"(The Poetical Works of John and Charles Wesley)이라는 제목으로 출판되었다. 기독교 역사에 찰스만큼 훌륭한 찬송을 많이 쓴 사

---

[7] J. E. Rattenbury, 같은 책, p.52.
[8] 일반적으로 대부분의 학자들은 찰스 웨슬리가 6천여 곡의 찬송을 썼다고 말해 왔고, 어떤 학자는 7천여 곡이라고 주장했으나, 찰스 웨슬리 연구에 있어서 권위자인 Frank Baker와 John Tyson은 약 9천 곡이라고 증명하고 있다. Frank Baker, Charles Wesley's Verses (Epworth, 1964), p.7 ; John Tyson, Charles Wesley A Reader (Oxford Uni. Press, 1989), p.20~29.

람은 없었다.

찰스의 찬송은 자신과 존 그리고 메도디스트들의 신앙 고백적 표현이고 기도고 찬양이고 전도였다. 버나드 매닝(Bernard Manning)은 메도디스트 찬송집은 기독교 역사에서 시편과 공동 기도서(The Book of Common Prayer)와 미사 대본(The Canon of the Mass)과 견줄 작품이라고 격찬했다.9) 라튼베리(E. Rattenbury)는 찰스의 찬송에서 자서전적 성격을 중요시했다. 찰스의 찬송은 신학적일 뿐 아니라 자서전적인 요소가 있어 마치 어거스틴의 고백록에 비교된다고 주장했다. 그것은 존과 찰스의 체험적 작품이며 일생 동안 일어나는 매일의 고백록과 같다. 또한 진정한 의미에서의 인생일지(true journal)이고 시와 노래로 쓰여진 순례자의 천로역정(A Pilgrim's Progress in Songs)이다.

3. 메도디스트 찬송의 특징

1) 심정의 찬송

존 웨슬리는 찬송의 목적을 "예배에서 영감을 일으키고, 심령을 깨우고, 믿음을 강화하고, 소망을 밝혀주고, 하나님과 인간에 대한 사랑을 불타게 하고 증가시키는 방편"10)이라고 정의한다. 메도디스트 부흥운동에서 웨슬리가 말한 대로 찬송의 목적은 완전히 실현되었다. 웨슬리 형제는 '마음의 찬송'(hymns of heart)을 만들어 부르게 함으로써 '마음의 종

---

9) Bernard L. Manning, 같은 책, p.6.
10) A Collection of Hymns, para,. 4.

교'(religion of heart)의 부흥을 일으킨 것이다.11) 웨슬리 형제가 이끄는 복음운동은 이러한 새롭고도 친밀한 심정의 찬송 때문에 더욱더 마음 뜨거운 열정적 예배를 창조했고 전체 회중이 뜨거운 마음으로 참여하는 예배를 만들어냈다. 아이작 왓츠가 먼저 회중예배에 찬송의 위치를 확보했지만 왓츠의 운동은 아직도 리터지 안에 머물러 있었다. 웨슬리의 방식은 교회의 모든 종류의 회중예배에 사용할 목적으로 "시편송가의 혁신"(renovation of psalmody)을 시도한 것이다. 웨슬리의 방법은 전혀 새로운 것이었다. 즉 찬송은 새로운 종류의 설교를 가능케 했고 찬송에 의해서 설교는 개인의 심정과 양심에 쉽게 접근하고 직접적이고 진지한 호소를 가능케 했다. 설교와 찬송의 결합은 인간의 마음을 심정의 감동으로 가득 차게 했다. 웨슬리는 이와 같은 메도디스트들이 부르는 마음의 찬송은 경건의 필수품(the handmade of piety)이라고 하였다. 초기 메도디스트 전도운동의 성격은 주로 찬송을 통한 단순한 심리학적 효과에 의존한 것이라고도 할 수 있다.12)

2) 시가적인 신앙

메도디스트 신앙은 시적인 신앙(poetic faith) 또는 시가적(詩歌的 ; lyric faith)인 신앙이다. 메도디스트 부흥운동에서 찬송은 주로 시적 표현의 힘과 교육적 가치와 음악의 효과라는 세 가지 면에서 공헌했다. 찰스

---

11) Sydney G. Dimond, The Psychology of the Methodist Revival (Oxford Uni. Press, London, 1926), p.16 ; cf. Carlton R. Young, Music of the Heart, John and Charles Wesley on Music and Musicians, An Anthology (Hope Publishing House, Illinois, 1995), p.9~18.
12) Sydney G. Dimond, 같은 책, p.98.

웨슬리는 단순히 찬송작가만이 아니라 탁월한 시인이었다. 그는 성경적이고 역사적인 기독교 교리와 메도디스트 신앙을 시적으로 표현했다. 그는 자신과 존 웨슬리의 신앙체험 그리고 메도디스트들의 신앙생활을 시로 표현했다. 시의 언어로 표현된 교리와 사상은 많이 배우지 못하고 단순한 메도디스트들에게 기독교를 평이하고 직접적으로 심정과 전인격으로 배우고 경험하도록 만들었다. 시는 난해한 기독교를 평범한 사람들에게 평이하고 단순한 언어로 전달하는 부드러우면서도 강력한 수단이 되었던 것이다. 이 때문에 '시적인 메도디스트'(poetic methodist) 또는 '낭만적인 메도디스트'(romantic methodist)라는 이름이 나오게 되었다. 실로 메도디스트들은 시적인 신앙(poetic faith)을 창조했다고 할 수 있다.

　시적 표현에 음악의 효과가 결합된 찬송은 사람들의 종교적 경험과 신앙의 사상을 더욱 깊은 심정적 감동과 사건으로 만들었고 때로 부흥운동에서 찬송은 대중의 종교적 감정을 폭발적으로 표현케 하는 심리학적 수단과 힘으로 작용했다. 찬송은 특별히 당시 영국 사회의 가난한 보통사람들(working class)의 모든 감정을 표현할 수 있는 기회와 자유를 제공하였다. 찬송시는 그들이 이해할 수 있는 언어였고 곡은 당시의 사람들에게 익숙한 노래들(popular songs)에서 따온 것이어서 대중은 쉽게 그들의 회한과 두려움, 고통과 슬픔, 소망과 기쁨의 심정을 표현할 수 있었다. 메도디스트 부흥운동은 찬송에 의하여 불길처럼 강화되고 확대되었다.

3) 실천신학과 교리문답서로서의 메도디스트 찬송

　메도디스트 찬송에서는 종교적 감정의 표현이라는 요소 외에 또 하나의 중요한 요소가 있었다. 이것은 메도디스트 부흥운동을 진정으로 성서적이고, 진정으로 기독교적인 부흥운동이 되게 한 요소라고 할 수 있다. 메도디스트 찬송의 내용이 교리적이고 신학적이고 경험적(experimental)이기 때문에 찬송의 교육적 효과가 극대화되었다. 웨슬리 형제는 찬송을 통해서 성서적 기독교의 지식을 이성적이고 심정적인 경험의 차원에서 배우게 하였다. 가난한 보통사람들이 대부분인 새로운 회심자들에게 교리를 체계적으로 가르치고 확신시키고 감화하는 은혜의 방편이 바로 찬송이었다. 메도디스트 찬송은 성서적 교리와 웨슬리가 가르친 교리적 사상과 경건의 지식을 얻는 데 필수적인 교과서 역할을 했다. 실제로 찬송은 메도디스트들의 경건생활에 성경 다음으로 중요한 자료가 되었다. 메도디스트 찬송의 내용과 문체는 강력한 힘을 발휘하였다. 메도디스트들은 찬송 가사를 읽음으로써 교리를 배우고, 경건의 연습을 하고, 복음적 은혜를 체험하였다. 찬송은 부를 뿐 아니라 읽는 것이 중요하였다. 맨체스터의 어느 여인은 찰스의 그리스도 수난 찬송을 읽는 중에 십자가에 달리신 그리스도의 환상을 보았고 구원의 확신을 얻었다.[13]

메도디스트들은 찬송을 통해서 복음을 듣고 회심을 체험하고 구원의 확신에 이르고 모든 교리와 기독교 신앙과 생활의 진리를 배우게 되었다. 메도디스트 찬송은 마치 고대 교회의 교리문답학교와 같은 역할을 한 것이다. 이와 같이 찬송은 감정과 이성을 동시에 중시하는 교육적 방편이 된 것이다. 이것은 메도디스트 부흥운동의 위대한 장점이다. 찬송은 뜨거운 신앙의 표현을 가능케 했을 뿐 아니라 교리와 신학을 가르치고 전파하는 가장 효과적인 교육적 수단이었다. 웨슬리는 1780년에 출판한 '메도디스트들을 위한 찬송집'의 제목을 '경험적이고 실천적인 신학총서'(A Little

---

13) H. D. Rack, 같은 책, p.420.

body of Experimental and practical Divinity)라고 붙였다. 이러한 찬송은 '노래로 된 메도디스트 신조'(The sung creeds of the methodists)라고 할 수 있다.14)

메도디스트 찬송은 실천신학(practical divinity)이고 시로 쓴 교의학(poetic dogmatics)으로서 실제로 메도디스트 교리문답서와 같은 역할을 하였다. 메도디스트 교리는 믿어지고, 설교되고, 실천되고, 노래로 불렸다(Methodist doctrines were believed, preached, lived and sung.).

4. 시가적 신학자(lyrical theologian) 찰스 웨슬리

찰스 웨슬리는 단순히 찬송작가만이 아니라 또한 신학자였다. 메도디스트 부흥운동의 신학은 찰스 웨슬리의 찬송에 의해서 퍼져나갔다. 라튼베리는 "찰스 웨슬리야말로 근대 최고의 실천신학자(experimental theologian)였다고 말하는 것은 결코 과장이 아니다."15) 라고 말했다. 그는 유수한 신학 지식을 종교적 경험과 융합하였고 그것을 거룩한 노래로 표현했다. 그는 지적인 연구보다는 도덕적·영적 추구와 복음전도적 실천을 통하여 신학 지식을 터득하고 전파하였다. 그는 시인의 직관과 영성가의 경건의 태도를 가지고 찾고 경험한 진리를 풍부하고 아름다운 시의 형태로 만들어내는 신학적 예술가였다.16) 찰스의 찬송은 개인의 경험을 통해 얻은 진리에 대한 문학적 해설이고 시로 표현되고 노래로 선포하는

---

14) ST. Kimbrough, Jr., Charles Wesley : Poet and Theologian (Kingwood Books, 1992), p.97~105.
15) J. E. Rattenbury, 같은 책, p.85~86.
16) J. E. Rattenbury, 같은 책, p.85~86.

신학이었다. 그는 이론적이고 형이상학적 신학자가 아니라 실천신학자(experimental theologian)였고 시가적 신학자(lyrical theologian)였다. 찰스의 찬송에는 기독교의 위대한 교리가 거의 모두 잘 표현되어 있다. 그의 찬송은 시와 노래와 경험과 교리가 불가분리의 일체를 이루고 있다. 찰스의 찬송은 존의 설교에 대한 완벽한 보충이었다. 두 형제의 설교와 찬송이라는 방편을 통해서 전통적 기독교 교리가 평범한 사람들의 마음속을 뚫고 들어갔으며, 그들의 생활을 변화시켜서 그리스도의 진실한 추종자, 즉 진정한 그리스도인(real Christian)으로 만들었다.[17] 메도디스트들은 찬송을 부름으로써 교리를 배웠으며, 교리를 이성과 심정으로 배우고 체험하였다. 찰스의 모든 찬송은 구속의 은총에 감격하고 기쁨에 충만한 심정의 표현으로 가득 채워져 있다. 그의 모든 찬송의 주제와 내용은 철저히 복음적이다. 찰스는 복음적인 신앙의 모든 주제들을, 그리고 모든 복음적인 교리들을 찬송으로 써냈다.[18]

토머스 잭슨(Thomas Jackson)은 찰스의 찬송에 대해서 "아름다운 성경 주석"이라고 찬사를 보냈다.[19] 레슬리 처치(Leslie Church)는 "메도디스트 찬송은 가난한 사람들의 마음에 새겨진 리터지이고, 책장에 있는 주석이 아니라 처음 메도디스트들의 마음에 노래로 쓰여진 주석이다."라고 찰스의 찬송에 대한 신학적 가치를 격찬했다.[20] 메도디스트 부흥운동의 시작부터 메도디스트 찬송은 수천 수만의 사람들에게 성서의 진리를

---

17) John Murray Todd, John Wesley and the Catholic Church (The Catholic Book Club, London, 1958), p.229.
18) John R. Tyson, Charles Wesley on Sanctification : A Biographical and Theological Study (F. Asbury Press, 1986), p.115~157.
19) ST. Kimbrough, Jr., 같은 책, p.106.
20) Leslie Church, More About the Early Methodist People (Epworth, 1949), p.229.

소개해 주고 복음적 신앙의 근본 교리를 가르쳐주었다. 찰스의 찬송의 강점은 찬송시의 내용을 성서에서 직접 끌어왔다는 것이다. 그는 성경구절에 분명한 연관이 없이는 찬송을 한 절도 쓰지 않았다. 그의 찬송의 대부분은 선택한 성경구절을 충분히 연구하고 간결하게 표현한 주석으로 구성된 것이다. 모든 찬송은 성경 본문에 근거했고 또한 성경의 언어와 은유로 적합하게 표현되었다.21)

5. 1780년 '메도디스트 찬송집'의 차례에 나타난 특징

1780년 찬송집의 내용 차례는 그 찬송이 진정한 그리스도인의 신앙 경험에 따라서 적절한 제목들로 세심하게 정리되었다는 것을 보여준다. 이 찬송집은 전체 5부로 나뉜다. 존 웨슬리는 서문에서 이 찬송집이 이론적이고 실천적인 신학의 모든 주제들을 포함한다고 했으나 실제로 이 책은 신학적 주제에 따라 구성되지 않았으며 또한 교회력을 따르지도 않았다. 오히려 회심자들과 신자들과 메도디스트 신도회를 위하여 구성되었다. 이 책은 우선적으로 웨슬리 형제의 회개와 구원과 거룩한 생활의 길에 대한 신앙 지도를 따르는 메도디스트들을 위한 것이며 동시에 단순히 예배를 위한 도구라기보다는 교리 해설서라고 할 수 있다. 이 찬송집은 메도디스트 경건생활의 장려한 요약이고, 노래로 엮어진 메도디스트 순례자들의 삶과 영적 싸움과 고백과 훈련의 이야기라고 할 수 있다.22)

1780년 찬송집의 목차 내용을 통해서 메도디스트들의 신앙과 생활

---

21) Sydney G. Dimond, 같은 책, p.132.
22) J. E. Rattenbury, 같은 책, p.72.

의 실제 모습을 발견할 수 있다.

〈제Ⅰ부〉

입문 찬송

Ⅰ. 죄인들을 향한 하나님께 돌아오라는 권면과 간구

Ⅱ. 1. 신앙의 기쁨에 관하여

2. 하나님의 선하심에 관하여

3. 죽음에 관하여

4. 심판에 관하여

5. 천국에 관하여

6. 지옥에 관하여

Ⅲ. 축복을 위한 기도

〈제Ⅱ부〉

Ⅰ. 외적 종교(Formal Religion)에 관하여

Ⅱ. 내적 종교(Inward Religion)에 관하여

〈제Ⅲ부〉

Ⅰ. 회개를 위한 기도

Ⅱ. 죄를 슬퍼하는 자를 위하여

Ⅲ. 신생이 필요한 자를 위하여

Ⅳ. 낙오자를 위하여

Ⅴ. 회복을 위하여

〈제Ⅳ부〉

Ⅰ. 신자의 기쁨의 생활을 위하여

Ⅱ. 신자의 영적 싸움을 위하여

Ⅲ. 신자의 기도를 위하여

Ⅳ. 신자의 깨어 있음을 위하여

Ⅴ. 신자의 선행을 위하여

Ⅵ. 신자의 고난을 위하여

Ⅶ. 신자의 완전한 구원(full redemption)의 갈망을 위하여

Ⅷ. 신자의 신생을 위하여

Ⅸ. 신자의 구원을 위하여

Ⅹ. 세상을 위한 중보 기도

〈제Ⅴ부〉

Ⅰ. 신도회 모임

Ⅱ. 감사

Ⅲ. 기도

Ⅳ. 작별

6. 애송되는 메도디스트 찬송들(the favourite methodist hymns)

찰스 웨슬리의 찬송은 세계의 많은 교회에서 애송되어 왔으며, 교회의 절기 찬송으로 애송되는 것들은 다음과 같다.

① 크리스마스 찬송으로 'Hark! the Herald Angel Sing' (천사 찬송 하기를), 통일 찬송가 126장

② 강림절 찬송으로 'Come, Thou Long-expected Jesus' (오랫동안 기다리던), 통일 찬송가 105장

③ 부활절 찬송으로 'Christ, the Lord is Risen Today' (예수 부활했으니), 통일 찬송가 154장

④ 승천절 찬송으로 'Hail the Day that Sees Him Rise' (주님 부활하신 날), 영국 감리교회 찬송가 197장

⑤ 주현절 찬송으로 'Granted is the Saviour's Prayer' (주의 기도가 이루어지도다), 영국 감리교회 찬송가 287장

⑥ 삼위일체 주일 찬송으로 'Hail, Holy Holy Holy' (천지의 영원하신 주님), 영국 감리교회 찬송가 6장

⑦ 위임식 찬송으로 'Forth in thy name, O Lord, I go' (오, 주여 내가 가겠습니다), 영국 감리교회 찬송가 381장

⑧ 성만찬 찬송으로 'Victim Divine, Thy Grace We Claim' (속죄의 은혜를 사모합니다), 영국 감리교회 찬송가 629장

찰스 웨슬리는 세계의 모든 크리스천들이 지금까지 가장 애송하는 찬송 중에 가장 많은 찬송을 쓴 사람이며, 세계의 교회들이 가장 좋아하는 찰스 웨슬리의 찬송을 골라 본다면 다음과 같다.

① 'A charge to keep I have' (나 맡은 본분은), 통일 찬송가 372장

② 'Arise, My soul, Arise' (일어나라 내 영혼아), 영국 감리교회 찬송가 217장

③ 'O, What Shall I Do My Saviour to praise' (나의 구주를 찬양하

오니), 영국 감리교회 찬송가 569장

④ 'Come, O Thou Traveller Unknown' (이름 없는 순례자), 영국 감리교회 찬송가 434장

⑤ 'Thou Shepherd of Israel, and Mine' (이스라엘과 나의 목자시여), 영국 감리교회 찬송가 750장

⑥ 'Be it My only Wisdom here' (나의 지혜가 되소서), 영국 감리교회 찬송가 786장

⑦ 'Jesus, Lover of My soul' (비바람이 칠 때와), 통일 찬송가 441장

⑧ 'O, For a Thousand tongues to Sing' (만 입이 내게 있으면), 통일 찬송가 23장

⑨ 'And can it be that I should gain' (놀라우신 은혜), 영국 감리교회 찬송가 216장

⑩ 'Lo! He comes with clouds descending' (대속하신 구주께서), 통일 찬송가 161장

⑪ 'Father of everlasting Grace' (영원한 은혜의 아버지), 영국 감리교회 찬송가 300장

⑫ 'Captain of Israel's Host, and Guide' (이스라엘의 대장이여 인도하소서), 영국 감리교회 찬송가 62장

⑬ 'Happy the man that finds the Grace' (은혜 받은 자여 행복하도다), 영국 감리교회 찬송가 674장

⑭ 'All Praise to our Redeeming Lord' (큰 은혜로 묶어 주신), 통일 찬송가 527장

⑮ 'Come, Sinners, to the Gospel Feast' (죄인이여 어서 오라), 영국 감리교회 찬송가 460장

⑯ 'Christ, whose glory fills the skies' (하늘에 가득 찬 주님의 영광), 영국 감리교회 찬송가 457장

⑰ 'Jesus, the First and Last' (처음이요 마지막이신 예수), 영국 감리교회 찬송가 735장

⑱ 'Thou God of Truth and Love' (진리와 사랑의 하나님), 영국 감리교회 찬송가 374장

⑲ 'Earth, Rejoice, Our Lord is King' (땅이여 기뻐하라), 영국 감리교회 찬송가 811장

⑳ 'What shall I do My God to love, My Saviour' (하나님을 사랑하오니), 영국 감리교회 찬송가 47장

㉑ 'O, Thou who camest from Above' (하늘에서 오신 주님), 영국 감리교회 찬송가 745장

㉒ 'Let Earth and Heaven agree' (천지 화답하도다), 영국 감리교회 찬송가 226장

㉓ 'Ye, Servants of God' (참 놀랍도다 주 크신 이름), 통일 찬송가 45장

㉔ 'Love Divine, all Loves Excelling' (하나님의 크신 사랑), 통일 찬송가 55장

㉕ 'I Know that My Redeemer Lives' (내 주는 살아 계시고), 통일 찬송가 16장

㉖ 'Rejoice, the Lord is King' (만유의 주 앞에), 통일 찬송가 26장

㉗ 'Jesus, Thine All Victorious Love' (구주여 크신 인애를), 통일 찬송가 170장

㉘ 'Why not Believe, My Brother?' (웬일인가 내 형제여), 통일 찬송가 269장

㉙ 'And are We Yet Alive?'(생전에 우리가), 통일 찬송가 280장
㉚ 'Father, I stretch my Hands to Thee'(천부여 의지 없어서), 통일 찬송가 338장
㉛ Soldiers of Christ arise(그리스도의 군사여 일어나라), 영국 감리교회 찬송가 719장

세계의 어린이들은 찰스의 찬송 '온유하신 예수'(Gentle Jesus, Meek and Mild, 영국 감리교회 찬송가 738장)를 통해서 기도를 배워 왔다. 아이작 왓츠는 찰스의 찬송 '이름 없는 순례자'(Come, O Thou Traveller Unknown)는 자기 자신의 모든 찬송을 다 합한 것과 같은 가치가 있는 찬송이라고 말했다.[23] 찰스의 모든 찬송은 시와 노래와 성서적 신학이 결합하여 조화를 이룬 것들이고, 사람들이 복음적 신앙을 감동적으로 체험하고 회심하게 하는 데 결정적이고 효과적인 역할을 하였다.

찰스 웨슬리의 파이프 오르간

---

23) Frank Baker, 같은 책, p.127.

7. 메도디스트 찬송 음악

최초의 메도디스트 찬송가(곡조 있는 찬송가)는 1742년 "곡조 있는 찬송집"(A Collection of Tunes set to Music)이라는 제목으로 존 웨슬리에 의해서 출판되었다. 1746년에 가서야 찰스의 찬송시에 곡조가 함께 인쇄된 찬송가책이 "대축일과 다른 경우를 위한 찬송"(Hymns on the Great Festivals and other Occasions)이라는 제목으로 출판되었는데, 이것은 찰스의 전도를 받아 회심한 후 메도디스트들을 위한 작곡을 맡았던 존 람프(John F. Lampe)의 작품이다. 그는 본래 바순(bassoon) 연주자이고 오페라 작가였다. 초기의 메도디스트 찬송에 사용된 곡조들은 람프의 작품이 제일 많았고 또한 이미 유명한 작품들과 존이 전도여행하면서 거쳤던 지방의 민속 노래들이었다. 1761년에 존 웨슬리는 총 115곡을 묶어서 "거룩한 멜로디"(Sacred Melody)라는 제목으로 두 번째 곡조 있는 찬송가를 내놓았다. 여기에는 매우 다양한 종류의 노래들이 실려 있는데, 예를 들면 고대 교회의 시편송들, 유명 무명 작곡자들의 작품, 독일 찬송가들, 그리고 헨델과 퍼셀(Purcell)과 아른(Arne)과 그 외 당대 작곡가들의 작품이 들어 있다.[24]

그 밖에도 여기에는 세속 노래들이 자유롭게 채택되었다. 존과 찰스는 잉글랜드와 웨일즈와 스코틀랜드 그리고 아일랜드 지방의 전통 민속 가락들을 선택하여 있는 그대로 또는 조금씩 찬송에 맞게 변형하여 찬송시에 붙여 사용하였다. 찰스는 "왜 마귀들만이 훌륭한 곡조들을 모두 가

---

24) Frank Baker, 같은 책, p.131.

져야 하는가?"라고 주장하면서 당시대의 유행하는 많은 노래들을 찬송시에 붙여 거룩한 노래로 사용하였다. 이렇게 세속 노래를 찬송가로 부름으로써 메도디스트 메시지는 더욱 쉽고 친근하게 사람들 마음에 전달되었고 메도디스트 부흥운동에 평민들의 자발적이고 적극적인 참여를 가능케 하는 요소가 되었다. 메도디스트 설교자들의 부흥전도집회가 일어나는 지방마다 평민들은 자신들의 익숙한 노래로 찬송을 불렀고, 메도디스트 설교자들은 노래를 통해서 사람들과 심정의 소통과 일치를 경험하였다. 메도디스트 부흥운동은 음악이 주는 효과를 최대한 이용하게 된 것이다.25) 시드니 디몬드(S. Dimond)는 "이 곡조들은 활력과 환희로 가득 찬 것들이고, 경외와 놀라움, 평화와 기쁨 그리고 회개와 희망의 감정을 일으키기에 충분한 요소를 갖춘 것들로서 선별되었다."26)고 말했다. 음악을 통한 감정의 고조는 회심이 일어날 수 있는 분위기를 만드는 데 있어서 가장 효과적인 방편이었다. 초기 메도디스트 역사는 찬송을 통한 부흥의 역사였다 해도 과언이 아니다. 메도디즘에 친근했던 어떤 영국 교회 성직자는 "메도디스트들 중에서 한 사람이 교리에 이끌려 왔다면, 열 사람은 음악에 이끌려 왔다."고 말했는데 그것은 메도디스트 부흥운동의 특징적인 모습을 잘 보여주는 말이다. 1769년에 잉글랜드를 방문했던 한 스웨덴 학자는 메도디스트 찬송을 보고 이렇게 극찬을 아끼지 않았다.

"메도디스트들이 부르는 노래는 내가 지금까지 들은 것들 중에 가장 아름다운 노래다. 그들의 훌륭한 시편송은 위대한 작가들이 지은 형언 못할 만큼 아름다운 멜로디를 들려준다. 그들은 경건과 평온과 매력이 가득한 채 감동

---

25) Rupert Davies, Methodism (London, Epworth, 1963), p.97.
26) Sydney G. Dimond, 같은 책, p.123.

과 힘이 넘쳐 노래 부른다. 그들이 부르는 노래의 하모니는 완벽한 아름다움이었다. 어떤 줄은 여자들이 부르고, 어떤 줄은 남자들이 불렀다. 그 후에는 전체 회중이 연합해서 합창으로 불렀다."[27]

8. 찬송 부르기의 일곱 가지 지침

1) 일곱 가지 지침

1781년 존 웨슬리는 그의 생애 마지막에 곡조 있는 찬송가 책 '거룩한 하모니'(Sacred Harmony)를 출판했다. 이 책의 서문에서 그는 질서 있고 바른 태도로 찬송을 부를 것을 강조하면서 찬송 부르기(hymn singing)를 위한 일곱 가지 지침(Lessons for exercising the voice)을 주었다. 그는 이 지침이 공중 예배에서 꼭 지켜야 할 중요한 요소라고 강조했다.

① 다른 노래를 배우기 전에 이 노래들부터 배우라.
② 변형이나 수정을 일체 말고 여기 인쇄된 대로 정확하게 부르라.
③ 끝절까지 모두 부르라. 가능한 한 자주 회중과 함께 맞추어 보면서 부르라. 힘들다거나 피곤함 때문에 중단하지 말라. 전체를 부르는 것이 십자가가 된다면 그것을 지라. 그러면 그것이 축복임을 곧 알게 될 것이다.
④ 열심히 용기를 내어 부르라. 반쯤 죽은 듯하거나 졸린 듯이 부르지 않도록 조심하라. 목소리를 힘있게 높이라. 자기 목소리가 크

---

27) Sydney G. Dimond, 같은 책, p.124.

게 들리는 것을 두려워 말라. 사탄의 노래를 부를 때처럼 자기 목소리를 부끄러워 말라.

⑤ 겸손하게 부르라. 자기 목소리가 다른 사람보다 특별하거나 잘난 것처럼 소리지르지 말라. 그래서 하모니를 깨지 말아야 한다. 분명히 한 멜로디를 만들기 위해서 목소리들을 함께 연합하도록 노력하라.

⑥ 박자에 맞추어 부르라. 어떤 곡조이든지 너무 앞서거나 뒤에 처지게 부르지 말라. 회중 가운데 합창 리더들의 목소리와 일치하도록 힘쓰라. 그리고 너무 느리게 부르지 않도록 조심하라.

⑦ 무엇보다도 영적으로 부르라. 자신이 부르는 모든 가사에서 하나님께 집중하라. 당신 자신이나 그 어떤 것보다도 하나님을 기쁘시게 하는 데 목표를 두라. 자신의 마음을 소리 속에 사라지게 말고 지속적으로 하나님께 드리라. 당신의 찬양이 주님이 인정하시고 상 주실 만한 것이 되게 하라.[28]

2) 메도디스트 찬송 부르기의 장점

존 웨슬리는 국교회의 예배와 메도디스트 예배를 비교하면서 메도디스트 찬송은 메도디스트 예배를 훨씬 더 좋은 것으로 만든다고 주장했다. 그는 국교회 성직자의 형식적으로 읊어대는 소리와 소년 성가대의 소리지르는 목소리는 이해할 수도 없고 느낌도 없는 지루한 것이고, 대조적으로 메도디스트 예배자들은 마음으로 부르고 가사의 이해를 가지고 부른

---

28) WJWB.,7, p.765.

다고 했다. 메도디스트들은 앉아서 부르지 않고 일어서서 온 마음을 다해 하나님을 찬양했다.[29]

초기 메도디스트 찬송은 메도디스트들의 영성 형성(spiritual formation)에 핵심적 영향을 끼쳤다. 메도디스트 예배에서 찬송은 경건의 깊이와 헌신의 높이를 더하게 했으며, 복음적 회심의 체험과 성령의 감화를 가능케 하는 도구였고, 구속의 은총을 심정으로 경험할 뿐 아니라 이성으로 확신케 하는 중대한 은혜의 방편이었다. 메도디스트 찬송은 심정적(emotional)일 뿐만 아니라 이성적이고 사려 깊고 신학적이다. 메도디스트 찬송은 단순히 감정을 발흥시키는 것이 아니라 부르면서 신앙의 진리를 생각하고 하나님의 진리와 성품을 깊이 생각하게 하는 신학적 성격이 강했다. 그러므로 경건에 해로운 자극적인 노래들(luscious tunes)은 영적 예배에 충실하기 위해서 사용이 금지되었고, 검증 받지 못한 찬송도 제외되었다. 곡조는 단순하면서도 신앙의 고백과 표현 그리고 영적 예배에 조화되는 것이었다. 모든 찬송은 적절한 곳에서 간주(intervals)를 두어서 "내가 방금 전에는 무엇을 불렀으며 지금은 무엇을 부르고 있는가?"를 스스로 묻게 하였다. 남자들과 여자들이 예배당 양편에 마주 앉아서 교호창과 합창을 번갈아 부르게 하였다. 각 개인이 바른 지성과 진실한 마음으로 부를 수 있도록 모든 노력이 동원되었다. 메도디스트 예배에서는 국교회 성가(anthems)를 부르는 것이 금지되었고 악기 사용은 아주 드물었다.[30]

---

29) LJW., Ⅲ, 227~228
30) JJW.,6, p.312 ; JJW.,7, p.259 ; LJW.,9, p.311.

9. 노래하는 성만찬

초기 메도디즘 시대에 널리 알려진 찬송과 결부된 메도디즘의 특징적 전통 둘이 있는데 하나는 '노래하는 장례식'(singing funeral), 또 하나는 '노래하는 성만찬'(singing eucharist)이다. 웨슬리 형제는 1745년에 '성만찬 찬송집'(Hymns on the Lord's Supper)을 출판했다.[31] 이 책은 웨슬리 형제의 작품을 모은 것으로 성만찬 예배 때에 부를 찬송집을 따로 만들어낸 것이다. 이 찬송 중 다수는 사실상 찬송시 형태의 기도이며 성만찬의 경건과 기쁨(eucharistic pietism and joy), 그리고 성도의 성례전적 교제를 잘 표현하고 있다.[32] 웨슬리 형제는 성만찬 예배에서 찬송을 리터지의 중요한 요소로 사용한 최초의 사람이라 할 수 있다. 초기 메도디즘에서는 찬송과 성만찬이 언제나 무엇에도 비교할 수 없을 만큼 아름답게 결합되어 성만찬 예배를 영감이 넘치는 것으로 만들었다. 이것은 성만찬적 기쁨과 은혜를 가장 잘 표현하는 방편이 되었다. 웨슬리는 실로 '노래하는 성만찬'(singing eucharist)의 창시자다.

---

31) 존 웨슬리는 찰스 웨슬리가 지은 166곡의 성만찬 찬송과 국교회 신학자 다니엘 브레빈트가 쓴 The Christian Sacraments and Sacrifice를 요약한 것을 더하여 자신의 서문과 함께 출판하였다. 이것은 오늘날까지 정통 메토디스트 성만찬 신학으로 인정받고 있다.
32) J. E. Rattenbury, The Eucharistic Hymns of John and Charles Wesley, p.36 ; Everlyn Underhill, Worship, p.305~306.

10. 설교와 찬송의 결합

또한 웨슬리의 찬송가는 설교예배(preaching service)를 유행케 하는데 중대한 역할을 했다. 그것은 설교 전후에 찬송을 부름으로써 예배에서 설교와 찬송의 특유의 아름다운 결합을 이루게 한 것이다. 호톤 데이비스는 "카톨릭 예배에서 회중은 무지한 백성이 될 수 있고, 청교도 예배에서는 불쌍한 종들(miseri et abjecti)이 될 수 있으나 메도디스트 예배에서 회중은 승리에 찬 백성(laeti triumphants)이 된다."[33]고 했는데 이것은 메도디스트 찬송의 가치를 두고 한 말이다. 메도디스트들은 찬송을 방편으로 잃어버린 초대 교회의 신앙의 환희를 되찾았다. 버나드 매닝이 "국교도들(Anglicans)에게 리터지가 있듯이 비국교도들(dissenters)에게는 찬송이 있다."고 한 말은 독립교회(Free Church)의 예배에서 찬송은 마치 복음에 응답하는 리터지와 같다는 뜻이다.[34]

11. 맺는 말 : 노래하는 메도디스트들의 영광

찰스 웨슬리 이후 수많은 메도디스트 찬송 작가들이 그의 뒤를 이었다. 윌리엄 다니(W. Darney), 토머스 올리버(T. Oliver), 에드워드 페로넷(E. Perronet), 벤자민 로즈(B. Rhodes), 윌리엄 윌리엄스(W. Williams), 존 세니크(J. Cennick) 등은 순전히 18세기까지의 메도디스트 작가들이고, 존

---

33) Horton Davies, 같은 책, p.197.
34) Horton Davies, 같은 책, p.197.

뉴턴(J. Newton), 윌리엄 쿠퍼(W. Cowper), 제임스 몽고메리(J. Montgomery) 등은 19세기에 메도디즘과 깊은 관계에 있던 작가들이다. 버나드 매닝은 메도디스트의 찬송에 대하여 가장 적절한 칭찬을 남겼다.

"기독교 역사에서 당신들의, 그 누구도 따를 수 없는, 세계 교회 역사에 끼친 가장 위대한 공헌은 웨슬리의 찬송입니다. 찬송 외에 당신들이 하는 다른 것들은 다른 교회도 했고, 할 수 있고, 또 다소 잘할 수도 있습니다. 그러나 찬송은 당신들 특유의 은사입니다. 아무도 당신들과 같이 한 적이 없고, 아무도 당신들을 능가할 수 없을 것입니다. 당신들이 모든 신자들을 위해서 그것을 보존하지 않는다면 우리는 하나님의 가장 좋은 은사를 잃어버리게 될 것입니다."35)

이어서 버나드 매닝은 메도디스트들에게 진지하고 애정어린 충고를 주었다.

"메도디스트들이여 다른 일이나 다른 교회도 잘하는 일들에 유혹 받아 세월을 보내지 마시오. 하나님이 독특하게 당신들에게만 맡겨주신 이 선한 일을 충실히 지키시오. 찬송은 당신들의 포도원입니다. 이것을 떠나 다른 데로 갔다가 어느 날 돌아와서 '왜 내가 내 포도원을 지키지 못하고 어디 가서 무엇을 하였나?' 라고 후회하지 마시기를 바랍니다."36)

찬송은 메도디즘의 가장 위대한 은사요 능력이요 축복이고 영광이

---

35) Bernard Manning, 같은 책, p.13~14.
36) Bernard Manning, 같은 책, p.14.

다. 웨슬리 시대부터 20세기 초까지 메도디스트 부흥운동이 특별히 활발하였던 남쪽 브리스톨과 콘월, 그리고 북쪽 덜함과 뉴캐슬 지방에서는 사람들이 메도디스트들을 거룩한 가수(holy singers) 또는 달콤한 가수들(sweet singers)이라는 별명을 지어 불렀다. 메도디스트들은 '노래하는 메도디스트들'(singing methodists)로서 '노래하는 신앙'(singing faith)으로 '노래하는 교회'(singing church)를 만들었으며, '노래하는 전도자들'(singing evangelists)로서 성서적 성결을 온 땅에 전파하는 '노래하는 순례자들'(singing pilgrims)이었다.

■ 참고 : 가장 애송되는 메도디스트 찬송 네 편

1. O for a thousand tongues to sing(만 입이 내게 있으면)

1. 내 마음으로 믿으니
   신성한 믿음이로다
   성령의 능력 받아서
   내 구주 부르네

   Then with my heart I first believed,
   Believed with faith divine;
   Power with the Holy Ghost received
   To call the Saviour mine.

2. 속죄의 피를 느꼈네
   내 영혼에 느꼈네
   날 사랑하신 주 예수
   날 위해 죽으셨네

   I felt my Lord's atoning blood
   Close to my soul applied;
   Me, me He loved—the Son of God
   For me, for me, He died!

3. 만 입이 내게 있으면
   그 입 다 가지고
   내 구주 주신 은총을
   늘 찬송하겠네

   O for a thousand tongues to sing
   My great Redeemer's praise,
   The glories of my God and King,
   The triumphs of His grace!

4. 내 은혜로신 하나님
   날 도와주시고
   그 크신 영광 널리 펴
   다 알게 하소서

   My gracious Master and my God,
   Assist me to proclaim,
   To spread through all the earth abroad
   The honours of Thy name.

5. 내 주의 귀한 이름이
   날 위로하시고
   이 귀에 음악 같으니
   참 희락되도다

   Jesus! the name that charms our fears,
   That bids our sorrows cease;
   'Tis music in the sinner's ears,
   'Tis life, and health, and peace.

6. 예수의 음성 들은 나
   새 생명을 얻었네
   불쌍한 죄인 믿으니
   기쁨이 넘치네

   He speaks, and, listening to His voice,
   New life the dead receive,
   The mournful, broken hearts rejoice,
   The humble poor believe.

7. 내 죄의 권세 깨뜨려

   He breaks the power of cancelled sin,

그 결박 푸시고	He sets the prisoner free;
이 추한 맘을 피로써	His blood can make the foulest clean.
곧 정케 하셨네	His blood availed for me.

8. 내 죄를 지고 죽으신   See all your sins on Jesus laid;
　 하나님 어린 양　　　 The Lamb of God was slain,
　 십자가 제물 되신 주　 His soul was once an offering made
　 모든 영혼 살리네　　　For every soul of man.
　　　　　　　　　　　　(Tune : Richmond)

※ 통일찬송가 23장 / 영국 감리교 찬송가 744장
이 찬송에 여러 개의 다른 곡조가 붙여져 불리고 있다. 1739년에 찰스 웨슬리가 존 웨슬리 또는 자신의 회심을 기념하기 위해 지은 것이다. 예수 그리스도의 구속의 은총과 구원받은 기쁨과 감격을 노래하는 찬송으로 찰스의 찬송 중에 가장 애송되는 것이다. 본래 이 찬송은 전체 18절로 되어 있으며 그 중에 7~9절과 11절이 번역되어 한국 통일 찬송가 23장에 들어 있다. 여기 번역된 것은 위로부터 4, 5, 7~11, 14절이다(John R. Tyson, Charles Wesley A Reader, p108~109).

2. And can it be that I should gain(내 어찌 감당하리요)

1. 내 어찌 감당하리요
   보혈 흘리신 주 은혜
   주님은 나 위해 죽으셨도다
   주님을 못박은 죄인 위하여
   놀라운 사랑! 나의 하나님
   나의 주님 나 위해 죽으셨도다

2. 영원한 주님이 죽으셨도다
   주의 섭리 신비하도다
   거룩한 사랑의 깊이는
   하늘의 천사도 알 수 없으리
   완전한 사랑! 찬양하리라
   천사도 모르는 놀라운 은혜

3. 하나님 보좌 떠나서
   영원한 은혜 값없이 주신 주
   사랑 때문에 모든 것 버리고
   인류 위해 피 흘리셨네
   완전한 사랑! 끝없는 은혜
   오 나의 주님 날 구하셨도다

4. 오랫동안 죄에 갇힌 내 영혼
   세상의 밤길에 헤매었네
   주님의 눈에 생명의 빛
   내 영혼 깨우고 비추이네
   죄 사슬 끊어져 내 맘에 자유
   오 나의 주님 나를 구하셨도다

5. 정죄와 두려움 내게 없도다
   예수의 모든 것 내 것 되었네

And can it be that I should gain
An interest in the Saviour's blood?
Died He for me, who caused His pain?
For me, who Him to death pursued?
Amazing love! how can it be
That Thou, my God, shouldst die for me!

'Tis mystery all : The Immortal dies!
Who can explore His strange design?
In vain the first-born seraph tries
To sound the depths of love divine.
'Tis mercy all! let earth adore,
Let angel minds inquire no more.

He left His Father's throne above-
So free, so infinite His grace-
Emptied Himself of all but love,
And bled for Adam's helpless race.
'Tis mercy all, immense and free;
For, O my God, it found out me!

Long my imprisoned spirit lay
fast bound in sin and nature's night;
Thine eye diffused a quickening ray-
I woke, the dungeon flamed with light;
My chains fell off, my heart was free.
For, O my God, it found out me.

No condemnation now I dread;
Jesus, and all in Him, is mine!

생명의 주 안에 내가 살리라	Alive in Him, My living Head,
주님의 거룩하고 의로운 옷 입고	And clothed in righteousness divine,
영원한 주 앞에 담대히 나가	Bold I approach the eternal throne,
주 은혜로 면류관 받아쓰겠네	And claim the crown, through Christ, my own.
	(Tune : Sagina)

※ 영국 감리교 찬송가 216장
찰스 웨슬리가 1739년에 자신의 회심을 자축 기념하여 지은 것이다. 1) 개인적 구원(personal salvation)의 감격, 2) 예수 그리스도의 완전한 사랑-완전한 속죄의 은혜, 3) 구원받은 자유와 기쁨, 4) 이신칭의의 확신, 5) 그리스도의 의의 전가, 6) 최후 승리를 노래하는 찬송으로 '만 입이 내게 있으면'과 함께 가장 애송되는 찰스의 찬송이다.

3. O Thou camest from above(위로부터 오신 주)

1. 위로부터 오신 주님 　하늘의 정결한 불로서 　내 마음 작은 제단에 　거룩한 사랑의 불 밝히소서	O Thou camest from above The pure celestial fire to impart, Kindle a flame of sacred love On the mean altar of my heart!
2. 주의 영광 위하여 　영원히 타오르게 하소서 　주님을 사랑해 떨리는 내 마음 　겸손히 기도 뜨겁게 찬양	There let it for Thy glory burn With inextinguishable blaze; And trembling to its source return, In humble prayer and fervent praise.
3. 내 마음의 소망 주님 위하여 　생각하고 말하고 일하겠네 　내 마음에 거룩한 불붙이어 　당신의 은사를 깨우소서	Jesus, conform my heart's desire To work, and speak, and think for Thee; Still let me guard the holy fire, And still stir up Thy gift in me.
4. 주님의 완전한 뜻 위해 　믿음과 사랑을 모두 바치네 　내 평생 끝없는 사랑 의지해 　완전한 희생 바치오리다	Ready for all Thy perfect will, My ants of faith and love repeat, Till death Thy endless mercies seal, And make the sacrifice complete.

※ 영국 감리교 찬송가 745장
가장 애송되는 찰스의 찬송 중 하나로서, 1) 주님을 향한 거룩한 사랑과 완전한 사랑, 2) 평생의 헌신을 노래하는 찬송이다.

4. Let earth and heaven agree(온 천지 울리고)

1. 온 천지 울리고　　　　　　Let earth and heaven agree,
　 천사들 화답해　　　　　　Angels and men be joined,
　 내 구원 축하해　　　　　　To celebrate with me
　 만인의 구주여　　　　　　 The Saviour of mankind;
　 만인의 어린양 찬양하라　　To adore the all-atoning Lamb,
　 예수의 이름 축복하라　　　And bless the sound of Jesu's name.

2. 예수 전파하는 소리　　　　Jesus, transporting sound!
　 온 천지의 기쁨　　　　　　The joy of earth and heaven;
　 다른 도움 없도다　　　　　No other help is found,
　 다른 이름 없도다　　　　　No other name is given,
　 세상의 구원 오직 예수　　　By which we can salvation have;
　 세상의 구원 오직 예수　　　But Jesus came the world to save.

3. 예수 아름다운 이름　　　　Jesus, harmonious name!
　 온 인류의 사랑　　　　　　It charms the hosts above;
　 그 사랑 놀라와　　　　　　They evermore proclaim
　 다 전파하여라　　　　　　 And wonder at his love;
　 그 이름 만인의 찾을 행복　'Tis all their happiness to gaze,
　 그 이름 만인의 천국이라　 'Tis heaven to see our Jesu's face.

4. 나팔을 불어라　　　　　　 O for a trumpet voice
　 온 세상 울려라　　　　　　On all the world to call,
　 만인 위해 죽으신 주　　　　To bid their hearts rejoice
　 모두 기뻐하여라　　　　　　In him who dies for all!
　 주님은 만인 위해 죽으셨도다　For all my Lord was crucified,
　 나의 구주 만인 위해 죽으셨도다　For all, for all my Saviour died.

※ 영국 감리교 찬송가 226장
이 찬송은 1) 예수 그리스도의 구속의 은혜, 2) 개인의 구원받은 감격과 기쁨, 3) 오직 예수의 은혜로 구원받는 신앙, 4) 만인의 구원(Salvation for All)을 찬양하고 전파하는 대표적인 감리교 찬송으로 가장 애송되는 찰스의 찬송 몇 개 중 하나이다.

웨슬리의 실천신학

개정판 2쇄 2006년 9월 15일
　　　5쇄 2017년 6월 21일

김진두 지음

발행인 | 전명구
편집인 | 한만철

펴 낸 곳 | 도서출판 kmc
등록번호 | 제2-1607호
등록일자 | 1993년 9월 4일
　　　　　(03186) 서울특별시 종로구 세종대로 149 감리회관 16층
　　　　　(재)기독교대한감리회 출판국
대표전화 | 02-399-2008　팩스 | 02-399-4365
홈페이지 | http://www.kmcmall.co.kr
　　　　　http://www.kmc.or.kr

디자인·인쇄 | 밀알기획(02-335-6579)

값 15,000원
ISBN 89-8430-246-5　03230